公路边坡处治技术

郭长庆	梁勇旗	
魏　进	张文胜	主编
冯忠居		主审

中国建筑工业出版社

图书在版编目（CIP）数据

公路边坡处治技术/郭长庆等主编. —北京：中国建筑工业出版社，2007
ISBN 978-7-112-09273-4

Ⅰ.公… Ⅱ.郭… Ⅲ.公路路基-边坡-公路养护 Ⅳ.U418.5

中国版本图书馆 CIP 数据核字（2007）第 058798 号

本书根据目前我国公路边坡处治工程设计和施工现状，系统阐述了公路边坡处治工程设计理论和施工技术，具有较强的理论性和实践性，全书共分九章，主要包括边坡稳定性计算、土压力计算、抗滑挡土墙、抗滑桩、预应力锚索的设计与施工、植被护坡技术、边坡信息化设计与施工。

本书较全面地反映了公路边坡处治工程设计与施工的既有经验和最新发展，可供公路工程及相关专业设计、施工、科研、监理等单位的工程技术人员参考，也可作为高等院校有关专业本科生和研究生的选修课教材。

* * *

责任编辑：田启铭
责任设计：董建平
责任校对：孟 楠 王 爽

公路边坡处治技术

郭长庆 梁勇旗
魏 进 张文胜 主编

冯忠居 主审

*

中国建筑工业出版社出版、发行（北京西郊百万庄）
新 华 书 店 经 销
北京密云红光制版公司制版
廊坊市海涛印刷有限公司印刷

*

开本：787×1092 毫米 1/16 印张：11¼ 字数：272 千字
2007 年 5 月第一版 2016 年 2 月第二次印刷
定价：**25.00** 元
ISBN 978-7-112-09273-4
（15937）

版权所有 翻印必究
如有印装质量问题，可寄本社退换
（邮政编码 100037）

本社网址：http://www.cabp.com.cn
网上书店：http://www.china-building.com.cn

前　言

随着我国高等级公路建设的飞速发展，许多高等级公路穿越山区、丘陵区，常需在复杂地质环境条件下开挖各种各样的高陡边坡，这些边坡工程的稳定状态，事关公路建设的成败与安全，会对整个公路工程的可行性、安全性及经济性等起着重要的制约作用，并在很大程度上影响着公路工程建设的投资及效益。因此，公路边坡的稳定性分析、边坡支挡结构的设计与施工技术就显得极为重要。为此我们收集了大量国内外文献资料编著此书，以满足有关设计、施工、监理等工程技术人员的需要。

本书在编写中结合工程实例，尽可能系统地阐述公路边坡的稳定性分析、边坡处治工程设计与施工等方面的理论和经验。编写中注重理论和实践相结合，具有很强的实用性和可操作性。全书共分九章。第一章主要介绍了公路边坡的形态和分类，简述了公路边坡处治技术的发展方向；第二章主要介绍了边坡稳定性的计算方法；第三章主要介绍了土压力的计算方法；第四章主要介绍了抗滑挡土墙的设计与施工；第五章主要介绍了抗滑桩的设计与施工；第六章主要介绍了预应力锚索的设计与施工；第七章主要介绍了植被护坡工程技术；第八章主要介绍了边坡排水工程的设计与施工；第九章主要介绍了边坡信息化设计与施工方法。

本书由郭长庆、梁勇旗、魏进、张文胜主编，第一章由郭长庆、魏进编写；第二章由梁勇旗、张文胜编写；第三章由魏进、梁勇旗编写；第四章由张文胜、郭长庆编写；第五章由郭长庆、李言芳编写；第六章由张文胜、冯忠居编写；第七章由冯忠居、魏进编写；第八章由梁勇旗、李言芳编写；第九章由魏进、李言芳编写。全书由冯忠居主审。

在编写过程中，门小雄、谢富贵、何涛、张长安、张富强为本书的插图和校核做了大量工作，在此深表感谢。

由于时间仓促，水平有限，书中难免有疏漏或不当之处，敬请读者批评指正。

编著者

2006 年 7 月

目 录

第一章 绪论 1
第一节 引言 1
第二节 边坡的形态与分类 1
第三节 影响边坡稳定的主要因素 4
第四节 边坡处治技术的发展方向 5

第二章 边坡稳定性计算方法 9
第一节 概述 9
第二节 瑞典圆弧法 11
第三节 毕肖普条分法 13
第四节 简布条分法 15
第五节 其他方法简介 19

第三章 土压力的计算 29
第一节 概述 29
第二节 静止土压力计算 31
第三节 库仑土压力计算 32
第四节 朗金土压力计算 36
第五节 特定条件下的土压力计算 38
第六节 地面超载作用下的土压力计算 46

第四章 抗滑挡土墙的设计与施工 51
第一节 概述 51
第二节 抗滑挡土墙的设计与计算 57
第三节 抗滑挡土墙的施工 70

第五章 抗滑桩的设计与施工 72
第一节 概述 72
第二节 抗滑桩的类型、作用及适用条件 72
第三节 抗滑桩的设计与计算 74
第四节 抗滑桩的施工 99

第六章 预应力锚索的设计与施工 104
第一节 概述 104
第二节 预应力锚索的结构及其工程特性 106
第三节 锚索的设计与计算 114
第四节 预应力锚索板、梁的设计 121
第五节 预应力锚索桩的设计 123

第六节　预应力锚索桩的施工 …………………………………………………… 126
第七章　植被护坡工程技术 …………………………………………………………… 129
　　第一节　概述 ……………………………………………………………………… 129
　　第二节　铺草皮护坡 ……………………………………………………………… 132
　　第三节　植生带护坡 ……………………………………………………………… 134
　　第四节　液压喷播植草护坡 ……………………………………………………… 136
　　第五节　三维植被网护坡 ………………………………………………………… 139
　　第六节　挖沟植草护坡 …………………………………………………………… 140
　　第七节　喷混植生护坡 …………………………………………………………… 141
第八章　边坡排水工程的设计与施工 ………………………………………………… 143
　　第一节　概述 ……………………………………………………………………… 143
　　第二节　地表排水工程的分类 …………………………………………………… 144
　　第三节　沟渠的加固 ……………………………………………………………… 144
　　第四节　排水沟渠设计 …………………………………………………………… 151
　　第五节　跌水与急流槽 …………………………………………………………… 157
　　第六节　地下排水工程 …………………………………………………………… 158
　　第七节　排水设施的施工技术要点 ……………………………………………… 163
第九章　边坡信息化设计与施工简介 ………………………………………………… 165
　　第一节　概述 ……………………………………………………………………… 165
　　第二节　信息化设计和施工的思路与原理 ……………………………………… 166
　　第三节　边坡工程信息化施工技术 ……………………………………………… 167
　　第四节　边坡工程监测技术 ……………………………………………………… 168
参考文献 ………………………………………………………………………………… 173

第一章 绪 论

第一节 引 言

公路边坡包括填方路堤边坡和挖方路堑边坡，是公路的重要组成部分。长期以来，公路边坡的综合防护技术一直是公路修筑中的一个常见的课题。20世纪80年代中期以前，我国公路建设主要以低等级为主，深挖高填施工较少，公路建设投资不大，因而公路边坡稳定问题较少，边坡支挡工程不作为道路建设的主体工程，在公路工程建设中对边坡的防护常常被忽视。进入90年代以后，我国大量修建高等级公路，遇到大量的高填深挖路基，边坡稳定问题日渐突出。90年代初期，边坡防护与加固仍主要沿用低等级公路的边坡工程技术或借鉴铁道部门的经验来实施局部处理，由于在边坡处治时缺乏综合考虑，为工程埋下隐患。例如早期建成通车的沈大高速公路、深汕高速公路等，通车后路基边坡发生滑塌，造成了较大的经济损失和不良的社会影响。沈大高速公路鲅鱼圈以南180km长的路段，后期边坡工程防治费用占整个工程防治费的80%。深汕高速公路鲘门滑坡路段长约2km，滑坡整治费用超过1亿元。

90年代后期，中国公路建设进入了前所未有的高速发展阶段，吸取前期公路建设的经验教训，高等级公路边坡的综合治理受到重视。各地结合当地工程实践开展了一系列公路路基边坡防护与加固技术研究，公路边坡工程理论与实践取得了很大的进展。

第二节 边坡的形态与分类

一、边坡分类

见表1-1和表1-2。

边坡分类表　　　　　表1-1

分类依据	名 称	简 述
成 因	自然边坡（斜坡）	由自然地质作用形成地面具有一定斜度的地段，按地质作用可细分为剥蚀边坡、侵蚀边坡、堆积边坡
	人工边坡	由人工开挖、回填形成地面具有一定斜度的地段
岩 性	岩质边坡（岩坡）	由岩石构成，按岩石成因、岩体结构又可细分，可见表1-2
	土质边坡（土坡）	由土构成，按土体结构又可细分为：单元结构、多元结构、土石混合结构、土石叠置结构
坡 高	超高边坡	岩质边坡坡高大于30m，土质边坡高大于15m
	高边坡	岩质边坡坡高大于15～30m，土质边坡坡高大于10～15m

续表

分类依据	名 称	简 述
坡高	中高边坡	岩质边坡坡高大于 8～15m，土质边坡坡高大于 5～10m
	低边坡	岩质边坡坡高小于 8m，土质边坡坡高小于 5m
坡长	长边坡	坡长大于 300m
	中长边坡	坡长 100～300m
	短边坡	坡长小于 100m
坡度	缓坡	坡度小于 15°
	中等坡	坡度 15°～30°
	陡坡	坡度 30°～60°
	急坡	坡度 60°～90°
	倒坡	坡度大于 90°
稳定性	稳定坡	稳定条件好，不会发生坡坏
	不稳定坡	稳定条件差或已发生局部破坏，必须处理才能稳定
	已失稳坡	已发生明显的破坏

岩质边坡分类表　　　　　　　　　表 1-2

分类依据	亚类名称	简 述
岩石类别	岩浆岩边坡	由岩浆岩构成，可细分为侵入岩边坡及喷出岩边坡
	沉积岩边坡	由沉积岩构成，可细分为碎屑沉积边坡、碳酸盐边坡、黏土岩边坡、特殊岩（夹有岩盐、石膏等）边坡
	变质岩边坡	由变质岩构成，可细分为正变质岩边坡
结构	块状结构边坡	边坡岩体呈块状结构，岩体较完整，由岩浆岩体、厚层或中厚层沉积岩或变质岩构成
	层状结构边坡	边坡岩体呈层状结构，由层状或薄层状沉积岩或变质岩构成
	碎裂结构边坡	边坡岩体呈碎裂状结构，由强风化或强烈构造运动形成的破碎岩体构成
	散体结构边坡	边坡岩体呈散状结构，由全风化或大断层形成的极破碎岩体构成
岩层走向、倾向与坡面走向、倾向的关系	顺向坡	两者基本一致
	反向坡	两者的走向基本一致，但倾向相反
	斜向坡	两者的走向成较大角度（>45°）相交

二、边坡病害的分类

边坡病害可分为以下三类：

1. 滑坡。滑坡是路基山坡土体或岩体长期受地下水、地表水活动的影响使其结构逐渐失去支撑力，在自重的作用下，整体沿着一定软弱面向下滑动的现象。滑坡按其引起滑动的力学特性，可分为牵引式和推移式滑坡。牵引式滑坡，是下部先滑动，使上部失去支撑而变形滑动，一般速度较慢，可延续相当长的时间，横向张性裂隙发育，表面多呈阶梯状或陡坎状。推移式滑坡是上部岩石挤压下部岩土体产生变形，滑动速度较快，滑体表面波状起伏，多见于有堆积分布的斜坡地段。在公路建设中，因设计施工不当，改变了原来斜坡的平衡状态，则将引发工程新滑坡或工程复活古滑坡。

2. 崩塌。所谓崩塌是整体岩土块脱离母体突然从较陡的斜坡上崩落下来，并顺斜坡猛烈翻转、跳跃，最后堆落在山脚。它具有突发性，危害较大。它与滑坡的区别是崩塌发生急促，破坏体散开，并有倾倒、翻滚现象；而滑坡体一般总是沿着固定滑动面整体地、缓慢地向下滑动。

3. 剥落。所谓剥落是指边坡表层受风化，在冲刷和重力作用下，不断沿斜坡滚落。

三、公路工程滑坡类型及成因

所谓公路工程滑坡，是指在一定的地形地质和水文条件下，由于路堑开挖或路基填筑等人为因素为主引起的山体在重力作用下沿山坡内部某一软弱面（带）作整体地、缓慢地、间歇地滑动变形现象。根据坡体物质组成、滑动形式、形成成因、滑体厚度和滑体体积对公路工程滑坡进行分类，如表1-3所示。

公路工程滑坡分类　　　　　　表1-3

划分依据	名称类别	特征说明
物质组成	堆积层滑坡	由坡、洪积，崩滑堆积等成因的块碎石堆积体，沿下伏基岩或体内软弱层滑动
	黄土滑坡	不同时期的黄土层中的滑坡，常见于高阶地上
	黏性土滑坡	黏性土本身变形滑动，或与其他土层的接触面或沿基岩接触面滑动
	岩层滑坡	软弱岩层组合物的滑坡，或沿同类基岩面，或沿不同岩层接触面以及较完整的基岩面滑动
引起滑动的力特征	推移式滑坡	上部滑体滑动挤压下部产生变形，滑动速度较快、滑体表面波状起伏、多见于有堆积物分布的斜坡地段
	牵引式滑坡	下部先滑使上部失去支撑面变形滑动，一般速度较慢，多具上小下大的塔式外貌，横向张性裂隙发育，表面多呈阶梯状或陡坎状
形成原因	工程新滑坡	由于开挖山体或填筑路基所形成的滑坡
	工程复活古滑坡	早已存在的滑坡，由于开挖山体或填筑路基引起重新活动的滑坡
滑体厚度	浅层滑坡	滑坡体厚度在10m以内
	中层滑坡	滑坡体厚度在10～25m之间
	深层滑坡	滑坡体厚度超过25m
滑体体积	小型滑坡	$<100000m^3$
	中型滑坡	$100000～1000000m^3$
	大型滑坡	$1000000～50000000m^3$
	巨型滑坡	$>50000000m^3$

公路滑坡整治基本原则为：

1. 坚持以工程地质条件为设计依据。重视滑坡定性评价，辅以定量评价。定量评价一定要满足定性评价。
2. 安全性。根据防治对象重要程度、设计使用年限、地震条件、地下水条件，合理地拟定滑坡推力计算的安全系数。
3. 技术经济合理性。利用一切地形条件、地质条件，因地制宜采取工程措施，加强滑坡的整体稳定性。
4. 实施的可能性。充分考虑工程施工过程和顺序，应有利于滑体逐步趋于稳定，确保施工人员安全。

5. 重视社会人文因素。工程措施和施工顺序安排应注意协调施工与当地居民生活关系，尽量不影响当地居民正常生活。

6. 重视环保绿化。

第三节　影响边坡稳定的主要因素

边坡的稳定性受多种因素的影响，主要分为内在因素和外部因素。内在因素包括组成边坡的岩土力学性质、地质构造、岩土体结构、地应力、水的作用等。外部因素包括工程荷载条件、振动、边坡形态的改造、气象条件、植物作用等。研究分析影响边坡稳定的因素，特别是影响边坡变形破坏的主要因素，是稳定分析和边坡防治处理的一项重要任务。

1. 岩土的工程地质性质

岩土的工程地质性质包括组成土体的物理、化学、水文和力学性质，特别是岩土在饱水条件下的力学强度，是影响边坡稳定的最主要因素。就边坡的变形破坏特征而论，不同地层有其常见的变形破坏形式。例如，有些地层中滑坡特别发育，这是与该地层中含有特殊的矿物成分、风化物，易于形成滑带有关。其次，土性对边坡的变形破坏也有直接影响。坚硬完整的块状或厚层状岩石，可以形成高达数百米的陡立边坡；而在淤泥或淤泥质软土地段，由于淤泥的塑流变形，几乎难以开挖边坡，边坡随挖随坍，难以成形；天然的松散地层边坡坡度较缓，而黄土边坡在干燥时却可以直立不溃。由某些岩土组成的边坡在干燥或天然状态下是稳定的，但一经浸水，岩土强度大减，边坡出现失稳。

2. 地质构造

地质构造因素，包括区域构造特点、边坡地段的褶皱形态、岩层产状、断层和节理裂隙发育特征以及区域新构造运动特点等。它对边坡稳定，特别是岩质边坡稳定的影响是十分明显的。在区域构造比较复杂、褶皱比较严重、新构造运动比较活跃的地区，边坡的稳定性较差。同时，边坡地段的岩层褶皱形态和岩层产状，直接影响边坡变形破坏的形式和规模。至于断层和节理裂隙对边坡变形破坏的影响则更为明显。某些断层或节理本身，就构成滑面或滑坡的周界面。

3. 岩质边坡的岩体结构

对坚硬和半坚硬岩石而言，岩石的性质对边坡的稳定性并不是最主要的影响因素。边坡岩体的破坏主要受岩体中不连续面（结构面）的控制。影响边坡稳定的岩体结构因素主要包括以下几个方面，如结构面的倾向和倾角、结构面的走向、结构面的组数和数量、结构面的连续性、结构面的起伏差和表面性质等等。

4. 水文地质作用

"十个边坡九个水"这句话形象地反映了边坡失稳往往与地下水的活动有密切关系这一客观事实。水文地质条件包括地下水的储存、补给、径流、排泄条件。地下水的富集程度既与气候条件有关，又与水文地质条件有关，边坡水文地质条件的改变必然导致其地下水富集程度的改变。由于岩土体的力学性质受水的影响很大，地下水富集程度的提高一方面增大坡体下滑力，另一方面降低软弱夹层和结构面的抗剪强度，引起孔隙水压力上升，降低滑动面上的有效正应力，导致滑动面的抗滑力减小。因此，地下水富集程度的改变相应地引起边坡稳定性发生改变。有不少边坡失稳与边坡水文地质条件恶化有关，而治理边坡也往往是由于改善了水文地质条件而获得成功。

5. 地震

地震对边坡稳定性的影响极大，地震往往伴有大量的边坡失稳。地震作用导致边坡稳定性降低主要是由于地震作用产生的水平地震附加力，当水平地震附加力的作用方向与主滑方向一致时，边坡的下滑力增大，滑动面的抗滑力减小。另外，在地震力作用下，岩土中的孔隙水压力增加和岩土体强度降低，也对斜坡的稳定不利。

6. 边坡形态

边坡形态对边坡的稳定性有直接影响。边坡形态系指边坡的高度、长度、剖面形态、平面形态以及边坡的临空条件等。对均质岩土边坡而言，坡度越陡，坡高越大，对其稳定越不利。当边坡的稳定受同向缓倾滑动结构面控制时，边坡的稳定性与边坡坡度关系不大，而主要决定于边坡高度。此外，边坡的临空条件也影响边坡的稳定。平面上呈凹形的边坡较呈凸形的边坡稳定。同是凹形边坡，边坡等高线曲率半径越小，越有利于边坡的稳定。

7. 地应力

地应力是控制边坡岩体节理裂隙发育及边坡变形特征的重要因素，开挖边坡使坡体内岩土的初始应力状态改变，坡脚附近出现剪应力集中带，坡顶和坡面的一些部位可能出现张应力区；在新构造运动强烈的地区，开挖边坡能使岩体的残余构造应力释放，可直接引起边坡的变形破坏。

8. 风化作用

风化作用使岩土的抗剪强度减弱，裂隙增加、扩大，影响斜坡的形状和坡度，透水性增加，使地面水易于浸入，改变地下水的动态等。沿裂隙风化时，可使岩土脱落或沿斜坡崩塌、堆积、滑移等。

9. 人为的工程活动因素

（1）荷载作用。坡顶荷载一方面增加了坡体下滑力，另一方面加大了坡顶张应力和坡脚剪应力的集中程度，使边坡岩土体破坏，强度降低。坡顶荷载的类型如静载、活载；荷载的大小和作用次数等均影响边坡的稳定性。

（2）公路路基结构。路基形式、路基填土或填石的类型与性质、排水结构物与支挡结构物的设置等，均影响边坡的稳定性。

（3）施工方法及养护措施。对路基来说，影响边坡稳定性的因素主要有路基填筑方法是否正确、压实度是否充分以及是否采用大爆破等；如在设计、施工中未及时采用一般措施而在养护中未加以补充、改善时，也会影响边坡稳定性。

第四节　边坡处治技术的发展方向

1. 边坡稳定性研究的发展方向

边坡稳定性研究由来已久，早期的边坡研究是仅以土体为研究对象的，该方法的显著特点是采用材料力学和简单的均质弹性、弹塑性理论为基础的半经验半理论性质的研究方法，并把此方法用于岩质边坡的稳定性研究，但由于其力学机理的粗浅或假设的不合理，其计算结果与实际情况差别较大。1959 年法国 Malpasset 坝左岸坝肩岩体的崩溃及 1963 年意大利 Vajont 坝上游左岸的库岸边坡滑坡等，使人们清醒地认识到了边坡破坏的力学机理研究的不足，从而促进了边坡稳定性研究向前迈进了一大步。以弹塑性理论为基础和改进的极限平衡法应用为主的多种方法应运而生，特别是 1967 年人们第一次尝试用有限元研究边坡的稳定性问题，给定量评价边坡的稳定性创造了条件，并使其逐步过渡到数值方法，从而使边坡稳定性研究进入模式机制和作用过程研究成为可能，同时，随着大量规模巨大工程的开展，决策要求的提高，以概率论为基础的可靠度方法已引入边坡稳定性研究中。在这一时期，由于我国边坡工程的不断实践与发展，边坡稳定性分析的原理与方法也获得了不断丰富与发展，如由中国科学院地质所提出的岩体结构理论及相应的边坡岩体稳定性分析的岩体工程地质力学方法，该方法的本质在于以岩体结构理论为基础，强调岩体中结构面特别是软弱结构面对边坡岩体变形及边坡失稳破坏的控制作用，运用赤平投影及实体比例投影作图方法，确定边坡潜在不稳定块体可能的几何形态或滑移边界，并用与现场滑坡条件相应的滑面岩体强度指标，定量地分析、评价边坡的稳定性。同时，滑坡研究进行了模拟试验与空间预测等等。进入 20 世纪 80 年代后，由于计算机技术水平的大幅度提高及岩体力学性质研究的进展，各种复杂的数值计算方法广泛地应用于边坡研究，同时，由于学科之间的相互渗透，这一时期的研究方法各式各样，成果叠出。现今使用的数学模型大致可分为两类：一类是基于极限平衡理论的条分法；另一类是数值分析方法。虽然条分法人为假定的条间作用力并不代表斜坡真实的应力状态，但条分法计算简单，发展历史较长，就稳定性而言，其结果已可满足实际需要，对土坡更是如此。

极限平衡理论是最经典的确定性分析方法，具体方法是将有滑动趋势范围内的边坡岩体按某种规则划分为一个个小块体，通过块体的平衡条件建立整个边坡平衡方程，以此为基础进行边坡分析。由于该方法具有模型简单、计算公式简捷、可以解决各种复杂剖面形状、能考虑各种加载形式的优点，因此得到广泛的应用。其中，条分法是边坡稳定分析理论中重要的内容。力学模型简单，可以对边坡进行定量的稳定性评价，已被工程人员广泛采用。1916 年瑞典人彼德森最早提出了条分法：假定土坡稳定问题是平面应变问题，并对圆柱形滑裂面以上的土体划分垂直条块，计算中不考虑土条间的作用力，定义安全系数为滑裂面上全部抗滑力矩与滑动力矩之比。之后，Fellenius（1936 年）、Bishop（1955 年）、Morgensterrn、Rice（1965 年）、Jambu（1973 年）等许多学者对条分法进行了改进。其中，Bishop 重新定义安全系数为沿整个滑裂面的抗剪强度与实际产生剪应力的比值，使得物理意义更明确。为了将坡体稳定分析中的超静定问题转化为静定问题，一些学者尝试将条块间的作用力作了人为假定。例如：Bishop 假定土条左右面上的剪力相互抵消；Morgensterrn 和 Rice 假定了条分面上剪力和水平推力比值的函数关系，并认为在垂直面上的应力分布不应破坏屈服条件并且保证土条接触面上不产生拉应力；Janbu 假定了推力线的位置。

随着计算机技术的发展，很多数值计算方法都用到边坡稳定分析中。有限元法是一种十分成熟的数值方法，它几乎可适用于所有的计算领域。其最大优点是可分析任何形状的几何体，不但能进行线性分析还可进行非线性分析。有限元是边坡稳定分析中用得较多的一种数值方法。有限单元法用于边坡中应力和位移的分析已经比较完善，并得到了许多学者成功的应用。其它数值分析方法如边界元法、离散元法、拉格朗日法也开始大量应用于边坡稳定性分析中。目前,数值分析方法有两种发展趋势:一是有限元法的发展,从平面有限元到三维有限元,从弹性有限元到弹塑性有限元,使有限元法分析结果更能反映实际边坡;二是大量新型数值计算方法的应用,如边界元法、离散元法、拉格朗日元法等,这些数值方法的应用,必将促进边坡稳定性研究的发展。

进入 20 世纪 90 年代,边坡问题的研究将传统的边坡工程地质学、现代岩土力学和现代数学相结合,形成了所谓的现代边坡工程学;各种现代科学的新技术,如系统工程论、信息理论、模糊数学、灰色理论、现代概率统计理论、耗散论、协同学、突变理论、混沌理论、分形理论等不断用于边坡问题研究中,从而给边坡的稳定性研究提供了新理论、新方法。

边坡稳定性分析方法取得了很大的成就,但在以下几个方面还有待进一步完善,将是以后研究的重点。

(1) 进一步进行边坡稳定性分析试验研究。目前对边坡稳定性分析试验研究并不多。众所周知,试验是边坡稳定性研究的基础,也是计算方法的依据。如果不进行试验研究就难以分析边坡破坏机理,就难以把握计算方法的正确性。只有加强边坡稳定分析试验研究,才能促进边坡分析的发展。

(2) 完善确定性分析方法,特别是复合法。目前确定性分析方法占有绝对的地位,只有不断完善才能适合不同的边坡条件。复合法是确定性分析方法的发展方向,可将不同方法的优点结合起来,故应大力发展复合方法。

(3) 大力发展边坡稳定分析的随机方法和模糊方法。这方面是边坡稳定性分析的新兴方法,在理论和应用上都有很多研究工作要做,应大量开展随机方法和模糊方法的理论和应用研究,使其更适于边坡稳定性分析。

2. 边坡处治技术的发展方向

边坡治理是一项技术复杂、施工困难的灾害防治工程。近年来,随着高速公路建设事业的迅速发展,以及大型重点工程项目的日益增多,边坡治理面临的问题也越来越突出。

由于我国的一些地区石料来源丰富,就地取材方便,再加上施工方法简单,因此,在过去很长一段时间内,石砌的重力式挡土墙是我国岩土工程中广泛采用的主要支挡结构。这种挡土墙形式简单,设计一般采用库仑土压力理论。但由于其截面大、圬工数量多、施工进度慢,在地形困难、石料缺乏地区应用不便。20 世纪 50 年代,为适应西南山区地形陡峻的特点,出现了我国独创的衡重式挡土墙,较以往的重力式挡土墙可节省圬工 20%~30%。随后,又出现了一种改进型的结构形式——卸荷板式挡土墙,可进一步节省墙体圬工,从而节省工程投资,有关设计计算方法已纳入《铁路路基支挡结构设计规范》(TB 10025—2001)。随着经济发展,建设项目增多,对道路和环境景观美化要求的提高,以及施工技术和标准化程度的提高,结构受力更合理、外形更美观、边坡坡度易调可变的挡土墙,如人字型挡土墙、单元式及格栅式拼装挡土墙、带 U 型流水边沟单元化低挡土墙、地锚式山体固定挡土墙,特别是表面装饰美化挡土墙,将会得到迅速发展。

锚固技术由于良好的边坡处治效果和耐久性而广泛地应用于高陡边坡的防护与处治,其主要的锚固形式有:锚杆墙板及锚杆肋柱墙板、锚杆灌注桩、锚杆(钉)喷网,及小锚杆铁丝网喷浆、锚索加固护坡和预应力锚索抗滑桩等。

在工程实践中,早期沿用结构工程概念,针对锚固作用机理提出诸如悬吊理论、组合梁理论、成拱理论等简单的模型。岩体工程的发展促使岩土锚固理论上了一个新台阶。通过大量的物理模型试验、数值仿真模拟、现场观测等手段，深入探讨了锚杆（索）加固机理。虽然锚固理论研究工作取得了一定进展，但也存在不少问题，如理论研究明显滞后于工程应用研究；对锚固体力的传递只有定性描述；在设计中大都采用粘结应力均匀分布的形式；锚杆（索）加固机理也没有统一的认识，缺乏行之有效、合理的计算方法；理论分析和数值分析与实际情况出入较大；采用等效模型评论锚杆（索）的加固作用时，岩体力学参数的选取往往很难准确把握。

因此边坡锚固的发展方向为：围绕锚固荷载传递机理的研究考虑粘结应力非均匀分布的事实，研究并提出切合实际的单锚承载力的计算公式，狠抓半理论半经验的设计原则，发展考虑群锚效应的系统锚杆支护的实用计算方法；进一步加强锚固机理研究，包括锚杆（索）预应力对岩土体应力重分布及岩土体力学性能的影响、锚固体对岩土体物理力学性质的影响以及锚杆（索）与边坡岩土体之间的相互作用；研究和提出模拟锚杆作用的合理计算模型：拉力型、压力型、剪力型锚固体内应力传递规律；研究地震、冲击、交变荷载、冰冻、高温等特殊条件下锚杆的性能及设计方法。

第二章 边坡稳定性计算方法

第一节 概　　述

边坡稳定性问题一直是边坡工程中的一个重要研究内容。它涉及铁道工程、公路工程、水电工程、矿山工程等诸多工程领域，能否正确评价其稳定性直接关系到建设的资金投入和人民的生命财产安全。

边坡稳定性分析方法很多，不同的方法又各具特点，有一定的适用条件。根据具体的边坡工程地质条件，具体地分析目的与精度要求，合理有效地选用与之相适应的边坡稳定性分析方法，是一项很重要的工作。边坡稳定性分析的一般步骤为：实际边坡→力学模型→数学模型→计算方法→结论。其核心内容是力学模型、数学模型和计算方法的研究，即边坡稳定性分析方法的研究。一般来说，边坡稳定性分析方法可分为三大类：定量分析方法、定性分析方法和非确定性分析方法，定量分析方法主要包括极限平衡分析法、有限单元法、无单元法、离散单元法、快速拉格朗日法、DDA法、流形元法、遗传进化算法、人工神经网络评价法等；定性分析方法主要包括范例推理评价法、专家系统等；非确定分析方法主要包括模糊综合评价法、可靠度评价法、灰色系统评价法等。其中，定量分析方法中的极限平衡分析法是目前较为常用的方法，该方法具有模型简单、计算公式简捷、可以解决各种复杂剖面形状、能考虑各种加载形式的优点，因此得到广泛的应用。

一、边坡稳定性的基本概念

边坡系指具有倾斜坡面的土体。由于土坡表面倾斜，在本身重量及其他外力作用下，整个土体都有从高处向低处滑动的趋势，如果土体内部某一个面上的滑动力超过土体抵抗滑动的能力，就会发生滑坡。在工程建设中，常见的边坡失稳破坏有两种类型：一种是天然边坡由于水流冲刷、地壳运动或人类活动破坏了它原来的地质条件而产生失稳破坏，通常用地质条件对比法来衡量其稳定的程度；另一种是人工开挖或填筑的人工土坡，由于设计的坡度太陡，或工作条件的变化改变了土体内部的应力状态，使局部地区的剪切破坏，发展成一条连贯的剪切破坏面，土体的稳定平衡状态遭到破坏，因而发生边坡失稳破坏，本章主要讨论后一种边坡的稳定性问题。

在工程设计中，判断边坡稳定性的大小习惯上采用边坡稳定安全系数来衡量。最初的安全系数概念来源于极限平衡法中的条分法，是用滑裂面上全部抗滑力矩与滑动力矩之比来定义的，20世纪50年代，毕肖普等明确了土坡稳定安全系数的定义，将土坡稳定安全系数 F_s 定义为沿整个滑裂面的抗剪强度 τ_f 与实际产生的剪应力 τ 之比，即

$$F_s = \frac{\tau_f}{\tau} \tag{2-1}$$

这不仅使安全系数的物理意义更加明确，而且使用范围更加广泛。按照上述边坡稳定

性概念，$F_s > 1$ 时，边坡稳定；$F_s < 1$ 时，边坡失稳；$F_s = 1$ 时，边坡处于临界状态。

二、边坡稳定性分析的基本理论

边坡稳定分析的方法很多，本章主要介绍应用较多的极限平衡理论中的条分法。

条分法以极限平衡理论为基础，由瑞典人彼得森（K. E. Petterson）在 1916 年提出，20 世纪 30～40 年代经过费伦纽斯（W. Fellennius）和泰勒（D. W. taylor）等人的不断改进，直至 1954 年简布（N. Janbu）提出了普遍条分法的基本原理，1955 年毕肖普明确了土坡稳定安全系数，使该方法在目前的工程界成为普遍采用的方法。

极限平衡理论的主要思想是将滑动土体进行条分，根据极限状态下土条受力和力矩平衡来分析边坡的稳定性。根据对平衡方程组增设的边界条件不同，又分为如下几种方法：瑞典条分法，简化毕肖普（Bishop）法，简布普遍条分法等。条分法的基本理论如下：

将滑动土体竖向分为 n 个土条，在其中任取 1 条记为第 i 条，如图 2-1 所示，其上作用的已知力有：土条本身重量 W_i，水平作用力（例如地震惯性力）Q_i，作用于土条两侧的孔隙压力（水压力）U_l 及 U_r，以及作用于土条底部的孔隙压力 U_i。另外，当滑裂面形状确定以后，土条的有关几何尺寸如底部坡角 α_i，底长 l_i 以及滑裂面上的强度指标 c_i'、$\tan\varphi_i'$ 也都是定值。因此，对整个滑动土体来说，为了达到力的平衡，我们所要求的未知量如下：

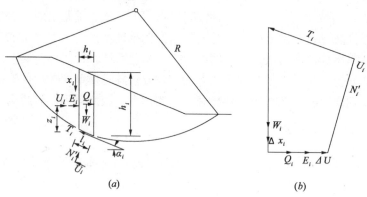

图 2-1 作用于土条上的各种作用力
(a) 作用力；(b) 为多边形。

1. 每一土条底部的有效法向反力 N_i'，共 n 个；
2. 安全系数 F_s（按安全系数的定义，每一土条底部的切向力 T_i 可用法向力 N_i 及 F_s 求出），1 个；
3. 两相邻土条分界面上的法向条间力 E_i，共 $n-1$ 个；
4. 两相邻土条分界面上的切向条间力 X_i（或 X_i 与 E_i 的交角 θ_i），共 $n-1$ 个；
5. 每一土条底部 T_i 及 N_i 合力作用点位置 a_i，共 n 个；
6. 两相邻土条条间力 X_i 及 E_i 合力作用点位置 z_i，共 $n-1$ 个。

这样，共计有 $5n-2$ 个未知量，而我们所能得到的只有各土条水平向及垂直向力的平衡以及力矩平衡 $3n$ 个方程，因此，土坡的稳定分析问题实际上是一个高次超静定问题。如果把土条取得极薄，土条底部 T_i 及 N_i 合力作用点可近似认为作用于土条底部的中点，

则 a_i 为已知，这样未知量减少为 $4n-2$ 个，与方程数相比，还有 $n-2$ 个未知量无法求出，要使问题得解就必须建立新的条件方程。还有两个可能的途径：一种是引进土体本身的应力-应变关系，但这会使问题变得非常复杂；另一种就是做出各种简化假定以减少未知量或增加方程数。这样的假定大致有下列三种：

(1) 假定 $n-1$ 个 X_i 值。其中最简单的就是毕肖普在他的简化方法中假定所有的 X_i 均为零。

(2) 假定 X_i 与 E_i 的交角或条间力合力的方向（这个方向通常均需通过试算加以确定）。属于这一类的有斯宾塞法、摩根斯坦－普赖斯法、沙尔玛法以及目前国内工业、民用建筑及铁道部门使用很广泛的不平衡推力传递法等。

(3) 假定条间合力的使用点位置。例如简布提出的普遍条分法。

考虑土条条间力的作用，可以使稳定安全系数得到提高，但任何合理的假定求出条间力必须满足下列两个条件。

a) 在土条分界面上不违反土体破坏准则。亦即由切向条间力得出的平均剪应力应小于分界面土体的抗剪强度，或每一土条分界面上的抗剪安全系数 F_v 必须大于 1（作为平衡设计，F_v 应不小于 F_s）；

b) 一般来说，不允许土条间出现拉力。

研究表明，为减少未知量所作的各种假定，在满足合理要求的条件下，其求出的安全系数差别都不大。因此，从工程实用观点看，在计算方法中无论采用何种假定，并不影响最后求得的稳定安全系数值。进行边坡稳定分析的目的，就是要找出所有既满足静力平衡条件又满足合理性要求的安全系数解集，从工程实用角度看，就是要找出安全系数解集中最小的安全系数，只相当于这个解集的一个点，这个点就是所分析土坡的稳定安全系数。需要说明的是，采用极限平衡方法来分析边坡稳定，由于没有考虑土体本身的应力-应变关系和实际工作状态，所求出的土条之间的内力和土条底部的反力均不能代表土坡在实际工作条件下真正的内力或反力，更不能求出变形，我们只是利用这种通过人为假定的虚拟状态来求出安全系数。

第二节 瑞典圆弧法

一、基本假定

瑞典圆弧滑动法（简称瑞典法或费伦纽斯法）是条分法中最古老又最简单的方法，由于该法在瑞典首先被采纳应用，因此也称为瑞典条分法。其基本假定如下：

1. 边坡由均质材料构成，其抗剪强度服从库仑定律；
2. 土坡稳定属平面问题，即可取其某一剖面为代表进行分析计算；
3. 滑裂面为圆柱面（在剖面图为圆弧）外，不考虑土条两侧的作用力；
4. 安全系数定义为每一土条在滑裂面上所能提供的抗滑力矩和与外荷载及滑动土体在滑裂面上所产生的滑动力矩和之比。

二、计算公式

图 2-2 表示一均质土坡及其中任一土条 i 上的作用力。土条高为 h_i，宽为 b_i，W_i 为土

条本身的自重力；P_i 及 P_{i+1} 为作用于土条两侧的条间力合力，其方向与土条底部平行；N_i 及 T_i 分别为作用于土条底部的总法向反力和切向阻力；土条底部的坡角为 α_i，长为 l_i，滑裂面圆弧的半径为 R。根据摩尔—库伦准则，滑裂面 AB 上的平均抗剪强度为

$$\tau_f = c' + (\sigma - u)\tan\varphi' \quad (2-2)$$

式中：σ——法向总应力；

　　　u——孔隙应力；

　　　c', φ'——有效抗剪强度指标。

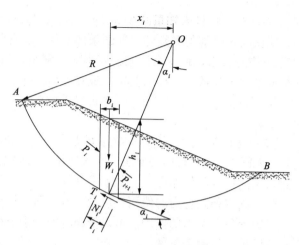

图2-2　瑞典圆弧法计算图示

如果整个滑裂面 AB 上的平均安全系数为 F_s，按照式（2-1）的定义，土条底部的切向阻力 T_i 为

$$T_i = \tau l_i = \frac{\tau_f}{F_s}l_i = \frac{c'_i l_i}{F_s} + (N_i - u_i l_i)\frac{\tan\varphi'_i}{F_s} \quad (2-3)$$

现取土条底部法线方向力的平衡，可得

$$N_i = W_i\cos\alpha_i \quad (2-4)$$

同时，各土条对圆心的力矩和应当为零，即

$$\Sigma W_i x_i - \Sigma T_i R = 0 \quad (2-5)$$

而 $x_i = R\sin\alpha_i$，并以式（2-3）、式（2-4）代入式（2-5），得

$$F_s = \frac{\Sigma[c'_i l_i + (W_i\cos\alpha_i - u_i l_i)\tan\varphi'_i]}{\Sigma W_i\sin\alpha_i} \quad (2-6)$$

式（2-6）就是瑞典条分法土坡稳定计算公式，它与根据两个力矩和之比导出的公式完全相同。

三、渗流作用的影响

当土坡内部有地下水渗流作用时，滑动土体中存在渗透压力，必须考虑它对土坡稳定性的影响。

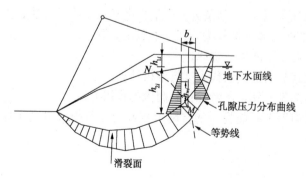

图2-3　渗流对土坡稳定的影响

如图2-3所示，在滑动土体中任取一土条 i，如果将土和水一起作为脱离体来分析，土条重量 W_i 就等于 $b_i(\gamma h_{1i} + \gamma_m h_{2i})$，其中 γ 为土的湿重力密度，γ_m 为饱和重力密度；在土条两侧及底部都作用有渗透水压力。在稳定渗流情况下，土体通常均已固结，由附加荷重引起的孔隙应力均已消散，土条底部的孔隙应力 u_i 也就是渗透水压力，可用流网确定。如果

经过土条底部中点 M 的等势线与地下水相交于 N，则

$$u_i = \gamma_w h_{wi} \tag{2-7}$$

式中：γ_w——水的重力密度；

h_{wi}——MN 的垂直距离。

若地下水面与滑裂面接近平行，或土条取得很薄，土条两侧的渗透水压力接近相等，可相互抵消。

将上述结果代入式（2-6），又因 $l_i = \dfrac{b_i}{\cos \alpha_i}$，得

$$F_s = \frac{\Sigma c'_i l_i + \Sigma b_i (\gamma h_{1i} + \gamma_m h_{2i} - \gamma_w \dfrac{h_{wi}}{\cos^2 \alpha_i})\cos \alpha_i \tan \varphi'_i}{\Sigma b_i (\gamma h_{1i} + \gamma_m h_{2i})\sin \alpha_i} \tag{2-8}$$

四、应注意的问题

1. 滑裂面的位置和形状

在初步设计计算中，滑裂面是任意假定的，因此，需要对各种可能的滑裂面进行计算，从中找出安全系数最小的滑裂面，即最危险滑裂面。当土坡外形和土层分布都比较复杂时，寻找最危险滑裂面的位置相当困难。为此，可制作数表、曲线，以减少试算工作量，也可编制相应的计算机程序，从而使计算更为简单。

在实际的边坡失稳破坏中，滑动面并不是真正的圆弧面。但大量的试验资料表明，均质边坡真正的滑裂面与圆弧面相差无几，按圆弧面进行边坡稳定性验算时，所得安全分项系数的偏差约为 0.04。滑裂面为圆弧面的假定，如果应用于非均质边坡，如山区的土层与岩面的滑动，则会出现非常大的误差。

2. 滑裂面的位置和形状

边坡内部必然存在着一定的应力状态，边坡失稳时，还将出现临界应力状态。这种应力状态的存在，都必然在分条间存在着作用力，通常包括分条间的水平压力和竖向摩擦力，在进行边坡稳定性分析时，不考虑这些力的存在，不仅在理论上存在问题，且对安全分项系数也有相当的影响。但是，如考虑条间作用力的存在时，静力平衡条件则不足以求解所有的未知量，如将边坡分割成 n 条，则短缺 $n-1$ 个方程，目前尚不能从理论上建立这些方程，现在只能进行某些人为的假定，例如传递系数法，假定分条间接触面上的水平压力与竖向摩擦力的合力，其作用方向平行于该分条的滑动面，且作用于分条的中部，来求解这些多余未知量。

第三节 毕肖普条分法

一、基本假定和计算公式

毕肖普考虑了条间力的作用，如图 2-4 所示，E_i 及 X_i 分别表示法向及切向条间力，W_i 为土条自重，Q_i 为水平作用力，N_i、T_i 分别为土条底部的总法向力（包括有效法向力及孔隙应力）和切向力，其余符号意义同前。

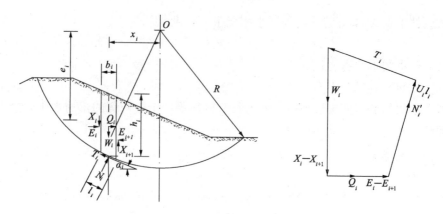

图 2-4　毕肖普法计算图示

根据每一土条垂直方向力的平衡条件有

$$W_i + X_i - X_{i+1} - T_i\sin\alpha_i - N_i\cos\alpha_i = 0$$

或

$$N_i\cos\alpha_i = W_i + X_i - X_{i+1} - T_i\sin\alpha_i \tag{2-9}$$

按照安全系数的定义及摩尔—库伦准则，T_i 可用式（2-3）表示，代入式（2-9），求得土条底部总法向力为

$$N_i = \left[W_i + (X_i - X_{i+1}) - \frac{c'_i l_i \sin\alpha_i}{F_s} + \frac{u_i l_i \tan\varphi'_i \sin\alpha_i}{F_s}\right]\frac{1}{m_{ai}} \tag{2-10}$$

式中

$$m_{ai} = \cos\alpha_i + \frac{\tan\varphi'_i \sin\alpha_i}{F_s} \tag{2-11}$$

在极限平衡时，各土条对圆心的力矩之和应当为零，此时条间力的作用将相互抵消。因此，得

$$\Sigma W_i x_i - \Sigma T_i R + \Sigma Q_i e_i = 0 \tag{2-12}$$

将式（2-3）、式（2-10）代入式（2-12），且 $x_i = R\sin\alpha_i$，最后得到安全系数的公式为

$$F_s = \frac{\Sigma \frac{1}{m_{ai}}\{c'_i b_i + [W_i - u_i b_i + (X_i - X_{i+1})]\tan\varphi'_i\}}{\Sigma W_i \sin\alpha_i + \Sigma Q_i \frac{e_i}{R}} \tag{2-13}$$

式中，X_i 及 X_{i+1} 是未知的，为使问题得解，毕肖普又假定各土条之间的切向条间力均略去不计，也就是假定条间力的合力是水平的，这样，式（2-13）简化为：

$$F_s = \frac{\Sigma \frac{1}{m_{ai}}[c'_i b_i + (W_i - u_i b_i)\tan\varphi']}{\Sigma W_i \sin\alpha_i + \Sigma Q_i \frac{e_i}{R}} \tag{2-14}$$

二、应注意的问题

1. 式（2-14）中的中间参数 m_a 内也有 F_s 这个因子，所以在求 F_s 时要进行试算。在计算时，一般可先假定 $F_s=1$，求出 m_a（或假定 $m_a=1$），再求 F_s，再用此 F_s 求出新的 m_a 及 F_s，如此反复迭代，直至假定的 F_s 和算出的 F_s 非常接近为止，根据经验，通常只要迭代 3~4 次就可满足精度要求，而且迭代通常总是收敛的。

2. 对于 α_i 为负值的那些土条，要注意会不会使 m_a 趋近于零，如果是这样，则简化毕肖普法就不能用。这是由于既在计算中略去了 X_i 的影响，又要令各土条维持极限平衡，在土条的 α_i 使 m_a 趋近于零时，N_i 就要趋近于无穷大，当 α_i 的绝对值更大时，土条底部的 T_i 将要求和滑动方向相同，这是与实际情况相矛盾的。根据某些学者的意见，当任一土条的 $m_a \leqslant 0.2$ 时，就会使求出的 F_s 值产生较大的误差，此时就应考虑 X_i 的影响或采用别的计算方法。

第四节　简布条分法

一、基本假定

简布条分法又称普遍条分法，它适用于任意形状的滑裂面。图 2-5 表示土坡断面最一般的情况，土坡面是任意的，上面作用着各种荷载，剪切面（滑裂面）也是任意的。土条两侧作用力（条间力）合力作用点位置的连线称为推力线。在整个土坡的两侧作用着侧向的推力 E_a、E_b 和剪力 T_a、T_b。

在土坡断面中任一土条，如图 2-6 所示，其上作用着集中荷载 ΔP、ΔQ 及均布荷载 q，ΔW_v 为土条自重，在土条两侧作用有条间力 T、E 及 $T+\Delta T$、$E+\Delta E$，ΔS 及 ΔN 则为滑裂面上的作用力。一般来说，T、E、ΔS 及 ΔN 为基本未知量。

为了求出一般情况下土坡稳定的安全系数以及滑裂面上的应力分布，在平面应变问题的条件下，简布条分法做了如下假定。

1. 整个滑裂面上的稳定安全系数是一样的，其定义表达式为（2-1），即 $F_s = \dfrac{\tau_f}{\tau}$；

2. 土条上所有垂直荷载的合力 $\Delta W = \Delta W_v + q\Delta x + \Delta P$，其作用线和滑裂面的交点与

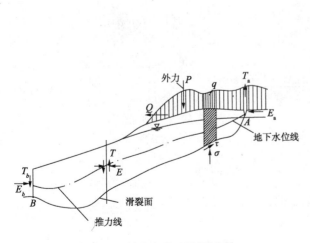

图 2-5　简布条分法计算图示

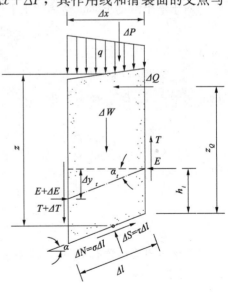

图 2-6　土条上作用的力

ΔN 的作用点为同一点；

3. 推力线的位置假定已知。根据土压力计算理论，可以简单地假定土条侧面推力成直线分布，如果坡面没有超载，对于非黏性土（$c'=0$），推力线应选在（或靠近）土条下三分点处；对于黏性土（$c'>0$）则在这点以上（被动情况）或这点以下（主动情况）。如果坡面有超载，侧向推力成梯形分布，推力线应通过梯形的形心。

二、计算公式

对于每一土条，根据所假定的滑裂面，可以量得滑裂面坡度 $\tan\alpha$ 及土条宽 Δx。单位土条宽度上作用的总垂直荷载为 $p=\dfrac{\Delta W}{\Delta x}=\gamma z+q+\dfrac{\Delta P}{\Delta x}$，式中 γ 为土的重力密度。水平荷载为 ΔQ，其作用点位置离滑裂面的距离为 z_Q。当推力线位置确定以后，尚可量得推力线与滑裂面的垂直距离 h_t 及推力线的坡度 $\tan\alpha_t$。

根据力及力矩平衡条件，对每一土条，可列出下列四个基本方程，即

$$\tau=\frac{\tau_f}{F_s}=\frac{c'}{F_s}+(\sigma-u)\frac{\tan\varphi'}{F_s} \tag{2-15}$$

$$\sigma=p+t-\tau\tan\alpha \tag{2-16}$$

$$\Delta E=\Delta Q+(p+t)\Delta x\tan\alpha-\tau\Delta x(1+\tan^2\alpha) \tag{2-17}$$

$$T=-E\tan\alpha_t+h_t\frac{dE}{dx}-z_Q\frac{dQ}{dx} \tag{2-18}$$

式（2-15）是滑裂面上的平衡条件，u 为滑裂面上的孔隙应力；式（2-16）是力的垂直平衡方程，式中 $t=\Delta T/\Delta x$；式（2-17）是力的水平平衡方程，其中 σ 是用式（2-16）代入消去的；式（2-18）则是根据力矩平衡条件得出的，式中 Δx 的高次项已略去。

对于整个滑动土体，整体的水平作用力平衡要求（见图 2-5）：

$$\Sigma\Delta E=E_b-E_a$$

将式（2-17）代入上式，得

$$E_b-E_a=\Sigma[\Delta Q+(p+t)\Delta x\tan\alpha]-\Sigma\tau\Delta x(1+\tan^2\alpha) \tag{2-19}$$

根据假定，$\tau=\dfrac{\tau_f}{F_s}$，代入上式，得

$$F_s=\frac{\Sigma\tau_f\Delta x(1+\tan^2\alpha)}{E_a-E_b+\Sigma[\Delta Q+(p+t)\Delta x\tan\alpha]} \tag{2-20}$$

而

$$\tau_f=c'+(\sigma-u)\tan\varphi'=c'+(p+t-u-\tau\tan\alpha)\tan\varphi'$$

$$=c'+(p+t-u-\frac{\tau_f}{F_s}\tan\alpha)\tan\varphi' \tag{2-21}$$

因为式子两边均包含有 F_s 项，须用迭代法试算。

由式（2-21）得

$$\tau_f=\frac{c'+(p+t-u)\tan\varphi'}{1+\tan\alpha\tan\varphi'/F_s} \tag{2-22}$$

为了使公式简化，引入

$$M = \tau_f \Delta x (1 + \tan^2 \alpha) \tag{2-23}$$

$$N = \Delta Q + (p+t)\Delta x \tan \alpha \tag{2-24}$$

将式（2-22）代入式（2-23）并令

$$M' = [c' + (p+t-u)\tan \varphi']\Delta x \tag{2-25}$$

$$\eta_a = \frac{1 + \tan \alpha \tan \varphi'/F_s}{1 + \tan^2 \alpha} \tag{2-26}$$

得到

$$M = M'/\eta_a \tag{2-27}$$

可将式（2-23）制成 $\dfrac{\tan \varphi'}{F_s} - \tan \alpha - \eta_a$ 的关系曲线以备查用。简化以后的式（2-20）成为

$$F_s = \frac{\Sigma M}{E_a - E_b + \Sigma N} \tag{2-28}$$

滑裂面上的剪应力 τ 可由式（2-15）求出，即

$$\tau = \frac{\tau_f}{F_s} = \frac{M}{F_s(1 + \tan^2 \alpha)\Delta x} \tag{2-29}$$

正应力 σ 则直接由基本方程式（2-16）求得。

必须指出，在上列各式中，T 及 $t = \Delta T/\Delta x$ 是未知的。为了求解 T 及 t，先将式（2-20）、式（2-21）代入基本方程（2-17），得

$$\Delta E = N - \frac{M}{F_s} \tag{2-30}$$

每一土条侧向水平作用力可由 A 点开始（见图 2-5），从上往下逐条推求，即

$$E = E_a + \Sigma \Delta E \tag{2-31}$$

求出 E 以后，T 即可由基本方程式（2-18）求得，当土条两侧的 T 均已知时，该土条的 ΔT 及 t 就很容易求出来了。但因为求 M、N 的公式（2-23）及式（2-24）中均含有 t 项，所以 t 并不能直接解出，也必须用迭代法来解决。

三、计算步骤

简布法的具体计算步骤如下：

1. 假定滑裂面，划分土条，求出各土条的 $\tan \alpha$、Δx、$p = yz + q + \dfrac{\Delta P}{\Delta x}$、$u$、$c'$、$\tan \varphi'$ 及 ΔQ。

2. 假定 $t_0 = 0$，求出

$$N_0 = \Delta Q + p \tan \alpha \Delta x$$

$$M'_0 = [c' + (p-u)\tan \varphi']\Delta x$$

3. 先假定 $\eta_{a0} = 1$，则 $M_0 = M'_0$，而

$$F'_{s0} = \frac{\Sigma M'_0}{E_a - E_b + \Sigma N_0}$$

4. 由 F'_{s0} 选取 F^*_{s0}（一般 $F^*_{s0} > F'_{s0}$），求出 η_{a0}，再求出 $M_0 = \dfrac{M'_0}{\eta_{a0}}$。

5. 再由 M_0、N_0 求出 $F_{s0} = \dfrac{\Sigma M_0}{E_a - E_b + \Sigma N_0}$，若求出的 F'_{s0} 与 F^*_{s0} 相比误差小于 5%，可选用，否则重新假定 F^*_{s0}，重新计算。

6. 由式 (7-37)，当 $t_0 = 0$ 时，$\Delta E_0 = N_0 - \dfrac{M_0}{F_{s0}}$。

7. 求出各土条分界面的 E_0，从坡顶逐条往下推，$E_0 = E_a + \Sigma \Delta E_0$，直到最后满足条件 $E_a - E_b = \Sigma \Delta E_0$。

8. 根据推力线位置求出 $\tan\alpha_t$、h_t、z_Q。

9. 由下式求 $\dfrac{dE}{dx}$，即

$$\left(\dfrac{dE}{dx}\right)_{i,i+1} \approx \dfrac{\Delta E_i + \Delta E_{i+1}}{\Delta x_i + \Delta x_{i+1}}$$

10. 求得各土条分界面上第一个近似的 T 值

$$T_1 = -E_0 \tan\alpha_t + h_t \dfrac{dE}{dx} - z_Q \dfrac{dQ}{dx}$$

11. 求出每一土条的 ΔT 值

$$\Delta T_i = T_{i,i+1} - T_{i,i-1}$$

12. 求出每一土条的 t 值

$$t_i = \dfrac{\Delta T_i}{\Delta x_i}$$

13. 求出 $N_1 = N_0 + \Delta T \tan\alpha$
$M'_1 = M'_0 + \Delta T \tan\varphi'$

这是 M'、N 的第一次近似值。

14. 由 F_{s0} 假定 F^*_{s1}，求出各土条的 η_{a1}。

15. 求得 $M_1 = \dfrac{M'_1}{\eta_{a1}}$，$F_{s1} = \dfrac{\Sigma M_1}{E_a - E_b + \Sigma N}$，若 F_{s1} 与 F^*_{s1} 相比误差小 5%，可选用，否则重新假定 F^*_{s1}，重新计算。

16. 重复步骤 (6)~(15)，从 $\Delta E_1 = N_1 - \dfrac{M_1}{F_{s1}}$ 开始，直到算出安全系数的第二次近似值 F_{s2}，将 F_{s2} 与 F_{s1} 比较，若符合精度要求，则迭代结束，取 $F_s = F_{s2}$，否则继续迭代，一般仅需迭代 3 次。

17. 当 F_s 确定以后，由式 (2-16)、式 (2-29) 求出各土条滑裂面上的应力 σ 及 τ，此时已得如下成果：沿滑裂面的平均安全系数 F_s、所有土条分界面上的作用力 E 及 T、每一土条底面的平均应力 σ 及 τ。

18. 校核每一土条分界面上的抗剪安全系数 F_v。

19. 绘制成果，计算结束。

因为普遍条分法通常用来校核一些形状比较特殊的滑裂面（如复杂的软土层面），所以不必要假定很多的剪切面进行计算。

第五节 其他方法简介

一、有限单元法

虽然极限平衡法计算简单，被广泛应用于边坡稳定分析计算中，但当边坡由非均质各向异性材料组成时，该方法就不能得到符合实际结果或无法计算。例如，极限平衡法不能区分填土边坡和开挖边坡之间的差别，在这两种情况下得到的滑动面都是相同的。但一些学者指出开挖边坡的安全系数稍高于填土边坡的安全系数，两种边坡的临界滑动面是有所不同的。

随着计算机技术的发展，很多数值计算方法都用到边坡稳定分析中，其中，有限元法是一种十分成熟的方法，它几乎可适用于所有的计算领域。其最大优点是可分析任何形状的几何体，不但能进行线性分析还可进行非线性分析，是边坡稳定分析中用得较多的一种数值方法。有限元法用于边坡中应力和位移的分析已经比较完善，并多次成功应用。但将该方法得到的结果用于边坡稳定性评价却没有引起足够的重视。下面介绍采用有限元法确定边坡的应力和位移，评价边坡稳定性的几种方法。

1. 刚体有限元法

刚体有限元法是把刚体极限平衡法和有限元法相结合，采用刚体弹塑性夹层模型把结构离散成任意凸多边形刚性单元，这些刚性单元由分布在它们之间的弹塑性夹层连接，凸多边形单元中任一点的位移完全由其型心的刚体位移描述，它们可以模拟各种形状的岩块，而用弹塑性夹层模拟软弱结构面。以单元型心点处的物理量来建立了刚体弹塑性夹层模型的有限元方程式，用有限元法进行边坡稳定性分析评价。

2. 有限元强度折减法

在有限元法中，通过强度折减，直至计算到不收敛为止，其折减的倍数即为稳定系数。这种方法国外在20世纪80年代就采用，其缺点是力学概念不十分明确，而且要受到计算程度及计算精度的限制。利用有限单元法，通过强度折减来求边坡稳定安全系数。通过强度折减，使系统达到不稳定状态时，有限元计算将不收敛，此时的折减系数就是安全系数，安全系数的大小与所采用的屈服准则有关。纵上所述，如果有限元强度折减法能使有限元法保持足够的计算精度，那么有限元法较传统的方法具有如下优点：

（1）能够对具有复杂地貌、地质的边坡进行计算；

（2）考虑了土体的本构关系，以及变形对应力的影响；

（3）能够模拟土坡的边坡过程及其滑移面形状，滑移面大致在水平位移突变的地方及塑性变形发展严重的部位；

（4）能够模拟土体与支护的共同作用；

（5）求解安全系数时，可以不需要假定滑移面的形状，也无需进行条分。

二、遗传进化算法

生物进化论认为生物的进化过程可以被看成是对种群操作的物理变化过程，这个过程包括复制、杂交、变异、竞争和选择。复制过程使得种群按指数速度扩张，复制完成对后代个体的遗传基因的传递；杂交是两个个体的部分基因互换而产生两个新个体；变异是遗传基因在传递过程中出现差错；竞争是在有限的生存空间对群体进行压缩；选择是在有限的生存空间竞争的不可避免的结果；最后适者生存，劣者淘汰。

遗传进化算法就是模拟生物进化过程，由美国 John H. Holland 教授首先提出来的。这种算法模仿生物遗传进化的步骤，将复制、杂交、变异、竞争和选择等概念引入到算法中，其步骤如下：

1. 定义一个目标函数，函数值表示可行解的适应性。
2. 将候选解群体在一定的约束条件下初始化，每一个候选解用一个向量 X 来编码，称为一条染色体，向量的分量代表基因。
3. 群体中的每一条染色体 X_i ($i=1, 2, \cdots, n$)，被译码成适于评价的形式，并赋予它一个适应值（函数值）。
4. 以优胜劣汰的机制，将适应值差的染色体淘汰掉，对幸存的染色体根据其适应值的好坏按概率随机选择，进行自我复制，形成新的群体。
5. 通过随机选择染色体进行遗传操作（杂交和变异），产生子代。杂交是随机选择两条染色体（双亲），将某一位置的基因互换而产生两个新个体；变异是基因中的某一位发生突变，以达到产生新品种的目的。
6. 对子代群体重复步骤 3 和 4 的操作，进行新一轮遗传进化过程，如果找到合适解或达到最大进化代数，则计算结束。从上述算法可以看出，"优胜劣汰的机制"以及"按概率复制"是为了使新群体的性能提高，"杂交"和"变异"的操作是为了产生新的品种。只有产生新的品种，才能为"优胜劣汰"提供原材料，才有可能找到最优解，从而使算法跳出局部极值。将"按概率复制"和"杂交"、"变异"结合在一起，则是为了产生好的新品种，以达到进化的目的。由此可见，遗传进化算法虽属一种随机算法，但它又具有一定的方向性，它所使用的"按概率随机选择"是在有方向的搜索过程中的一种工具，正是由于它的方向性，使得它比一般的随机搜索的效率要高。

对于边坡稳定性分析问题，根据遗传进化算法的基本思想，下面介绍一种用遗传进化算法确定最危险滑动面及其对应的最小安全系数的方法。

（1）目标函数的定义

这里的目标函数即为边坡稳定安全系数公式。为简便起见，采用简单条分法的公式，即

$$F = \frac{\sum_{i=1}^{n}(c_i l_i + \gamma_i h_i b_i \cos \alpha_i \tan \varphi_i)}{\sum_{i=1}^{n} \gamma_i h_i b_i \sin \alpha_i} \tag{2-32}$$

式中：γ_i 为土的重力密度；b_i，h_i 为土条的宽度和高度；l_i 为第 i 土条滑动面的弧长；c_i，φ_i 为滑动面上土层的粘聚力和内摩擦角；n 为分条数；α_i 为土条 i 滑动面的法线与竖直线的夹角。

计算简图如图 2-7 所示，用安全系数的大小表示可行解的适应性。为了寻找最小安全系数，因此 F 值越小，适应性能越好。

（2）初始解种群的确定

给定最危险滑弧圆心搜索范围，在此范围内随机、均匀地选择 n 个圆心 O_i（x_i, y_i），$i=1,2,\cdots,n$。其中 n 为圆心群体个数；圆心 O_i 代表第 i 条染色体；坐标分量 x_i，y_i 为染色体 O_i 的基因。

（3）最危险滑弧半径的确定

对每个圆心给出滑弧半径搜索范围，在此范围内搜索最危险滑弧半径。具体方法如下：

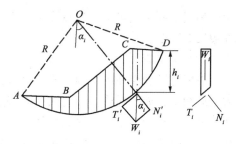

图 2-7　简单条分法计算简图

a）随机均匀地选取 m 个半径 R_j（$j=1,2,\cdots,m$）作为父代。

b）按概率对父代中的每个半径进行变异操作，即加上一个随机量，产生子代个体，从而形成新的群体 R_j'（$j=1,2,\cdots,m$）。

c）对新群体中的每一个半径 R_j' 按公式（2-32）计算安全系数 F_j，则 F_j 为 R_j' 所对应的适应值。

d）以优胜劣汰的机制，将群体中 F 值较大的一半淘汰掉，幸存者成为新一代父代。

e）重复 b）～d）的操作，直至连续几代求出的最小安全系数不变，即为圆心 O_i 所对应的适应值 F_i。

（4）竞争、选择和复制的操作

将 O_i 所对应的适应值 F_i（$i=1,2,\cdots,n$）中 $n/2$ 个 F 值较大的圆心点淘汰掉，对幸存的 $n/2$ 个圆心点根据其适应值大小按概率自我复制，形成新的 n 个圆心点。

（5）杂交和变异的操作

随机选择 $n/4$ 对圆心，将每一对圆心坐标的某一个分量进行互换，产生一对新的圆心，从而完成杂交操作。然后再随机选择 $n/2$ 个圆心，将每个圆心坐标的某个分量通过加上一个随机量来产生新的圆心，从而完成变异操作。

（6）最危险滑动面确定

对子代群体重复（3）～（5）的操作，直至对最小安全系数 F_1 值满意或达到最大进化代数，则计算结束。由 F_1 所对应的圆心 O_1 和半径 R_1 确定的滑动面即为最危险滑动面。

三、人工神经网络计算法

1. 人工神经网络法简介

人工神经网络是依据人脑结构的基本特征发展起来的一种信息处理体系或计算体系。它仅是对神经系统的数学抽象和粗略的逼近和模仿，由输入层、隐含层、输出层组成。神经元是其基本处理单元。神经元之间有连线，知识由各神经元之间的连接强度表达，网络的记忆存储行为表现为各单元之间连接权重的动态演化过程，网络学习的目的就是寻找一组合适的连接强度。它以并行方式处理数据和信息，具有良好的容错性、很强的自学能力和对环境的自适应能力，通过搜索非精确的满意解来达到输入和输出的非线性映射，特别适宜处理知识背景不清楚、推理规则不明确等复杂类型模式识别且难以建模的问题。

2. 边坡稳定性的神经网络预测

研究表明，在岩土边坡工程系统分析领域内采用神经网络法具有独特的优势。利用神经网络理论，可以尽可能多地将各种影响边坡稳定因素作为输入变量，建立这些定性或定量影响因素同边坡安全系数与变形量之间的高度非线性映射模型，然后用模型来预测和评价边坡的安全性。

(1) 基本原理

边坡稳定和破坏的工程实例，为研究边坡破坏机理、评价和分析边坡的稳定性提供了大量的知识。如上所述，神经网络能够学习严重不确定性系统的力学行为，实现高度非线性映射。其较强的学习、存储和计算能力及容错性，适合于从实例样本中提取特征、获得知识，并可使用残缺不全的或模糊的信息进行不确定性推理。边坡稳定性神经网络预测的基本原理是：给定充分的学习样本，网络学习完成获得足够的知识后，输入研究边坡必要的工程地质参数就可对其稳定和失稳破坏作出判断，并对安全系数作出较准确的估计。网络的输入是边坡的定量和定性信息，输出是边坡稳定性的评价信息，即边坡稳定状态或安全系数的估计值。

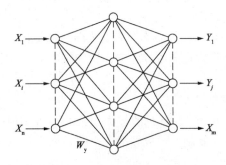

图 2-8 BP 网络结构图

(2) 神经网络的 BP 模型

目前，人们提出的人工神经网络模型多达几十种，如 BP 网络、Hopfield 网络、模糊神经网络等。在模式识别、诊断、系统辨识、预测等领域，采用反向传播算法的前馈神经网络（BP 网络）得到了极为广泛的应用。其结构由输入层、输出层和隐含层，以及层间连接权组成，它的基本结构如图 2-8 所示。

BP 网络的工作原理是将训练模式输入至输入层，并传至后面的隐含层，通过连接权向后传递，直至得到网络的输出。网络中每个神经元通过求输入权值和与经非线性兴奋函数传递结果来工作，其数学描述如下：

$$out_i = f(net_i) = f(\Sigma W_{ij} out_j - \theta_i) \tag{2-33}$$

式中，out_i 是所考虑层中第 i 个神经元的输出；out_j 是前一层第 j 个神经元的输出；net_i 和 θ_i 分别为第 i 个隐含层或输出层神经元的刺激（输入）值和兴奋阈值。非线性兴奋函数 f 常用的形式是 sigmoid 函数：

$$f(net_i) = \frac{1}{1 + \exp(-net_i/Q_0)} \tag{2-34}$$

式中，Q_0 为神经元的温度常数，通常取值为 1.0。

(3) 边坡稳定性分析神经网络方法的求解过程

整个求解过程分为 2 个阶段。首先利用网络对典型的工程实例进行学习，建立各影响因素（如矿岩特征、地质特征等）与预测指标（如矿岩力学参数等）之间的非线性映射，获得求解知识。通过初始化网络，给各连接权与阈值赋随机初值，计算实际输出和期望输出的误差，调整中间层和输入层连接权和阈值，重复学习，直到满足足够的精度为止，停止训练。这个阶段一般需要较多的工程实例，而且覆盖面要尽可能广，以保证获得的知识可靠。学习结束后，将待预测问题的输入指标值送入训练好的网络，网络自动将其与学得的知识进行匹配，推出合理的求解结果。

四、模糊分析算法

在边坡稳定性分析中,模糊数学分析的意义在于它能使研究人员、生产者、管理者对工程有更全面的认识和把握,为工程决策提供更为重要、直观和有效的参考依据,合理控制工程造价和工程风险。

岩土质边坡是种自然地质体,其工程性质因时间、空间而异,十分复杂。这种变异性与复杂性容易造成人们对边坡性质及稳定性认识上的差异,给边坡稳定性分析带来很大困难。大量的力学试验与工程实践表明,边坡性质及稳定的界限实际上不是很清楚,具有相当的模糊性。

1. 模糊综合评价法

模糊综合评价是应用模糊变换原理和最大隶属度原则,综合考虑被评事物或其属性的相关因素,进而进行等级或类别评价。先确定两个模糊子集,一个是模糊综合评价等级决择评价集合 V

$$V = \{V_1, V_2, \cdots, V_n\} \tag{2-35}$$

式中,下标 n 为评价等级数;另一个是评价对象的关联因素集 U:

$$U = \{u_1, u_2, \cdots, u_m\} \tag{2-36}$$

式中,下标 m 为关联因素个数。

u_i 的单因素评价子集为

$$r_i = \{r_{i1}, r_{i2}, \cdots, r_{in}\} \tag{2-37}$$

m 个关联因素的评价子集构成总的评价矩阵 $\underset{\sim}{R}$

$$\underset{\sim}{R} = \begin{Bmatrix} r_{11} & \cdots & r_{12} & \cdots & r_{1n} \\ r_{21} & \cdots & r_{22} & \cdots & r_{2n} \\ r_{m1} & \cdots & r_{m2} & \cdots & r_{mn} \end{Bmatrix} \tag{2-38}$$

由 (U, V, R) 构成了一个综合评价模型,或称综合评价空间。

各关联因素对于所评价的事物或其属性具有不同的重要程度,可用模糊子集 $\underset{\sim}{A}$ 表示

$$\underset{\sim}{A} = (a_1, a_2 \cdots, a_m) \quad 0 \leqslant a_i \leqslant 1, i = 1, 2, \cdots, m \tag{2-39}$$

式中,a_i 为 u_i 对 $\underset{\sim}{A}$ 的隶属度,是单因素 u_i 在总中影响程度的度量,作为权系数,需满足 $\sum\limits_{i=1}^{m} a = 1$。

于是,可进行模糊综合评价 $\underset{\sim}{B}$:

$$\underset{\sim}{B} = \underset{\sim}{A} \circ \underset{\sim}{R} \tag{2-40}$$

记 $B = (b_1, b_2 \cdots, b_m)$,它是 V 上的一个模糊子集。式中,$\circ$ 为广义模糊运算,$b_j = (j = 1, 2, \cdots, m)$ 简记为模型 $M(\overset{\cdot}{*} \overset{+}{*})$,其中 $\overset{\cdot}{*}$ 为广义模糊"与"运算,$\overset{+}{*}$ 为广义模糊"或"运算,$M(\overset{\cdot}{*} \overset{+}{*})$ 可表示为无穷多具体的形式,但在实际运用中通常用主因素突出型 $M(\cdot, \vee)$,$M(\wedge, \oplus)$,加权平均型 $M(\cdot, \oplus)$,$M(\cdot, +)$,主要因素决定型 $M(\wedge, \vee)$ 以及极小型 $M(乘幂, \wedge)$。其中前 5 个模型按最大隶属度原则选择最大的 b_j 所对应的等级 V_j 就得到各自的综合评价结果。

在进行二级指标评价中,可将前一级评价矩阵 $\underset{\sim}{R}$ 中各因素 r_{ij} 特性指标分别取最大值、

最小值和平均值作为评判指标，从而形成二级评价矩阵 $\underset{\sim}{R}_1$，再与相应的因素重要程度模糊子集 $\underset{\sim}{A}_1$（一般可取对应的隶属度均为 1/3）进行合成运算，同样亦可得二级综合评价结果。

2. 边坡稳定性模型综合评价模型

边坡稳定性程度组成一个集合，用 5 个等级的决择评价集合 V 表示，即 V_1：很好，V_2：较好，V_3：基本稳定，V_4：较差，V_5：很差。

根据国家标准、行业规范、前人有关研究以及我们的实践与分析，确定出与边坡稳定性相关联的主要因素为 10 个，由式（2-36），即有 u_1：地形；u_2：坡面与主要结构面夹角；u_3：岩体完整性，其指标为①节理裂隙间距或②龟裂系数 K_v；u_4：岩体基本质量指标 Q；u_5：渗水压力；u_6：爆破时质点振动速度；u_7：风化程度；u_8：自然安息角与边坡角之差；u_9：边坡角；u_{10}：初始地应力；并得到这些关联因素的边界值，即构成了边界值矩阵。

由界面值 C_{ij} 以及各关联因素的实测值 x_i（$i=1, 2, \cdots, n$），即可按线性插值待定系数法计算出评价矩阵 $\underset{\sim}{R}$ 中各元素 r_{ij}，给出便于编程的计算公式如下：

通过得出的评价矩阵 $\underset{\sim}{R}$，按前述方法可形成二级评价矩阵 $\underset{\sim}{R}_1$ 及重要程度模糊子集 $\underset{\sim}{A}_1$，从而得出边坡稳定性的二级综合评价结果。

五、灰色系统理论

灰色系统系指部分信息已知，部分信息未知的系统。灰色系统理论是将看似离散的数据系列经变换后形成有规律的生成数列，对生成数列建立微分方程 GM，得到模型设计值，再与实测值比较，获得残差，用残差再对模型 GM 作修正，然后便可用建立的 GM 对系统行为进行预测、决策及控制。

土坡滑动是很多因素综合作用的结果，有些因素是已知的，土坡滑动形成和发展可看成是一个随机过程。土坡稳定系统可认为是一个灰色系统，一般用 GM（1，1）模型对其进行时间预报。

GM（1，1）模型的一阶微分方程为

$$\frac{dx^{(1)}}{dt}+ax^{(1)}=u \qquad (2-41)$$

式中：x——待预测的变量，上标（1）表示为一阶；

a、u——待定参数。

1. 预报变量的选择

一般滑坡的发育和发展是一个缓慢的长期变化过程。通常将滑坡的发育过程划分为三个阶段，即蠕动变形阶段、滑动破坏阶段和压密稳定阶段。

尽管土坡产生滑动的影响因素是很复杂的，发展变化也是多样的，但它在突然滑动之前的各种变化集中反映在潜在滑动体的蠕动位移随时间而不断发展变大。从图 2-9 可看出，蠕动位移曲线明显地分为等速蠕变阶段和加速蠕变阶段。用位移值的大小来判断比较困难，但在加速蠕变阶段的位移曲线上可看出，蠕变曲线的切线角越来越大，在突然发生时的切线角大致为 90°，这可为我们提供突然滑动的判据。因此，在建立滑坡预报模型时，选择蠕动位移曲线的切线角为预报变量。

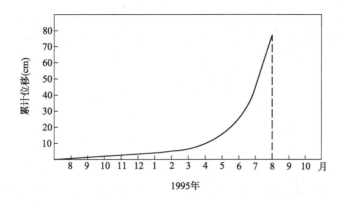

图 2-9 边坡蠕动位移～时间曲线及滑坡预报

2. 预报原始数据的获取及其处理

在滑坡预报中,以潜在滑动体蠕动位移曲线上的切线角为原始数据,必须先对潜在滑动体进行长期的位移监测,做出滑坡体的蠕动位移曲线。观测的时间间隔根据滑坡的具体情况和发生周期而定,一般为天、周、旬、月为单位。

$GM(1,1)$ 模型的精度与原始数据的精度及其选取有关。该模型是时间的连续函数,从理论上讲可以从初值一直延伸到发生滑坡前的任何一个时间。应用 $GM(1,1)$ 进行滑坡预报其意义和作用最大的是原始数据中最后的一些数据。要想准确预报滑坡时间,就必须尽可能精确地获得临近滑动破坏时的原始数据。处于加速蠕动位移阶段的潜在滑坡体应得到监测。

由于影响滑坡因素的复杂性及其作用的周期性,实际监测的位移曲线都有一定的波动。为了提高模型精度,一般要对原始数据采用均匀滤波法进行处理,即反复取离散数据得邻点中值进行平滑处理,直到获得一条较光滑的曲线为止。这种情况适宜于在不可逆的外力作用下的滑动破坏对可逆的外力作用情况下可采用非均匀滤波法进行处理。经过处理的原始数据规律性较强,预报的精度可以提高。

3. 滑坡灰色预报模型的建立步骤

(1) 数据生成

将监测得到的位移转为蠕动位移曲线的切线角后,就得到了原始数据。但是,灰色系统理论的建模并不是直接采用原始数据,而是先将原始数据进行一定的生成变换(累加生成或累减生成)用得到的生成数建立 $GM(1,1)$ 预报模型。

累加生成记为 AGO (Accumulated generating operation),是生成变换的一种,用以降低波动数据的随机性。若原始数列为 $X^{(0)}$,将原始数据做一次累加生成后的生成数列为 $X^{(1)}$,则

$$X^{(1)}(i) = \sum_{m=1}^{i} X_m^{(0)} = X^{(1)}(i-1) + X^{(0)}(i) \tag{2-42}$$

式中:i——表示生成数列中第 i 个数据。

将原始数据做一次累加生成后就可以建立模型了。

(2) $GM(1,1)$ 模型建立

以潜在滑动体蠕动位移曲线上等时间隔处各点的切线角为原始数列 $X^{(0)}$:

$$X^{(0)} = \{X^{(0)}(1), X^{(0)}(2) \cdots X^{(0)}(n)\}$$

按灰色理论的建模方法，生成 $X^{(1)}$，相应的 $GM(1,1)$ 模型为式 (2-41)，其中 a、u 为待定参数，上式只有 $X^{(1)}$ 一个变量。要解出次微分方程，必须先求参数 a、u，若记 $\alpha = [a, u]^T$，则 a、u 可由下式给出：

$$\hat{\alpha} = (B^T B)^{-1} B^T Y_n \tag{2-43}$$

式中，$B = \begin{bmatrix} -[x^{(0)}(1) + x^{(1)}(2)] & \cdots & 2 & 1 \\ -[x^{(1)}(2) + x^{(2)}(3)] & \cdots & 2 & 1 \\ \vdots & & \vdots & \vdots \\ -[x^{(1)}(n-1) + x^{(1)}(n)] & \cdots & 2 & 1 \end{bmatrix}$ $Y_n \begin{bmatrix} x^{(0)}(2) \\ x^{(0)}(3) \\ \vdots \\ x^{(0)}(n) \end{bmatrix} \sqrt{b^2 - 4ac}$

上式 B^T 为 B 的转置矩阵，$(B^T B)^{-1}$ 为 $B^T B$ 的逆阵。α 求出的参数值代入式 (2-41) 中，解微分方程，可得

$$\hat{X}^{(1)}(t+1) = [X^{(0)}(1) - ua] e^{-at} + ua \tag{2-44}$$

当 t 取时间序号 k 时，上式变为

$$\hat{X}^{(1)}(k+1) = [X^{(0)}(1) - ua] e^{-ak} + ua \tag{2-45}$$

利用式 (2-45) 即可对预报变量进行预测。

(3) 模型检验

求出预报模型后，需检验其精度和准确性。检验包括残差检验和后验差检验。

模型的残差检验是用累加生成的实际值 $X^{(1)}(i)$ 减去用生成模型得到的计算数据 $X^{(1)}(i)$，得残差 $\varepsilon(i)$，当然计算残差百分数 $e(i)$，再求出平均残差的百分数 T。

$$\varepsilon(i) = X^{(1)}(i) - \hat{X}^{(1)}(i) \tag{2-46}$$

$$e(i) = \varepsilon(i) X^{(1)}(i) \times 100\% \tag{2-47}$$

$$T = \frac{1}{2} \sum_{i=1}^{n} |e(i)| \tag{2-48}$$

若 T 小于等于一个给定值，即认为模型满足精度要求，可取 $T \leqslant 10\%$。

后验差检验是先求出残差 ε 的离差 S_2^2 和 $X^{(0)}$ 的离差 S_1：

$$S_1^2 = \frac{1}{n} \sum_{i=1}^{n} [X^{(0)}(i) - X]^2 \tag{2-49}$$

$$S_2^2 = \frac{1}{n-1} \sum_{i=1}^{n} [\varepsilon(i) - \varepsilon]^2 \tag{2-50}$$

式中：X、ε——分别为 $X^{(0)}$ 和 $\varepsilon(i)$ 的平均值。

由此求出后验差的比值 C：

$$C = S_1 / S_2 \tag{2-51}$$

对于精度较高的预报模型，C 必须小。因为 C 小，说明 S_2 小或 S_1 大，S_1 大说明观测数据离散性强，规律性差；S_2 小说明残差离散性小，预报数据规律性强。一般要求 $C < 0.35$，$C \leqslant 0.65$。

另外，求出 S_1 后，还可以利用"小误差频率 P"来检验预报模型的精度：

$$p = p\{|\varepsilon(i) - \varepsilon| < 0.675 S_1\} \tag{2-52}$$

对于高精度的预报模型，P 一般较大。P 越大，即偏差 $|\varepsilon(i) - \varepsilon| < 0.675 S_1$ 出现的概率越大，偏差越小预报数据越准确。一般要求 $P > 0.95$，$P \geqslant 0.7$。

按照 P、C 的大小，可将预报模型分为好、合格、勉强、不合格四个等级，如表 2-1 所示。

预报模型精度等级　　　　　　　　　　　　　　　表 2-1

模型精度等级	P 值	C 值
好（一级）	>0.95	<0.35
合格（二级）	>0.85	<0.5
勉强（三级）	>0.7	<0.65
不合格（四级）	≤0.7	≥0.65

(4) 残差 $GM(1,1)$ 模型

模型检验之后，如果预报模型不符合精度要求，则需要用残差来建立 $GM(1,1)$ 模型修正原预报模型。用所求的残差 $\varepsilon^{(0)}$ 作原始数列，按前述步骤求得残差 $GM(1,1)$ 模型

$$\hat{\varepsilon}^{(1)}(k+1) = [\varepsilon^{(0)}(1) - u/\alpha_\varepsilon]e^{-a_\varepsilon k} + u_\varepsilon/\alpha_\varepsilon \tag{2-53}$$

用 $\hat{\varepsilon}^{(1)}(k+1)$ 修正 $\hat{X}^{(1)}(k+1)$，修正后的模型为：

$$\hat{X}^{(1)}(k+1) = [X^{(0)}(1) - u/a]e^{-ak} + [\varepsilon^{(0)}(1) - u_\varepsilon a_\varepsilon]e^{-a_\varepsilon k} + (u/a + u_\varepsilon a_\varepsilon) \tag{2-54}$$

若修正后模型精度仍不符合要求，可反复进行修正，直至符合要求为止。

(5) 滑坡时间预报

假设时间 k 时发生滑坡，因为 $X^{(0)}(k)$ 为蠕动位移曲线上的切线角，由前面的论述可知，滑动破坏时的切线角约为 90°，即 $X^{(0)}(k) = 90°$

又因

$$\hat{X}^{(1)}(k) = X^{(1)}(k-1) + \hat{X}^{(1)}(k) \tag{2-55}$$

则

$$\hat{X}^{(1)}(k) = X^{(1)}(k-1) + 90° \tag{2-56}$$

把式 (2-56) 代入 $\hat{X}^{(1)}(k+1) = [X^{(0)}(1) - u/a]e^{-a(k-1)} + u/a$ 中，可解出破坏时间：

$$k = 1 - \frac{\ln\left|\dfrac{\hat{X}^{(1)}(k-1) + 90° - u/a}{\hat{X}^{(0)}(1) - u/a}\right|}{a} \tag{2-57}$$

可以把 k 由时间序号换成破坏日期。

上述过程计算比较繁杂，一般应编制计算机程序进行计算和预报。

六、反分析法

在边坡稳定性分析中，作为前提条件的岩土物理、力学参数选取的准确与否，对分析的结果有着极其重要的影响。目前，传统的获取岩土各参数的方法主要有试验法（包括室内试验和原位测试）、类比法和专家经验法等。但在具体的工程实际中，由于所要分析的边坡岩土体受到多种因素的综合影响，这些传统的方法就显得力不能及。大量研究表明，基于现场位移量测信息获取岩土土体物理力学参数的反分析方法为此提供了一条新的途径，并已在边坡工程中取得了显著的成效。所谓的反分析方法是通过现场监测得到岩土土

体所产生的位移量或应力改变量等信息，将其作为已知条件，利用相应的数学模型及通过一定的数值计算方法来反推出岩土土体的参数，之后将这些参数反馈回模型中，对岩土土体的稳定性进行分析的一种逆向分析方法，此法已在岩土工程问题中得到愈来愈广泛的应用。

自 20 世纪 70 年代初人们利用现场量测信息来确定各类计算参数的研究之后，众多学者对此进行了多方面的研究和应用。根据反分析时所利用的基础信息的不同，反分析法大体可分为应力反分析、位移反分析和混合反分析。在实际工程中，由于位移量测比应力或应变量测更经济、方便，位移反分析法在工程领域获得了广泛应用。位移反分析按照其采用的计算方法及实现反分析的过程的不同，又可分为解析法和数值法。由于解析法只适用于具有简单几何形状和边界条件问题的反演算，因此难于在复杂的岩土工程中应用，而数值法具有普遍的适用性。

根据实现反分析的过程不同，数值法又可分为三类方法：即逆解法、直接法和图谱法。逆解法是直接利用量测位移来求解正分析方程反推得逆方程，从而得到待定的参数。简而言之，逆解法即是正分析的逆过程。此法基于各点的位移与弹性模量成反比，与荷载成正比的基本假设，仅适用于线弹性等比较简单的问题，其优点是计算速度快，占用计算机内存少，可一次解出所有的待定参数。直接法又称直接逼近法，也可称为优化反演法。这种方法是把参数反演问题转化为一个目标函数的寻优问题，直接利用正分析的过程和格式，通过迭代最小误差函数，逐次修正未知参数的试算值，直至获得"最佳值"。位移图谱法是由中国科学院地质研究所杨志法教授提出的一种位移反分析方法。该方法以预先通过有限元计算得到的对应于各种不同弹性模量和初始地应力与位移的关系曲线，建立简便的图谱和图表，根据相似原理，由现场量测位移通过图谱和图表可反推初始地应力和弹性模量。

位移反分析方法是确定边坡岩土体物理、力学参数的一种可靠且行之有效的方法，它对推动岩土力学向着新方向的发展有着重要的现实意义。

第三章 土压力的计算

第一节 概 述

一、支挡结构上的土压力和滑坡推力

作用在支挡结构上的荷载主要是土压力和滑坡推力。对于填方工程而言（图 3-1a），作用于支挡结构上的主要荷载是填土和填土表面上的外荷载给墙背或墙面系所产生的侧向土压力 E；对于挖方工程而言（图 3-1b），若在土体或碎裂状或散体结构岩体中开挖低矮边坡时，作用于支挡结构（例如土钉墙）上的主要荷载仍然是土压力；对于用抗滑桩、预应力锚索抗滑桩等支挡结构加固的高陡边坡，其主要荷载是部分坡体沿滑面所产生的滑坡推力 P，这种滑面可能是坡体内原有的软弱结构面或开挖诱发的潜在滑面。正确、合理地确定土压力和滑坡推力的大小、方向、作用点以及对支挡结构作用的规律，这是支挡结构设计的关键问题。

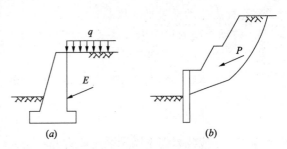

图 3-1 土压力与滑坡推力
(a) 作用于挡土墙上的土压力；(b) 作用于桩上的滑坡推力

二、土压力类型和性质

土压力的计算是一个复杂的问题，它涉及到填料、墙身和地基三者之间的共同作用。土压力的性质和大小与墙身的位移、墙高和墙后填土的性质等有关。根据墙的位移方向和大小，作用在墙背上的土压力可分为主动土压力、静止土压力和被动土压力三种。其中主动土压力最小，被动土压力最大，静止土压力则介于两者之间。它们与墙身位移之间的关系如图 3-2 所示。下面以重力式挡土墙为例讨论墙体的位移、刚度与土压力的关系。

（一）墙体变位与土压力

挡土墙所受土压力的大小和分布规律与墙体可能移动的方向和大小有很大关系。根据墙的移动情况和墙后土体所处的应力状态，静止土压力、主动土压力和被动土压力与墙体位移的关系如下：

1. 静止土压力与墙体位移的关系

若挡土墙静止不动，墙后土体处于弹性平衡状态时，土对墙的压力称为静止土压力，用 E_0 表示。此时墙体变形量 $\delta=0$。静止土压力可能存在于某些建筑物支撑着的土体中，如地下室外墙、地下水池侧壁、涵洞侧壁和船闸边墙等，可近似视为受静止土压力作用。静止土压力可按直线变形体无侧向变形理论求出。

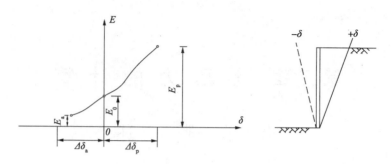

图 3-2 土压力与墙身位移的关系

2. 主动土压力与墙体位移的关系

如图 3-2，若挡土墙受后墙填土作用，离开土体方向发生 $-\delta$ 的偏离量，同时土体达到极限平衡状态时，作用在墙背上的土压力称为主动土压力，用 E_a 表示。土体内相应的应力状态称为主动极限平衡状态。

3. 被动土压力与墙体位移的关系

如图 3-2，若挡土墙受外力作用使墙身发生向土体方向 $+\delta$ 的偏离量，同时土体达到极限平衡状态时，作用在挡土墙的土压力称为被动土压力，用 E_p 表示。土体内相应的应力状态称为被动极限平衡状态。

一般挡土墙因其长度远大于高度，属平面问题，故在计算土压力时可沿长度方向取每延米考虑。还应注意挡土墙所受土压力并不是一个常数，随着挡土墙位移量的变化，墙后土体的应力应变状态不同，因而土压力值也在变化，土压力的大小可能变化于两个基本点极限值之间，其方向随之变化。现有土压力理论，主要是研究极限状态的土压力。主动土压力是墙后填土处于两种不同极限平衡状态的土压力，至于介于两个极限平衡状态间的情况，除静止土压力这一特殊情况外，由于填土处于弹性或弹塑性平衡状态，是一个超静定问题。这种挡土墙在任意位移条件下土压力计算还比较复杂，涉及挡土墙、填土和地基三者变形、强度特性和共同作用，目前还不易计算其相应的土压力。不过，随着土工计算技术的发展，在某些情况下可以根据土的实际应力-应变关系，利用有限元来确定墙体位移量与土压力大小的定量关系。由于这一计算技术在发展中，本章只介绍常用于工程中的极限平衡状态的土压力理论。

（二）墙体刚度与土压力

土压力是土与挡土结构之间相互作用的结果，它不仅与挡土墙的位移有关，而且还与墙体的刚度密切相关。一般用砖、石或混凝土修建的重力式挡土墙，依靠墙身自重抵抗或平衡墙后填土产生的土压力，因其断面较大、刚度较大，在侧向土压力作用下仅能发生平移或转动，墙身挠曲变形很小，可以不计。这种挡墙可视为刚性挡墙。墙背受到的土压力一般近似沿墙高呈上小下大的三角形直线分布。

另一类挡土结构如基坑工程中常用板桩墙等轻型支挡结构，自重轻、断面小、刚度小、在土压力作用下挡土结构物因自身刚度较小，会发生挠曲变形，从而明显地影响土压力的分布和大小。这类挡土结构物称为柔性挡土墙，其墙后土压力不是近似直线分布，而是较复杂的曲线分布。

（三）界限位移

挡土墙的位移大小决定其墙后土体的应力状态和土压力的性质。界限位移是墙后土体将要出现而未出现滑动面时挡土墙位移的临界值。显然，这个临界位移值对于确定墙后土体的应力状态、确定土压力分布及进行土压力计算都非常重要。根据大量的试验观测和研究，主动极限平衡状态和被动极限平衡状态的界限位移大小不同，后者比前者大得多，它们都与挡土墙的高度、土的类别和墙身位移类型有关，见表3-1所示。由于达到被动极限平衡状态所需的界限位移量较大，而这样大的位移在工程上不容许发生，因此计算时往往只按被动土压力值的某一百分数（如30%～50%）来考虑。

产生主、被动土压力所需的位移量　　　　表3-1

土压力状态	土的类别	挡土墙位移形式	所需位移量
主　动	砂性土	平移绕	$0.001H$
		墙趾转动	$0.001H$
	黏性土	平移绕	$0.004H$
		墙趾转动	$0.004H$
被动	砂性土	平移	$0.05H$
		绕墙趾转动	$>0.1H$

注：H 为挡土墙的高度。

三、开挖岩体诱发的土压力和滑坡推力

在岩土工程中将遇到大量的开挖问题，因开挖岩体所产生的作用于支挡结构上的土压力比填土情况复杂，它不仅与挡墙位移、刚度和岩体地质条件相关，而且还在很大程度上决定于施工方法。以往采用的先开挖后设支挡结构的施工方法，对坡体的扰动很大，诱发的很大土压力造成了不少工程事故，仅适用于低矮边坡。对于中高以上边坡，目前工程上更多地采用预加固的方法，例如采用设板支撑的挡土结构、土钉墙、喷锚网支护结构带，采用边开挖、边支撑，分层开挖、逐层加固的施工方法，尽量减少对岩土体的扰动。实践证明这种开挖方法诱发的土压力较小，能保证工程安全。应注意的是开挖岩体诱发的作用于支挡结构上的土压力，在大小、方向、分布规律等方面都是很复杂的，还没有较成功的解决办法。对于土体，目前仍近似地采用现有土压力理论，但对岩体，采用现有土压力理论是非常不合理的，必须寻求其他有效方法。目前我们根据岩土体开挖过程中的应力释放，发生位移以至于形成松弛区而沿潜在滑面发生滑移破坏情况，提出了用潜在滑面的滑坡推力来设计支挡结构的方法。本章在介绍现有土压力理论的同时，还对此加以讨论。

第二节　静止土压力计算

修建于坚实地基中的具有足够大断面的挡土墙，在墙后填土的推力作用下，墙不产生任何位移和变形（图3-2中$\delta=0$），即挡土墙绝对不动时，墙后土体由于墙背的侧限作用而处于弹性平衡状态。此时，作用于墙背上的土压力就是静止土压力。

取单位长度的挡土墙来分析，可根据弹性理论平面问题求解静止土压力，计算简图如图3-3所示。填土表面以下任意深度z处M点取一单元体（在M点附近一微小正六面

体），作用于单元体应力有 σ_z、τ_{xz}、σ_x，按照弹性力学的平衡方程和相容方程则有：

$$\left.\begin{array}{r}\dfrac{\partial \sigma_x}{\partial x}+\dfrac{\partial \tau_{xz}}{\partial z}=0 \\ \dfrac{\partial \sigma_z}{\partial z}+\dfrac{\partial \tau_{xz}}{\partial x}-\gamma=0\end{array}\right\} \quad (3-1)$$

$$\nabla^2(\sigma_x+\sigma_z)=0 \quad (3-2)$$

式中：γ——填土的重力密度；

$$\nabla^2=\dfrac{\partial^2}{\partial x^2}+\dfrac{\partial^2}{\partial z^2}。$$

解上述方程可得 M 点的竖直方向和侧向即水平方向的应力 σ_c、P_0 为

$$\left.\begin{array}{r}\sigma_c=\sigma_z=\gamma_z \\ P_0=\sigma_x=\dfrac{\mu}{1-\mu}\gamma_z\end{array}\right\} \quad (3-3)$$

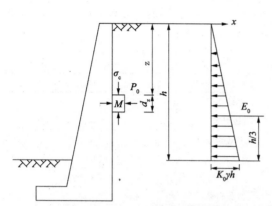

图 3-3　静止土压力计算图示

填土受到挡土墙的静止压力，它的反作用力就是我们要求的静止土压力即侧向压力，它与竖直方向压力之间的关系为

$$P_0=K_0\sigma_c=K_0\gamma_z \quad (3-4)$$

式中：K_0——静止土压力系数，按弹性理论由式（3-3）可知：$K_0=\dfrac{\mu}{1-\mu}$，其中 μ 是填土的泊松比，由试验确定。

静止土压力系数 K_0 与土的种类有关，而同一种土的 K_0，还与其孔隙比、含水量、加载条件、压缩程度有关。常见土的 K_0 值：黏土 $K_0=0.5\sim0.7$；砂土 $K_0=0.34\sim0.45$。也可根据半经验公式：

$$K_0=1-\sin\varphi \quad (3-5)$$

式中：φ——填土的内摩擦角。墙后填土表面为水平时，静止土压力按三角形分布如图 3-3 所示，静止土压力合力为：

$$E_0=\dfrac{1}{3}\gamma h^2 K_0 \quad (3-6)$$

式中：h——挡土墙的高度，合力作用点位于距墙踵 $h/3$ 处。

第三节　库仑土压力计算

作用于挡土墙上的主动土压力和被动土压力可用库仑土压力理论加以计算，该理论由法国科学家库仑（C. A. Coulomb）于 1773 年发表。库仑土压力理论的基本假定：

1. 挡土墙墙后填土仅为砂土（仅有内摩擦而无粘聚力）
2. 挡土墙后填土产生主动土压力或被动土压力时，填土形成滑动楔体，其滑裂面为通过墙踵的平面。

库仑土压力理论根据滑动楔体处于极限平衡状态时，应用静力平衡条件求解得主动土压力和被动土压力。

一、主动土压力计算

取单位长度的挡土墙加以分析。设挡土墙高为h，墙背俯斜并与竖直面之间夹角为ρ，墙后填土为砂土，填土表面与水平面成β角，墙背与土体的摩擦角为δ。挡土墙在主动土压力作用下向前位移（平移或转动），当墙后填土处于平衡状态时，填土内产生一滑裂平面BC，与水平面之间夹角为θ。此时，形成一滑动楔体ABC，如图3-4（a）所示。

为求解主动土压力，取滑动土体ABC为隔离体，作用其上的力系为：土楔体自重力$G=\triangle ABC\times\gamma$，方向竖直向下；滑裂面$BC$上的反力$R$，大小未知，但作用方向与滑裂面$BC$法线顺时针成$\varphi$角（$\varphi$为土的内摩擦角）；墙背对土体的反作用力$E$，当土体向下滑动，墙对土楔的反力向上，其方向与墙背法线逆时针成δ角，大小未知。

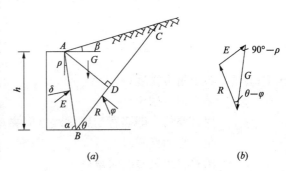

图3-4 主动状态下的滑动楔体图

滑动楔体在G、R、E三力作用下处于平衡状态，其封闭力三角形如图3-4（b）。由正弦定理可知：

$$\frac{E}{\sin(\theta-\varphi)}=\frac{G}{\sin[180°-(\theta-\varphi+\Psi)]}=\frac{G}{\sin(\theta-\varphi+\psi)}$$

$$E=\frac{\sin(\theta-\varphi)}{\sin(\theta-\varphi+\Psi)}\cdot G \tag{3-7}$$

式中：$\psi=90°-\rho-\delta$

$$G=\triangle ABC\times\gamma=\frac{1}{2}BC\cdot AD\cdot\gamma\frac{1}{2} \tag{3-8}$$

在$\triangle ABC$中由正弦定理可知：

$$BC=AB\cdot\frac{\sin(90°-\rho+\beta)}{\sin(\theta-\beta)}$$

$\because$

$$AB=\frac{h}{\cos\rho}$$

$\therefore$

$$BC=h\frac{\cos(\rho-\beta)}{\cos\rho\sin(\theta-\rho)} \tag{3-9}$$

在$\triangle ABD$知：

$$AD=AB\cdot\cos(\theta-\rho)=\frac{h\cos(\theta-\rho)}{\cos\rho} \tag{3-10}$$

将AD、BC代入式（3-8）中G内，得：

$$G=\frac{\gamma h^2}{2}\cdot\frac{\cos(\rho-\beta)\cos(\theta-\rho)}{\cos^2\rho\sin(\theta-\beta)}$$

将上式G代入式（3-7）中，得：

$$E=\frac{\gamma h^2}{2}\cdot\frac{\cos(\rho-\beta)\cos(\theta-\rho)\sin(\theta-\varphi)}{\cos^2\rho\sin(\theta-\beta)\sin(\theta-\varphi+\psi)} \tag{3-11}$$

由式（3-11）可知 E 是滑裂面与水平线之间夹角 θ 的函数，实际作用于挡土墙上的土压力 E_a 应当是 E_{max}，即求 E 的极值。由 $\dfrac{dE}{d\theta}=0$，求得最危险滑面裂面的角 θ_0，将 θ_0 代入式（3-11）得：

$$E_a = \dfrac{\gamma h^2}{2} \cdot \dfrac{\cos^2(\varphi-\rho)}{\cos^2\rho \cos(\delta+\rho)\left[1+\sqrt{\dfrac{\sin(\delta+\varphi)\cdot\sin(\varphi-\beta)}{\cos(\delta+\rho)\cdot\cos(\rho-\beta)}}\right]^2} = \dfrac{\gamma h^2}{2} K_a \quad (3\text{-}12)$$

$$K_a = \dfrac{\cos^2(\varphi-\rho)}{\cos^2\rho \cos(\delta+\rho)\left[1+\sqrt{\dfrac{\sin(\delta+\varphi)\cdot\sin(\varphi-\beta)}{\cos(\delta+\rho)\cdot\cos(\rho-\beta)}}\right]^2} \quad (3\text{-}13)$$

式中：γ——填土重力密度；

$\quad\quad\varphi$——填土内摩擦角；

$\quad\quad\rho$——墙背倾角，即墙背与铅垂线之间夹角，逆时针为正（称为俯斜），顺时针为负（称为仰斜）；

$\quad\quad\beta$——墙背填土表面的倾角；

$\quad\quad\delta$——墙背与土体之间的摩擦角；

$\quad\quad K_a$——主动土压力系数。

由式（3-12）知：主动土压力合力的大小与墙高 h 的平方成正比。因此，土压力强度呈三角形分布，如图 3-5 所示。深度 z 处 M 点的土压力强度合力作用点距墙踵为 $h/3$ 处，作用方向与墙背成 δ 角。

$$p_{az} = \dfrac{dE_a}{dz} = K_a \cdot \gamma \cdot z \quad (3\text{-}14)$$

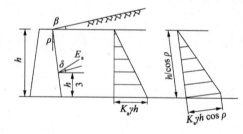

图 3-5 主动土压力强度分布图

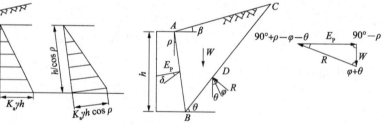

图 3-6 被动土压力计算图

二、被动土压力计算

如图 3-2，挡土墙在外力作用下向填土方向位移 $+\delta$，直至使墙后填土沿某一滑裂面 BC 滑动而破坏。在发生破坏的瞬间，滑动楔体处于极限平衡状态。此时，作用在隔离体 ABC 上仍是三个力：楔体 ABC 自重力 G；滑动面上的反力 R；墙背的反力 E_p。

如图 3-6 所示，除土楔体自重力仍为竖直向下外，其他两力 R 及 E_p 方向和相应法线夹角均与主动土压力计算时相反，即均位于法线的另一侧。按照求解主动土压力原理与方法，可求得被动土压力计算公式：

$$E_p = \dfrac{\gamma h^2}{2} \cdot \dfrac{\cos^2(\varphi+\rho)}{\cos^2\rho \cos(\rho-\delta)\left[1+\sqrt{\dfrac{\sin(\varphi+\delta)\cdot\sin(\varphi+\beta)}{\cos(\rho-\delta)\cdot\cos(\rho-\beta)}}\right]^2} = \dfrac{\gamma h^2}{2} K_p \quad (3\text{-}15)$$

式中：K_p——被动土压力系数。

$$K_p = \frac{\cos^2(\varphi+\rho)}{\cos^2\rho\cos(\rho-\delta)\left[1+\sqrt{\dfrac{\sin(\varphi+\delta)\cdot\sin(\varphi+\beta)}{\cos(\rho-\delta)\cdot\cos(\rho-\beta)}}\right]^2} \quad (3\text{-}16)$$

被动土压力强度分布也呈三角形，被动土压力合力 E_p 作用点距墙踵为 $h/3$ 处，其方向与墙背法线顺时针成 δ 角。

三、库仑理论适用条件

1. 回填土为砂土；
2. 滑裂面为通过墙踵的平面；
3. 填土表面倾角 β 不能大于内摩擦角 φ，否则，求得主动土压力系数为虚根；
4. 当墙背仰斜时，土压力减小，若倾角等于 φ 时，土压力为零。而实际上不为零，其原因是假定破裂面为平面，而实际为曲面，导致此误差，因此，墙背不宜缓于 1∶0.3；
5. 当墙背俯斜时，当倾斜角很大，即墙背过于平缓，滑动土体不一定沿墙背滑动，而是沿土体内另一破裂面（即第二破裂面）滑动。因此，本节推导的公式不能用。

由于假定滑裂面为平面，与实际曲面有差异，则导致误差的出现。此差异对于主动土压力为 2%～10%；对于被动土压力与实际相差较大，随着内摩擦角 φ 的增大而增大，有时相差数倍至数十倍，如应用此值则是危险的。

四、第二破裂面计算法

在挡土墙设计中，有时会遇到墙背俯斜很缓，即墙背倾角 ρ 比较大的情况，如衡重式挡土墙的上墙或大俯角墙背挡土墙，见图 3-7 所示。当墙身向外移动，土体达到主动极限平衡状态，破裂土楔体将并不沿墙背 AB 滑动，而是沿着出现在土中的相交于墙踵的两个破裂面滑动，即图 3-7 中所示的 BD_1 和 BD_2 破裂面滑动。此时称远墙的破裂面 BD_1 为第一破裂面，近墙的 BD_2 为第二破裂面。工程上常把出现第二破裂面的挡土墙称为坦墙，把出现第二破裂面时计算土压力的方法称为第二破裂面法。按照库仑土压力假设，直接采用库仑理论的一般公式来计算坦墙所受的土压力是不合适的。虽然滑动土楔体 D_2BD_1 处于极限平衡状态，但位于第二破裂面与墙背之间的土楔体 ABD_2 尚未

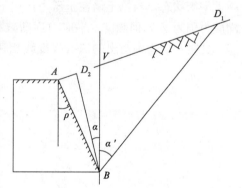

图 3-7　第二破裂面

达到极限平衡状态。在这种情况下，可将它暂时视为墙体的一部分，贴附于墙背 AB 上与墙一起移动。首先求出作用于第二破裂面 BD_2 上的土压力，再计算出三角形土体 ABD_2 的自重力，最终作用于墙背 AB 上的主动土压力就是上述两个力的合力（向量和）。应注意的是，由于第二破裂面是存在于土中的，土体间的滑动是土与土之间的摩擦，因此，作用在第二破裂面 BD_2 上的土压力与该面法线的夹角是土的内摩擦角 φ 而不应该是墙背与土的摩擦角 δ。

产生第二破裂面的条件应与墙背倾角 ρ、δ、φ 以及有填土面坡角 β 等因数有关。一般可用临界倾斜角 α_{cr} 来判别：当 $\rho > \alpha_{cr}$ 时，认为会出现第二破裂面，应按坦墙进行土压力计算；否则认为不会出现第二破裂面。经研究表明，临界倾斜角与 δ、φ、β 有关。可以证明当 $\delta = \varphi$ 时，临界倾斜角用下式计算：

$$\alpha_{cr} = 45° - \frac{\varphi}{2} + \frac{\beta}{2} - \frac{1}{2}\arcsin\frac{\sin\beta}{\sin\varphi} \tag{3-17}$$

若填土面水平，$\beta = 0$，$\alpha_{cr} = 45° - \varphi/2$。

产生第二破裂面 BD_2 的条件证实以后，即可将 BD_2 当作墙背，$\delta = \varphi$，按库仑土压力理论计算其主动土压力了。各种边界条件下第二破裂面数解公式详见铁路工程设计技术手册《路基》。

第四节 朗金土压力计算

朗金土压力理论是由英国学者朗金（W·J·M·Rankine）于 1857 年提出，其基本假定：挡土墙背竖直、光滑；墙后砂性填土表面水平并无限延长。因此，砂性填土内任意水平面与墙背面均为主平面（即平面上无剪应力作用），作用于两平面上的正应力均为主应力。假定墙后填土处于极限平衡状态，应用极限平衡条件推导出主动土压力及被动土压力公式。

一、主动土压力计算公式

考虑挡土墙后填土表面以下 z 处的土单元体的应力状态，作用于上面的竖向应力为 γz。由于挡土墙既无变形又无位移，则侧向水平力为 $K_0 \gamma z$，即为静止土压力，两者均为主应力。此点的应力圆在土的抗剪强度线下面不与其相切，见图 3-8 所示，墙后填土处于弹性平衡状态。当挡土墙在土压力作用下，离开填土向前位移，此时，作用于单元体上竖向应力仍为 γz，但侧向水平应力逐渐减小。如果墙的移动量使墙后填土处于极限平衡状态，此时，应力圆与土的抗剪强度线相切，作用在单元体的最大主压应力为 γz，而最小

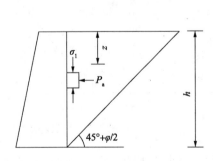
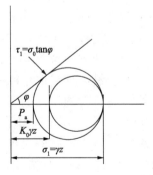

图 3-8 主动土压力计算简图

主应力为 P_a，就是我们研究的主动土压力强度。

$$P_a = \gamma \cdot z\tan^2\left(45° - \frac{\varphi}{2}\right) = \gamma \cdot z \cdot K_a \tag{3-18}$$

式中：P_a——主动土压力强度；

γ——填土的重力密度;

z——计算点到填土表面的距离;

K_a——主动土压力系数,$K_a = \tan^2\left(45° - \dfrac{\varphi}{2}\right)$;

φ——填土的内摩擦角。

发生主动土压力时的滑裂面与水平面之间的夹角为$45° + \dfrac{\varphi}{2}$。

主动土压力强度与z成正比,沿墙高土压力强度分布为三角形,主动土压力合力为

$$E_a = \dfrac{\gamma h^2}{2}\tan^2\left(45° - \dfrac{\varphi}{2}\right) = \dfrac{\gamma h^2}{2} \cdot K_a \tag{3-19}$$

土压力合力作用线过土压力强度分布图形形心,距墙踵$h/3$处,并垂直于墙背。

二、被动土压力计算

当挡土墙在外力作用下,向填土方向位移时,墙后填土被压缩。这时,距填土表面为z处单元体,竖向应力仍为γz;而水平向应力则由静止土压力逐渐增大。如墙继续后移,达到表2-1所列数值,墙后填土会出现滑裂面,而填土处于极限平衡状态,应力圆与土

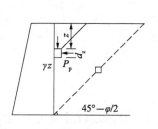
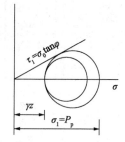

图3-9 被动土压力计算图式

的抗剪强度线相切(图3-9),作用于单元体上竖向应力为最小主压应力,其值为γz;而水平应力为最大主压应力P_p,即我们要求的被动土压力强度。

根据土体的极限平衡条件,作用在挡土墙上的被动土压力强度为

$$P_p = \gamma z \tan^2\left(45° + \dfrac{\varphi}{2}\right) = \gamma z K_p \tag{3-20}$$

式中:P_p——被动土压力强度;

K_p——被动土压力系数,$K_p = \tan^2\left(45° + \dfrac{\varphi}{2}\right)$。

被动土压力强度呈三角形分布。

被动土压力作用时,滑裂面与水平面之间夹角为$\left(45° - \dfrac{\varphi}{2}\right)$。被动土压力合力

$$E_p = \dfrac{\gamma h^2}{2}\tan^2\left(45° + \dfrac{\varphi}{2}\right) = \dfrac{\gamma h^2}{2} K_p \tag{3-21}$$

被动土压力合力E_p通过被动土压力强度分布图形的形心,距墙踵$h/3$处,并垂直于墙背。

三、朗金理论的适用范围

1. 地面为一水平面(含地面上的均布荷载);
2. 墙背是竖直的;

3. 墙背光滑，即墙背与土体之间摩擦角 δ 为零；
4. 填土为砂性土；
5. 对于倾斜墙背和悬臂式挡墙由朗金理论计算其土压力时，可按图 3-10 的方法处理，土压力方向都假定与地面平行；对于图 3-10（a）的俯斜式墙背，可假设通过墙踵的内切面 $A'B$ 为假想墙面，但土体 ABA' 的自重力必须包括在力学分析中；对于图 3-10（b）的仰斜式墙背，可假设通过墙顶的内切面 AB' 为假想墙面，求出 E_a 后只用其水平分力 E_{ah}，因其竖向分力和土块 ABB' 的自重力对墙是不发生作用的；对于图 3-10（c）悬臂式钢筋混凝土挡墙，设计时通常求出假想墙面 $A'A_2$ 上的土压力 E_a，再将底板上土块 AA_1A_2A' 的自重力包括在地基压力和稳定性检算中即可。

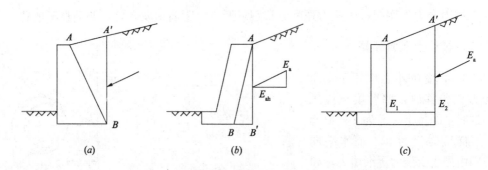

图 3-10 倾斜墙背和悬臂式挡墙的土压力计算

第五节 特定条件下的土压力计算

一、折线形墙背填土压力计算

采用不同折线形的挡土墙墙背，例如衡重式和凸形墙背挡土墙，有时可有效地减小主动土压力的作用，或提高挡土墙的稳定性。图 3-11 就是一种折线形墙背的挡土墙。折线形挡土墙通常是分别计算上下墙各直线段的墙背填土压力。上墙一般按库仑土压力公式计算，当墙背较缓出现第二破裂面时，应按第二破裂面土压力公式计算。下墙一般采用力多边形法或延长墙背法计算。

（一）力多边形法

计算折线形墙背下墙土压力的力多边形法是根据极限平衡条件下破裂楔体上各力所构成的力多边形来推算下墙土压力的，如图 3-12 所示。它不借助于任何假想墙背，因而不存在自总压力图形中截取下墙土压力的问题。这个方法避免了延长墙背法所带来的误差。按力多边形求折线形墙背下墙土压力可采用数解法。现以图 3-12 为例，说明数解公式的推导过程。图 3-12（b）中 E_1 为上墙土压力，R_1 为上墙破裂面上的反力，它们都可事先求出。设

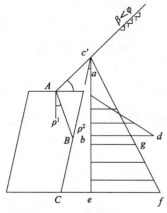

图 3-11 折线形墙背土压力

待求的下墙土压力是 E_2，下墙破裂面上的反力为 R_2，从 e 点引 eg 平行于 bc，c 点引 cf 平行于 be，则 $cg=be=E_2$，$eg=R_1$。令 $gf=\triangle E$，则 $cf=E_2+\triangle E$。在 $\triangle cdf$ 中，由正

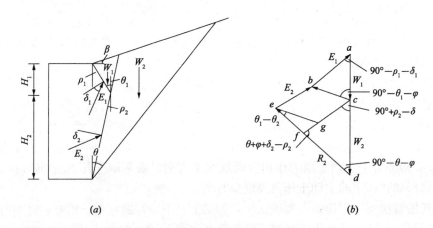

(a)   (b)

图 3-12 用力多边形求下墙土压力

弦定理可得：

$$E_2+\triangle E = W_2 \frac{\sin(90°-\theta-\varphi)}{\sin(\theta+\varphi+\delta_2-\rho_2)} \tag{3-22}$$

在 $\triangle egf$ 中，有

$$\triangle E = R_1 \frac{\sin(\theta-\theta_1)}{\sin(\theta+\varphi+\delta_2-\rho_2)} \tag{3-23}$$

此外，下部破裂楔体自重力 W_2 为

$$W_2 = \gamma \left[A_0 \frac{\sin(\theta-\rho_2)}{\cos(\theta+\beta)} - B_0 \right]$$

其中

$$A_0 = \frac{1}{2}H_2^2 \left[\frac{1}{\cos\rho_2} + \frac{H_1}{H_2} \cdot \frac{\cos(\rho_1-\beta)}{\cos\rho_1 \cos(\rho_2+\beta)} \right]^2 \cdot \cos(\rho_2+\beta)$$

$$B_0 = \frac{1}{2}H_1^2 \frac{\sin(\theta_1-\rho_2)\cos^2(\rho_1-\beta)}{\cos^2\rho_1 \cos(\rho_2+\beta)\cos(\theta_1+\beta)}$$

代入式（3-22）得

$$\begin{aligned} E_2 = & \gamma \left[A_0 \frac{\sin(\theta-\rho_2)}{\cos(\theta+\beta)} - B_0 \right] \cdot \frac{\cos(\theta+\varphi)}{\sin(\theta+\varphi+\delta_2-\rho_2)} \\ & - R_1 \cdot \frac{\sin(\theta-\theta_1)}{\sin(\theta+\varphi+\delta_2-\rho_2)} \end{aligned} \tag{3-24}$$

由上式可知，下墙土压力 E_2 是试算破裂角 θ 的函数。为求 E_2 的最大值，可令 $\frac{dE_2}{d\theta}=0$，则得

$$\tan(\theta+\beta) = -\tan\psi_2 \pm \sqrt{(\tan\psi_2+\cot\psi_2)[\tan\psi_2+\tan(\rho_2+\beta)]+D} \tag{3-25}$$

式中：$\psi_1 = \varphi - \beta$；
$\psi_2 = \varphi + \delta_2 - \rho_2 - \beta$。

$$D = \frac{1}{A_0 \cos(\rho_2 + \beta)} \left[B_0 (\tan\psi_2 + \cot\psi_1) - \frac{R_1 \sin(\psi_2 + \theta_1 + \beta)}{\gamma \sin\psi_1 \cos\psi_2} \right]$$

由式（3-25）可求得破裂角 θ，将求出的 θ 代入式（3-24）即可求得下墙土压力 E_2。

（二）延长墙背法

对图 3-11 所示挡土墙背的土压力计算，常采用延长墙背法。计算时，首先将 AB 段墙背视为挡土墙单斜向墙背，按 ρ_1 与 β 角算出沿墙 ab 的主动压力强度分布，如图 3-11 中 abd。再延长下部墙背 BC 与填土表面交于 c' 点，$c'C$ 为新的假想墙背，按 ρ_2 和 β 角计算出沿墙 $c'e$ 的主动土压力强度分布图，如图 3-11 中 $c'ef$ 三角形。在墙背倾角 ρ 为负值的情况下，BC 段墙背上主动土压力作用方向取水平方向。最后取土压力分布图 aefhda 来表示沿折线形墙背作用的主动土压力强度分布图。

用延长墙背法有一定误差。实践证明，如果上、下墙背的倾角 ρ 相差超过 10°以上时，有必要进行修正。这主要是由于忽略了延长墙背与实际墙之间的土体及作用其上的荷载，以及上墙土压力对下墙的影响，另外由于延长墙背和实际墙背土压力方向不同而引起的竖向分量之差。

二、多层填土时的土压力计算

如果墙后填土有多层不同种类的水平土层时，第一层按均质计算土压力；计算第二层

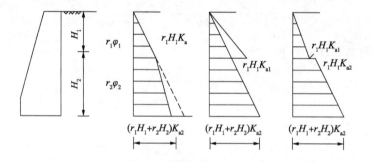

图 3-13 多层填土土压力计算图式

时，可将第一层按土重 $\gamma_1 H_1$ 作为作用在第二层的顶面的超载，按库仑公式计算（图 3-13）。

$$E_{a2} = \left(\gamma_1 H_1 \cdot H_2 + \frac{\gamma_2}{2} H_2^2 \right) K_{a2} \tag{3-26}$$

式中：K_{a2}——为第二层土层的主动土压力系数。

$$Z_{2x} = \frac{H_2}{3} \left(1 + \frac{\gamma_1 H_1}{2\gamma_1 H_1 + \gamma_2 H_2} \right) \tag{3-27}$$

土压力的作用点高度为多层土时，计算方法同上。

三、有限范围填土的土压力计算

若挡土墙后不远处有岩石坡面或坚硬的稳定坡面，其坡角大于填土的理论滑动面的倾角，如图 3-14 所示。此状况与库仑理论假定墙后相当距离内均为均质填土，且滑裂在填土范围内发生相矛盾，既不可能在有限的填土范围内出现滑裂面，也不会在坚硬坡面内土层中产生剪切破裂面，故应取坚硬坡面为滑裂面。

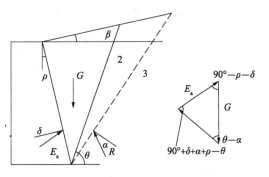

图 3-14　有限填土土压力计算简图

应用与库仑理论的相似方法，根据滑动楔体的平衡，可求得主动土压力值：

$$E_a = \frac{\gamma h^2}{2} \cdot \frac{\cos(\rho-\beta) \cdot \cos(\theta-\rho) \cdot \sin(\theta-\varphi')}{\cos^2\rho \cdot \sin(\theta-\beta) \cdot \sin(\theta-\varphi+\psi)} \tag{3-28}$$

式中：φ'——滑动楔体与坡面之间的磨擦角，当坡面无地下水，并按规定挖台阶填筑时，φ' 可选用填土的内磨擦角 φ，$\psi = 90°-\rho-\delta$；

θ——坚硬坡面的坡角，即坡面与水平面之间的夹角。

四、地震时土压力计算

地震时填土连同支挡结构一起以地震加速度振动，支挡结构和填土组成的体系承受了与地震加速度方向相反的惯性力的作用，其数值等于 ma。m 是体系的质量，a 为最大加速度，这个惯性力就是地震力。地震加速度可以分解成水平与竖直两个向量。由于支挡结构体系在竖向有较大的强度储备，因而可以不考虑竖向地震加速度的影响，认为支挡结构体系的破坏主要是由水平方向的地震力引起的。因此在分析土压力时，只考虑水平方向地震加速度的作用。

目前一般按惯性力法求地震土压力，与求解非地震区土压力的不同之处在于多考虑了一个由破裂棱体自重所引起的水平地震力 P。该力作用于棱体重心，大小可按下式计算：

$$P = C_z \cdot k_H \cdot G \tag{3-29}$$

式中：C_z——综合影响因素，表示结构体系的地震反应与理论计算间的差异，取 0.25；

k_H——水平地震系数，为地震时地面最大水平加速度的统计平均值与重力加速度 g 的比值，可按表 3-2 取值；

G——破裂棱体自重力。

水 平 地 震 系 数　　　　　　　　表 3-2

地震动峰值加速度（m/s²）	0.1g, 0.15g	0.2g, 0.3g	≥0.4g
水平地震系数 k_H	0.1	0.2	0.4

地震力 P 的方向水平并指向墙后土体滑动的方向，它与破裂棱体自重力 G 的合力 G_1 如图 3-15 所示，其大小为

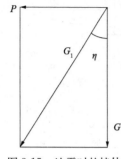

图 3-15 地震时的棱体

$$G_1 = \frac{G}{\cos\eta} \quad (3\text{-}30)$$

式中：η ——地震角，为棱体自重与地震力之合力偏离铅垂线的角度。

由图 3-15 和式（3-3）可知 $\eta=\arctan(C_z \cdot k_H)$，可查表 3-3 来确定。

知道了地震力与自重力的合力的大小和方向，并假定在地震条件下土的内摩擦角 φ 和墙背磨擦角 δ 不变，则墙后破裂棱体上的平衡力系即如图 3-16（a）所示。

地 震 角 η　　　　　　　　　　　　　　　表 3-3

地震动峰值加速度（m/s²）	0.1g, 0.15g	0.2g, 0.3g	≥0.4g
非浸水	1°30′	3°	6°
水 下	2°30′	5°	10°

若保持挡土墙和墙后棱体位置不变，将整个平衡力系转动 η 角，使 G_1 仍位于竖直方向图 3-16（b），由于没有改变平衡力系中三力间的相互关系，即没有改变图 3-16（c）中的力三角形 $\triangle abc$，因此这种转动并不影响对 E_a 的计算。然而这样一来却大大简化了计算

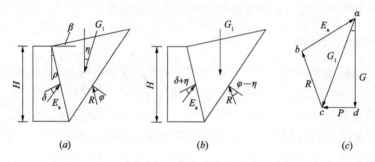

图 3-16 地震条件下的墙后破裂棱体上的平衡力系

工作。由图 3-16（b）可以看出，只要用下列各值取代 γ、δ、φ 各值，即可直接用一般的库仑土压力公式求地震时的土压力。例如当填土表面为一平面（倾角为 β）时，由前面的库仑土压力公式（3-12）得出地震时的土压力公式为：

$$E_a = \frac{1}{2} \cdot \frac{\gamma}{\cos\eta} \cdot H^2 K_a \quad (3\text{-}31)$$

$$K_a = \frac{\cos^2(\varphi-\eta-\rho)}{\cos^2\rho\cos(\delta+\eta+\rho)\left[1+\sqrt{\dfrac{\sin(\varphi+\delta)\sin(\varphi-\eta-\beta)}{\cos(\delta+\eta+\rho)\cos(\rho-\beta)}}\right]^2} \quad (3\text{-}32)$$

式中：ρ ——墙背与铅垂线的夹角，当墙背仰斜时 ρ 为正值，俯斜时为负。

各种边界条件下的地震土压力都可用 γ_1、δ_1、φ_1 取代 γ、δ、φ，而按一般数解公式或图解法求算。必须指出，用这种方法求出地震土压力 E_a 后，计算水平和竖向土压力 E_x 和 E_y 时，仍采用实际墙背摩擦角 δ，而不用 δ_1。

五、墙后填土有地下水时土压力计算

墙后填土土体浸水时，一方面因水的浮力作用使土的自重减小；另一方面，浸水时砂性土的抗剪强度的变化虽不大，但黏性土的抗剪强度会发生显著的降低。因此，在土压力计算中必须考虑土体浸水的影响。此外，当墙后土体中出现水的渗流时，还应计入动水压力的影响。

（一）砂性土浸水后假设 φ 值不变，只考虑浮力影响时的土压力计算

现以部分浸水的路肩挡土墙为例说明土压力计算公式的推导过程。如图 3-17 所示，这时破裂棱体的自重力为：

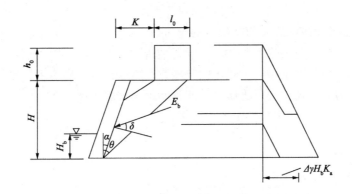

图 3-17 浸水时土压力计算简图

$$G=\gamma\left[\frac{1}{2}H(H+2h_0)-\frac{\Delta\gamma}{2\gamma}H_b^2\right]\tan\theta-\gamma\left[\frac{1}{2}H(H+2h_0)\tan\alpha+Kh_0-\frac{\Delta\gamma}{2\gamma}H_b^2\tan\alpha\right]$$
$$=\gamma\left[(A_0-\Delta A_0)\tan\theta-(B_0-\Delta B_0)\right]$$

(3-33)

式中：γ——填料天然重力密度；

γ_u——填料的浮重力密度；

H_b——计算水位以下的墙高；

$$\Delta\gamma=\gamma-\gamma_u$$

$$\Delta A_0=\frac{\Delta\gamma}{2\gamma}H_b^2;$$

$$\Delta B_0=\frac{\Delta\gamma}{2\gamma}H_b^2\tan\alpha;$$

$$A_0=0.5H(H+2h_0)\cdots;$$

$$B_0=A_0\tan\alpha+K\cdot h_0\cdots;$$

按照推导库仑公式的程序可得：

$$\tan\theta=-\tan\psi\pm\sqrt{(\tan\psi+\cot\varphi)\left(\tan\psi+\frac{B_0-\Delta B_0}{A_0-\Delta A_0}\right)}$$

$$E_b=\gamma\left[(A_0-\Delta A_0)\tan\theta-(B_0-\Delta B_0)\right]\frac{\cos(\theta+\varphi)}{\sin(\theta+\psi)}$$

(3-34)

或

$$E_b = \gamma K_a \frac{(A_0 - \Delta A_0)\tan\theta - (B_0 - \Delta B_0)}{\tan\theta - \tan\alpha} \tag{3-35}$$

式中：$K_a = (\tan\theta - \tan\alpha)\dfrac{\cos(\theta+\varphi)}{\sin(\theta+\psi)}$，$\psi = \varphi + \delta - \alpha$

此外，在假设 φ 值不变的条件下，破裂角 θ 虽因浸水而略有变化，但对土压力的计算影响不大。为了简化计算，可以进一步假设浸水后 θ 角亦不变。这样，如图 3-17 所示，可以先求出不浸水条件下的土压力 E_a，然后再扣除计算水位以下因浮力影响而减小的土压力 $\triangle E_b$，即得浸水条件下的土压力 E_b。因此 E_b 亦可按下式计算：

$$\left. \begin{array}{l} E_b = E_a - \Delta E_b \\ \Delta E_b = \dfrac{1}{2}\Delta\gamma H_b^2 K_a \end{array} \right\} \tag{3-36}$$

（二）黏性土考虑浸水后 φ 值降低时的土压力计算

这时，应以计算水位为界，将填土的上下两层视为不同性质的土层，分层计算土压力。计算中，先求出计算水位以上填土的土压力；然后再将上层填土重量作为荷载，计算浸水部分的土压力。上述两部分土压力的向量和即为全墙土压力。

（三）考虑动水压力作用时的土压力计算

在弱透水土体中，如存在水的渗流，土压力的计算应考虑动水压力的影响。这时可采用下述两种近似的方法。

1. 假设破裂角不受影响

计算中，先不考虑水压力的影响，而按一般浸水情况求算破裂角 θ 和土压力 E_b，然后再单独求算动水压力 D，认为它作用于破裂棱体浸水部分的形心，方向水平，并指向土体滑动的方向。其大小为

$$D = \gamma_w \cdot I \cdot \Omega \tag{3-37}$$

式中：γ_w——水的重力密度；

I——水力梯度，采用土体中降水曲线的平均坡度，查表 3-4；

Ω——破裂棱体中的浸水面积。

渗流降落曲线平均坡度 I 表 3-4

土壤类别	卵石粗砂	中砂	细砂	粉砂	黏砂土	砂黏土	黏土	重黏土	泥炭
渗流降落平均坡度 I	0.0025—0.005	0.005—0.015	0.015—0.02	0.015—0.05	0.02—0.05	0.05—0.120	0.12—0.15	0.15—0.2	0.02—0.12

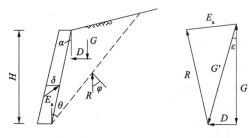

图 3-18 破裂角 θ 发生变化时土压力计算

2. 考虑破裂角 θ 因渗流影响而发生变化

计算时，要考虑由挡土墙全部浸水骤然降低水位这一最不利情况。这时破裂棱体所受的体积力中，除自重力 G 外，还有动水压力 D，两者的合力 G' 为

$$G' = G/\cos\varepsilon \tag{3-38}$$

从图 3-18 可知，ε 为合力 G' 偏离铅垂线的角度，即

$$\varepsilon = \arctan\frac{D}{G} = \arctan\frac{\gamma_w \cdot I \cdot \Omega}{\gamma_u \Omega} = \arctan\frac{\gamma_w I}{\gamma_u} \tag{3-39}$$

根据分析地震土压力时所采用过的办法，这时只要用

$$\left. \begin{aligned} \gamma'_u &= \gamma_u/\cos\varepsilon \\ \delta' &= \delta + \varepsilon \\ \varphi' &= \varphi - \varepsilon \end{aligned} \right\} \tag{3-40}$$

取代 γ_u、δ、φ，就可以按一般库仑土压力公式计算浸水条件下并考虑动水压力影响的土压力。

六、填土表面不规则时土压力计算

在工程中常有填土表面不是单一的水平面或倾斜平面，而是由两者组合而成。此时，前面推得的公式都不能直接应用。但可以近似地分别按平面、倾斜面计算，然后再进行组合。下面介绍几种常见的情况。

（一）先水平面后倾斜面的填土

为计算土压力，可将填土表面分解为水平面或倾斜面，分别计算，最后再组合。先延长倾斜填土面交于墙背 C 点。在水平面填土的作用下，其土压力强度分布图如图 3-19 (a) 中 ABe；在倾斜面填土作用下，其土压力强度分布图为 CBf。两个三角形交于 g 点，则土压力分布图 $ABfgA$ 为此填土情况下土压力分布图。

（二）先倾斜面后水平面的填土

在倾斜面填土作用下，土压力分布图形如图 3-19 (b) 中 ABe；在水平面填土作用下，先延长水平面与墙背延长线交于 A'，此时，土压力分布图为 $A'Bf$。两三角形相交于 g 点，则图形 $ABfgA$ 为此时填土的土压力分布图。

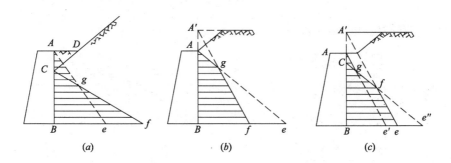

图 3-19　填土面不规则土压力计算图

（三）先水平面，再倾斜面，最后水平面填土

如图 3-19 (c)，首先画出水平面作用下的土压力三角形 ABe' 再绘出在倾斜面填土作用下的土压力三角形 Cbe''，此时，Ce'' 与 Ae' 交于 g 点；最后求第二个水平在的土压力三角形 $A'Be$，$A'e$ 与 Cge'' 交于 f 点。则图形 $ABegfA$ 为此种填土的土压力分布图解。

当填土面形状极不规则或为曲面时，一般多采用图解法。

第六节 地面超载作用下的土压力计算

在设计支挡结构时,一般应考虑地表面的各种可能出现的荷载,例如施工荷载、车辆重量、建筑物重量、建筑材料堆载等等。这类活荷载称为地面超载,它的存在增加了作用于支挡结构上的土压力。确定地面超载的影响,一般有两种方法:弹性力学解析法和近似简化法(如超载从地面斜线向下扩散的方法)。为了便于分析,可将地面超载简化为均布的条形荷载或集中荷载。下面讨论几种地面超载作用下的土压力计算方法。

一、填土表面满布均布荷载

在设计挡土墙时,通常要考虑填土表面要有均布荷载 q 作用,一般将均布超载换算成为当量土重,即用假想土重代替均布荷载。当量土层的厚度 $h_0 = \dfrac{q}{\gamma}$。

(一)填土表面水平且有均布荷载作用(如图 3-20 所示)

假定填土表面水平,墙背竖直且光滑。应用朗金理论公式计算,作用于填土表面下 z 处的主动土压力强度为

$$p = (q + \gamma z) K_a \tag{3-41}$$

式中:q——作用在填土表面的均布荷载;

K_a——朗金理论主动土压力系数。

这时主动土压力强度分布图为梯形,主动土压力

$$E_a = \frac{H}{2}(2q + \gamma H) \cdot K_a = \frac{\gamma H}{2}(2h_0 + H) K_a \tag{3-42}$$

其作用线通过梯形形心,距墙踵

$$z_f = \frac{H}{3} \cdot \frac{3q + \gamma H}{2q + \gamma H} \tag{3-43}$$

(二)墙背倾斜、填土表面倾斜有均布荷载作用(如图 3-21 所示)

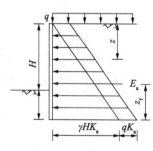

图 3-20 填土表面水平满布均布荷载

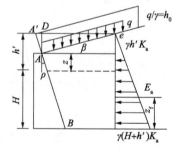

图 3-21 填土表面倾斜满布均布荷载

仍将均布荷载换算成当量土重,当量土层厚度 $h_0 = \dfrac{q}{\gamma}$。以此假想填土而与墙背延长线交于 A' 点,故以 $A'B$ 作为假想墙背计算土压力。假想挡土墙高度为 $H + h'$,根据 △$AA'D$,按正弦定理可求得

$$AA' = AD \cdot \frac{\cos\beta}{\cos(\beta-\rho)} = h_0 \frac{\cos\beta}{\cos(\beta-\rho)} \tag{3-44}$$

$$h' = AA' \cdot \cos\rho = h_0 \frac{\cos\beta\cos\rho}{\cos(\beta-\rho)} \tag{3-45}$$

主动土压力强度

$$p = \gamma(h'+z)K_a \tag{3-46}$$

式中：K_a——库仑理论主动土压力系数。

主动土压力

$$E_a = \frac{\gamma(2h'+H)H}{2}K_a \tag{3-47}$$

主动土压力作用线距底

$$z_d = \frac{(3h'+H)}{(2h'+H)} \cdot \frac{H}{3} \tag{3-48}$$

二、距离墙顶有一段距离的均布荷载

如图 3-22 所示，当满布均布荷载的初始位置距离墙顶有一段距离时，支挡结构上的主动土压力可近似以下方法计算：在地面超载起点 O 处作两条辅助线 OD 和 OE，与墙面交于 D、E 两点，近似认为 D 点以上的土压力不受地面超载的影响；而 E 点以下的土压力完全受地面超载的影响，D、E 两点之间的土压力按直线分布。于是挡土墙上的土压力为图中阴影部分。其中辅助线 OD 和 OE 与地表水平面的夹角分别为填土的内磨擦角 φ 和填土破裂角 θ。

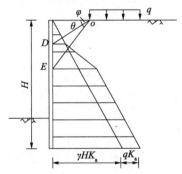

图 3-22 距墙顶有一段距离的均布荷载地面超载产生侧向土压力

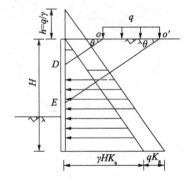

图 3-23 局部均布荷载的地面超载

三、地面有局部均布荷载

当地面的均布荷载只作用在一定宽度范围内时，通常可用图 3-23 所示的方法计算主动土压力。从均布荷载的两个端点，分别作两条辅助线 OD 和 $O'E$，它们都与水平线成 θ 角。近似认为 D 点以上和 E 点以下的土压力都不受地面超载的影响，而 D、E 两点间的土压力按满布的均布地面超载来计算，挡土结构上的压力分布为图 3-23 中的阴影部分。

局部均布荷载作用下的土压力计算也可采用弹性力学的方法。如图3-24所示，支挡结构上各点的附加侧向土压力强度值为

$$\Delta P_H = \frac{2q}{\pi}(\beta - \sin\beta \cdot \cos 2\alpha) \tag{3-49}$$

式中：ΔP_H——附加侧向土压力强度；
　　　q——地表局部均布荷载；
　　　α、β——见图3-24，以弧度计。

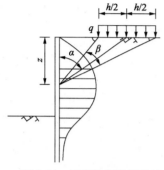

图3-24　局部均布荷载引起的附加侧向土压力

四、集中荷载和纵向条形荷载引起的土压力

集中荷载引起的侧向土压力，可用弹性理论计算，计算图式如图3-25所示。由此荷载引起的沿支挡结构竖向分布的主动土压力 σ_h 为（图3-25a）：

当 $m \leqslant 0.4$ 时　　$\sigma_h = \dfrac{0.28Qn^2}{H^2(0.16+n^2)^3}$ 　　(3-50)

当 $m > 0.4$ 时　　$\sigma_h = \dfrac{1.77Qm^2n^2}{H^2(m^2+n^2)^3}$ 　　(3-51)

深度为 z，沿支挡结构纵向 y 方向分布的主动土压力 σ'_h 可按式（3-52）计算（图3-25）：

$$\sigma'_h = \sigma_h \cdot \cos^2(1.1\alpha) \tag{3-52}$$

当地面超载为平行于墙体的纵向条形荷载（图3-26）时，作用于墙背的主动土压力可用式（3-53）和式（3-54）来计算，即

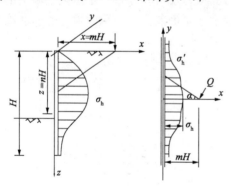
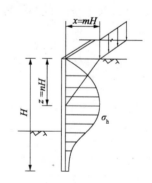

图3-25　集中荷载产生的侧向土压力　　图3-26　纵向条形荷载产生的侧向

当 $m \leqslant 0.4$ 时　　$\sigma_h = \dfrac{0.203qn}{H^2(0.16+n^2)^2}$ 　　(3-53)

当 $m > 0.4$ 时　　$\sigma_h = \dfrac{4}{\pi} \cdot \dfrac{qm^2n}{H(m^2+n^2)^2}$ 　　(3-54)

上述式中：m——荷载作用点的相对距离，$m = x/H$；
　　　　　n——土压力计算点的相对深度，$n = z/H$；
其余符号意义如图相应图所示

式（3-53）和式（3-54）可推广应用于相邻条形荷载引起的附加侧向土压力计算

（图3-27），但应注意式（3-53）和式（3-54）中墙高 H 应该为 H_s。H_s 为基础底面以下的支挡结构的高度。

五、车辆引起的土压力计算

在公路桥台、挡土墙高设计时，应当考虑车辆荷载引起的土压力。在《公路桥涵设计通用规范》（JTJ GD60—2004）中对车辆荷载（包括汽车、履带车和挂车）引起的土压力计算方法作出了具体规定。其计算原理是把填土破裂体范围内车辆荷载用一个均布荷载来代替，即根据墙后破裂体上的车辆荷载换算为与墙后填土有相同容重的均布土层，求出此土层厚度 h_0 后，再用库仑理论进行计算（如图3-28）。H_0 的计算公式为

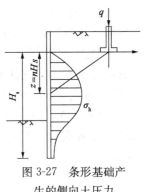

图3-27 条形基础产生的侧向土压力

$$h_0 = \frac{\Sigma Q}{\gamma B_0 L} \tag{3-55}$$

式中：γ——墙后填土的重力密度（kN/m³）；

B_0——不计车辆荷载作用时破裂土体的宽度（m），对于路堤墙，为破裂土体范围内的路基宽度（即不计边坡部分的宽度 b）；

$$B_0 = (H+h)\tan\theta - H\tan\rho - b \tag{3-56}$$

L——挡土墙的计算长度（m）；

ΣQ——布置在 $B_0 \times L$ 范围内的车轮总轴载（kN）。

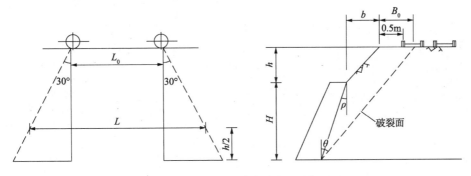

图3-28 车辆荷载换算成均布土层的图示

挡土墙的计算长度 L 按下述四种情况取值：

1. 汽车－10级或汽车－15级作用时，取挡土墙分段长度，但不大于15m；
2. 汽车－20级作用时，取重车的扩散长度。当挡土墙分段长度不大于10m时，扩散长度不超过10m，当挡土墙分段长度在10m以上时，扩散长度不超过15m；
3. 汽车超－20级作用时，取重车的扩散长度，但不超过20m；
4. 平板挂车或履带车作用时，取挡土墙分段长度和车辆扩散长度二者较大者，但不超过15m。

汽车重车、平板挂车及履带车的扩散长度 L 按下式计算

$$L = L_0 + (H + 2h)\tan 30° \tag{3-57}$$

式中：L_0——汽车重车、平板挂车的前后轴轴距加轮胎着地长度或履带车着地长度（m）。

车辆荷载总轴载 ΣQ 按下述规定计算：

1. 汽车荷载的分布宽度

纵向：当取用挡土墙的分段长度时，为分段长度内可能布置的车轮；当取一辆重车的扩散长度时为一辆重车。

横向：破裂土体宽度 B_0 范围内可能布置的车轮，车辆外侧车轮中线距路面（或硬路肩）、安全带边缘的距离为 0.5m。

2. 平板挂车或履带车荷载在纵向只考虑一辆，横向为破裂土体宽度 B_0 范围内可能布置的车轮或履带。车辆外侧车轮或履带中线距路面（或硬路肩）、安全带边缘的距离为 1m。

第四章 抗滑挡土墙的设计与施工

第一节 概 述

一、基本概念

挡土墙是用来支承路基填土或山坡土体，防止填土或土体变形失稳的一种构造物。在路基工程中，挡土墙可用以稳定路堤和路堑边坡，减少土石工程量和占地面积，防止水流冲刷路基，并经常用于整治塌方、滑坡等路基病害。在山区公路中，挡土墙的应用更为广泛。

路基在遇到下列情况时可考虑修建挡土墙：

（1）陡坡地段；

（2）岩石风化的路堑边坡地段；

（3）为避免大量挖方及降低边坡高度的路堑地段；

（4）可能产生塌方、滑坡的不良地质地段；

（5）高填方地段；

（6）水流冲刷严重或长期受水浸泡的沿河路基地段；

（7）为节约用地、减少拆迁或少占农田的地段；

（8）为保护重要建筑物、生态环境或其他特殊需要的地段。

挡土墙各部分的名称如图 4-1 所示。墙身靠填土（或山体）一侧称为墙背，大部分外露的一侧称为墙面（或墙胸），墙的顶面部分称为墙顶，墙的底面部分则称为墙底，墙背与墙底的交线称为墙踵，墙面与墙底的交线称为墙趾。墙背与坚直面的夹角称为墙背倾角，一般用 α 表示，工程中常用单位墙高与其水平长度之比来表示，即可表示为 $1:n$。墙踵到墙顶的垂直距离称为墙高，用 H 表示。

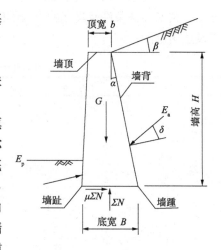

图 4-1 挡土墙各部分名称

此外，为计算土压力而采用的名称有：墙面倾角 β、墙背摩擦角 δ（即墙背与填土间的摩擦角）。根据挡土墙在路基横断面上的位置，可分为路肩墙、路堤墙及路堑墙。当墙顶置于路肩时，称为路肩式挡土墙，如图 4-2（a）所示；若挡土墙支撑路堤边坡，墙顶以上尚有一定的填土高度，则称为路堤式挡土墙，如图 4-2（b）所示；如果挡土墙用于稳定路堑边坡，称为路堑式挡土墙，如图 4-2（c）所示。此外，还有设置在山坡上的山坡挡土墙，用于整治滑坡的抗滑挡土墙等。

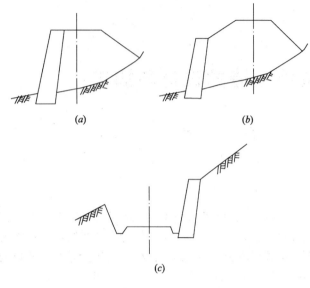

图 4-2 设置在不同位置的挡土墙

在考虑挡土墙设计方案时，应与其他工程方案进行技术经济比较。例如，采用路堤或路肩挡土墙时，常与栈桥或填方等进行方案比较；采用路堑或山坡挡土墙时，常与隧道、明洞或刷缓边坡等方案作比较，以求工程技术经济合理。

二、挡土墙类型及适用范围

挡土墙类型的划分方法较多，除按挡土墙设置位置划分外，还可按结构形式、建筑材料、施工方法及所处环境条件等进行划分。如按建筑材料可分为石、混凝土及钢筋混凝土挡土墙等；按所处环境条件可分为一般地区挡土墙、浸水地区挡土墙与地震地区挡土墙等。

一般以挡土墙的结构形式分类为主，常见的挡土墙形式有：重力式、衡重式、悬臂式、加筋土式、锚杆式和锚定板式，此外，还有竖向预应力锚杆式、土钉式及桩板式。各类挡土墙的适用范围取决于墙址地形、工程地质、水文地质、建筑材料、墙的用途、施工方法、技术经济条件及当地的经验等因素。表 4-1 简要列出了各类挡土墙的结构形式、特点及适用范围。

挡土墙结构类型、特点及适用范围　　　　　　表 4-1

类型	结构示意图	特点及适用范围
重力式	（墙身）	主要依靠墙身自重保持稳定。它取材容易，形式简单，施工简便，适用范围广泛。多用浆砌片（块）石，墙高较低（≤6m）时也可用干砌，在缺乏石料地区可用混凝土浇筑。其断面尺寸较大，墙身较重，对地基承载力的要求较高
衡重式	（上墙、衡重台、下墙）	上下墙间有衡重台，利用衡重台上填土重力和墙身自重共同作用维持其稳定。其断面尺寸较重力式小，且因墙面陡直、下墙墙背仰斜，可降低墙高和减少基础开挖量，但地基承载力要求较高。多用在地面横坡陡峻的路肩墙，也可作路堤墙或路堑墙。由于衡重台以上有较大的容纳空间，上墙墙背加缓冲墙后，可作为拦截崩、坠石之用

续表

类型	结构示意图	特点及适用范围
悬臂式	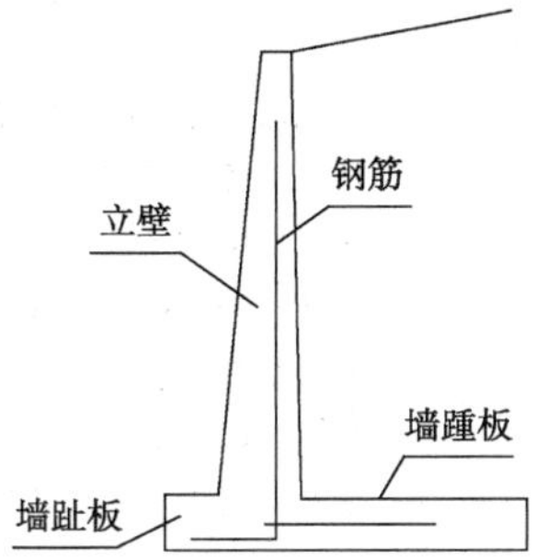	钢筋混凝土结构由立壁、墙趾板和墙踵板三个悬臂部分组成，墙身稳定主要依靠墙踵板上的填土重力来保证。断面尺寸较小，但墙较高时，立壁下部的弯矩大，钢筋与混凝土用量大，经济性差。多用作墙高≤6m的路肩墙，适用于缺乏石料的地区和承载能力较低的地基
扶壁式	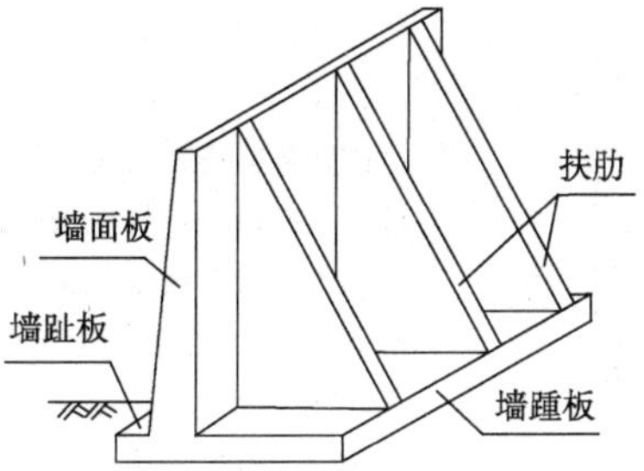	钢筋混凝土结构由墙面板（立壁）、墙趾板、墙踵板和扶肋（扶壁）组成，即沿悬臂式挡土墙的墙长，每隔一定距离增设扶肋，把墙面板与墙踵板连接起来。适用于缺乏石料的地区和地基承载力较低的地段，墙较高（＞6m）时，较悬臂式挡土墙经济
加筋土式	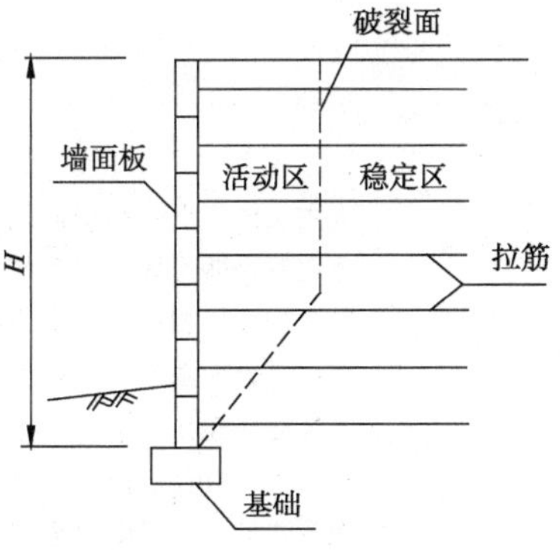	由墙面板、拉筋和填土三部分组成，借助于拉筋与填土间的摩擦作用，把土的侧压力传给拉筋，从而稳定土体。既是柔性结构，可承受地基较大的变形；又是重力式结构，可承受荷载的冲击、振动。施工简便、外形美观、占地面积少，而且对地基的适应性强，适用于缺乏石料的地区和大型填方工程
锚杆式	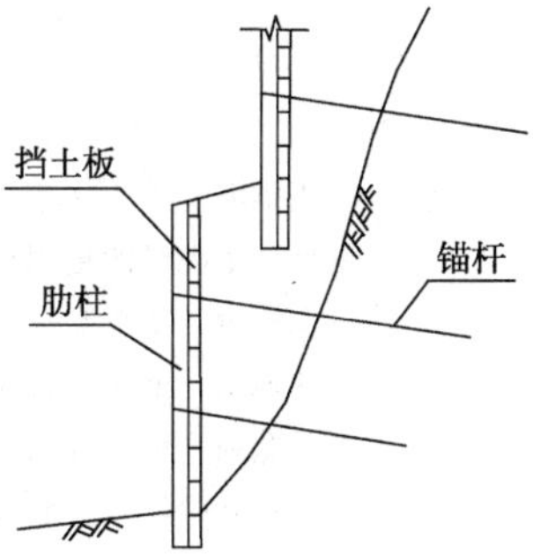	由锚杆和钢筋混凝土墙面组成。锚杆一端锚固在稳定的地层中，另一端与墙面连接，依靠锚杆与地层之间的锚固力（即锚杆抗拔力）承受土压力，维持挡土墙的平衡。土石方和圬工量都较少，施工安全，较为经济。适用于墙高较大，缺乏石料的地区或挖基困难的地段，具有锚固条件的路堑墙，对地基承载力要求不高。

53

续表

类型	结构示意图	特点及适用范围
锚定板式		由锚定板、拉杆、钢筋混凝土墙面和填土组成。锚定板埋置于墙后的稳定土层内，利用锚定板产生的抗拔力抵抗侧向土压力，维持挡土墙的稳定。基底应力小，圬工数量少，不受地基承载力的限制，构件轻简，可预制拼装、机械化施工。适用于缺乏石料的路堤墙和路肩墙，墙高时可分级修建
竖向预应力锚杆式		锚杆竖向锚固在地基中，并砌筑于墙身内，最后张拉锚杆，利用锚杆的弹性回缩对墙身施加预应力来提高挡土墙的稳定性。一般一根16Mnϕ22的锚杆可替代5m³的浆砌片石圬工。施工中可用轻型钻机或人工冲孔，灌浆及预应力张拉较简易。适用于岩质地基，多用于抗滑挡土墙
土钉式		由土体、土钉和护面板三部分组成。利用土钉对天然土体就地实施加固，并与喷射混凝土护面板相结合，形成类似于重力式挡土墙的复合加强体，从而使开挖坡面稳定。对土体适应性强、工艺简单、材料用量与工程量较少，可自上而下分级施工。常用于稳定挖方边坡，也可作为挖方工程的临时支护
桩板式		由钢筋混凝土锚固桩和挡土板组成。利用深埋的锚固段的锚固作用和被动抗力抵抗侧向土压力，从而维护挡土墙的稳定。适用于岩质地基、土压力较大、要求基础深埋的地段，墙高不受一般挡土墙高度的限制。开挖面小，施工较为安全

挡土墙类型的选择应根据支挡填土或土体求得稳定平衡的需要，研究荷载的大小和方向、基础埋置的深度、地形地质条件、与既有结构物平顺衔接、容许的不均匀沉降、可能的地震作用、墙壁的外观、环保的特殊要求、施工的难易和工程造价，综合比较后确定。

三、土压力计算

1. 土压力的概念

各种形式的挡土墙，都以支撑土体使其保持稳定为目的，所以这类构造物的主要荷载就是土体的侧向压力，简称土压力。为了使挡土墙的设计经济合理，关键是正确地计算土压力，其中包括土压力的大小、方向与分布等。

土压力的计算是一个复杂的问题，它涉及到填土、墙身以及地基三者之间的共同作用。土压力不仅与墙身的几何尺寸、墙背的粗糙度以及填土的物理和力学性质、填土的顶面形状和顶部的外荷载有关，而且还与墙和地基的刚度以及填土的施工方法有关。现在国内外土压力计算仍采用古典的极限平衡理论，它是对上述复杂问题进行诸多假定和简化而得出的。

挡土墙一般是条形结构物，它的长度远较其高度大，且其断面在相当长的范围内是不变的。因此，土压力计算可取每延长米的挡土墙来进行分析，即将土压力的计算当作平面问题来处理。

土压力问题的理论研究始于18世纪末。依据研究途径的不同，可以把有关极限状态下的土压力理论大致分为两类。

（1）定破裂面形状，依据极限状态下破裂棱体的静力平衡条件来确定土压力，这类土压力理论最初是由法国的库伦（C. A. Coulomb）于1773年提出的，称为库伦理论。

（2）假定土体为松散介质，依据土中一点的极限平衡条件来确定土压力强度和破裂面方向，这类土压力理论是由英国的朗金（W. J. Rankine）于1857年提出的，称为朗金理论。

在上述两类经典土压力理论中，朗金理论基于散体一点的极限应力状态推出，在理论上较为严谨。但是，由于它只能考虑比较简单的边界条件，在应用上受到很大限制。库伦理论计算简便，能适用于各种复杂的边界条件，而且在一定范围内能得出比较满意的解答，因此应用范围较广。

2. 土压力的分类

在影响挡土墙土压力大小及其分布规律的诸多因素中，挡土墙的位移方向和位移量是计算中要考虑的特殊因素。根据挡土墙的位移和墙后土体所处的应力状态，土压力有以下三种类型。

（1）静止土压力

如果挡土墙的刚度很大，在土压力作用下，墙体不发生变形和任何位移（移动或转动），如图4-3（a）所示。墙背后土体处于弹性平衡状态，此时墙背所受的土压力称为静止压力，并以 E_0 表示。实际上，使挡土墙保持静止的条件是：墙身尺寸足够大、墙身与基础牢固地联结在一起，地基不产生不均匀沉降等。

（2）主动土压力

如果挡土墙在土压力作用下向前（离开土体）产生一微小的移动或转动，如图

4-3（b）所示，从而使墙对土体的侧向应力（它与土压力大小相等、方向相反）逐渐减少，土体便出现向下滑动的趋势。这时土中逐渐增大的抗剪力抵抗着这一滑动的产生。当墙的侧向应力减少到某一数值，且土的抗剪强度充分发挥时，土压力减到最小值，土体便处于极限平衡状态，即主动极限平衡状态。与此相应的土压力称为主动土压力，以符号 E_a 表示。达到主动极限平衡状态时墙的移动或转动位移量是较小的，如表 4-2 所示。

（3）被动土压力

如果挡土墙在外力作用下，移动或转动方向是推挤土体，如图 4-3（c）所示，从而逐渐增大对土体的侧向应力，这时土体便出现向上滑动的趋势，而土中逐渐增大的抗剪力阻止着这一滑动的产生。当墙对土体的侧向应力增大到某一数值，使土的抗剪强度充分发挥

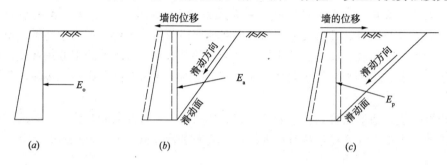

图 4-3　土压力类型
（a）静止土压力；（b）主动土压力；（c）被动土压力

时，土压力增大到最大值，土体便处于另一极限平衡状态，即被动极限平衡状态。与此相应的土压力称为被动土压力，以符号 E_p 表示。达到被动极限平衡状态时墙的移动或转动位移量，比产生主动土压力所需的位移量要大得多，如表 4-2 所示。

产生主动、被动土压力时挡土墙所需的位移量　　　　　　　表 4-2

土的类别	应力状态	挡土墙位移形式	所需位移量
砂性土	主动	平移	$0.001H$
	主动	绕墙趾转动	$0.001H$
	被动	平移	$0.05H$
	被动	绕墙趾转动	$>0.1H$
粘性土	主动	平移	$0.004H$
	被动	绕墙趾转动	$0.004H$

注：H 为挡土墙高。

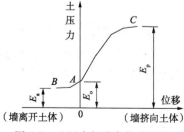

图 4-4　土压力与墙身位移的关系

由于土的应力-应变状态不同，土压力的大小和方向也是变化的。被动土压力和主动土压力是土压力的最大与最小的极限值；而静止土压力介于其间（如图 4-4 所示），即 $E_p > E_0 > E_a$。

在挡土墙设计中，应根据它在外力作用下可能的位移方向，来判断是主动土压力还是被动土压力。如拱桥桥台在荷载和自重作用下，有向土体移动的趋

势,为台背土压力所阻止,故台背所受的土压力应为被动土压力。而对一般的挡土墙,则墙身有被土体向外挤动的可能,墙背承受的是主动土压力。按主动土压力设计挡土墙,是考虑到挡土墙失稳或基底破坏前,墙身必定会产生相应的位移,于是墙后土体的应力状态趋近于主动极限状态。因此,以主动土压力作为挡土墙的设计荷载是合理的。

第二节　抗滑挡土墙的设计与计算

一、基本概念

抗滑挡土墙是目前整治滑坡中应用最广且较为有效的措施之一,采用抗滑挡土墙整治滑坡,其优点是山体破坏少,稳定滑坡收效快。对于大型滑坡,抗滑挡土墙常作为排水、减重等综合措施的一部分;对于中、小型滑坡,可单独使用,也可与支撑渗沟联合使用;以抗滑桩为主要整治措施时,也可用抗滑挡土墙作为辅助措施,分担一部分滑坡推力。

抗滑挡土墙尤其适用于以挖去山坡坡脚失去支撑而引起滑动为主要原因的牵引式滑坡,特别是当滑动面较陡、含水量较小、整体性较强、滑动较稳的滑坡,修建抗滑挡土墙后即能起到抑制滑动的作用。但应用时必须弄清滑坡的性质、滑体结构、滑动面层位和层数、滑体的推力及基础的地质情况,否则,易使墙体变形而失效。如果开挖基坑太深,既施工困难,又易加剧滑坡滑动,因此,深层滑坡和正在滑动的滑坡不宜采用。

抗滑挡土墙因其受力条件、材料和结构不同而有多种类型,如重力式抗滑挡土墙、锚杆式抗滑挡土墙、加筋土抗滑挡土墙、桩板式抗滑挡土墙、竖向预应力锚杆抗滑挡土墙等。一般多采用重力式抗滑挡土墙,利用墙身重力来抗衡滑坡体。

二、抗剪强度指标的确定

滑动面土的抗剪强度指标 c、φ 值的确定是抗滑挡土墙设计成败的关键,一般可用土的剪切试验、根据滑坡过去或现在的状态进行反算以及选用经验数据三方面来获得。

1. 用剪切试验方法确定滑动面土的抗剪强度指标

根据滑坡的滑动性质用剪切试验方法确定滑动面土的抗剪强度指标,关键在于尽可能地模拟它的实际状态,只有这样才可能获得符合实际情况的数值。

土样在剪切试验过程中,随着剪切变形的增加,剪切应力逐渐增加。当剪切破裂面完全形成时,剪切应力达到峰值(τ_F),然后随变形的增加,剪切应力逐渐下降,最终趋近于一稳定值(τ_W)。其中,τ_F 为峰值抗剪强度;τ_W 则为残余抗剪强度,如图 4-5 所示。

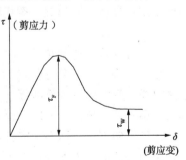

图 4-5　剪应力与剪应变关系

对于各种类型的滑坡,就其滑动面上的剪切状况来说,大致可分为三种情况:1)新生滑坡,现在尚未滑动而即将发生滑动者,显然这时潜在滑动面上并未发生剪切破坏,待发生剪切破坏时滑坡就滑动了;2)滑坡已滑动,而且持续不断发生剪切位移,滑动面土已剪坏;3)介于上述两者之间,历史上曾发生过滑动,而目前并非经常滑动的滑坡。

(1) 新生滑坡

对于新生的即将滑动的滑坡，由于滑动面尚未完全形成，采用滑动面原状土根据滑动面土的充水情况（持续充水或季节充水）做固结快剪试验，取其峰值（如图 4-5 所示的 τ_F）作为抗剪强度指标。

（2）多次滑动的滑坡

对于多次滑动并仍在活动的滑坡，由于滑动面已经完全形成滑动面土原状结构已遭受破坏，所以应取残余值（如图 4-5 所示的 τ_W）作为抗剪强度指标。

残余抗剪强度指标可用以下试验方法测定：

1）滑动面重合剪切试验

从试坑或钻孔中取含有滑动面的在原状土试样，用直剪仪保持沿原有滑动方向剪切，试验方法同一般快剪试验。由于滑动面已多次滑动，取样及试验保持原含水量，则得到的将为残余强度。当试样含水量太大，剪切时土易从剪切盒间挤出，此法将不适用。

2）重塑土多次直剪试验

由于多次滑动后，滑动面土原状结构已遭破坏，在原状土不易取得时，用重塑土做剪切试验得到的残余强度，与用原状土试验得到的大致相同。试验时用一般应变式直剪仪按常规快剪方法，进行一次剪切后，在已有剪切面上再重复做多次剪切，直至土的抗剪强度不再降低为止。

3）环状剪力仪大变形剪切试验（简称环剪试验）

试样可用重塑土或原状土，剪切时试样因上下限制环的相对旋转而产生环形剪切面。环剪试验的主要特点是试样在剪切时剪切面积保持不变，相应的正应力也是恒定的，适合于进行大变形的残余强度试验。

在室内试验中，也可以用三轴剪切试验来较快地测得粘性土的残余强度。试样为含有滑动面的原状土，或为人工制备剪切面的土，使剪切时剪切强度达到残余值时的剪切位移可以缩小。

残余强度指标除用上述各种室内试验方法确定外，还可以做现场原位剪切试验。即在选定的土结构遭到破坏的滑动面上，沿滑动方向进行直接剪切，这样可以克服室内试验的一些限制，反映实际情况。现场试验多在滑坡前缘出口处挖试坑或探井进行。

（3）古滑坡

对于古滑坡或滑动量不大的滑坡，滑动面土的抗剪强度介于峰值强度与残余强度之间，故较难确定。一般可在现场实际滑动面上做原位剪切试验测定，但是这种方法往往受条件限制，只能在滑坡体四周进行，而主滑地段滑动面太深，不易做到，用边缘部位的指标来代替则有一定出入。抗剪强度指标也可做滑动面处原状土样的重合剪切试验来求得；另外还可以根据滑坡体当前所处的状态，用滑动面土的重塑土做多次剪切试验，选用其中某几次剪切试验结果作为抗剪强度指标。

滑动面土的抗剪强度指标不仅与滑坡体的滑动过程和当前所处状态有关，而且与季节含水情况有关。即使是同一滑动面，所取试样的位置不同，抗剪强度指标也会不同。因此，确定滑动面土的抗剪强度指标时应按最不利情况考虑，同时滑动面上各段指标应分别确定。

2. 用反算法确定滑动面土的抗剪强度指标

滑坡的每一次滑动都可以看成是一次大型的模型试验，只要弄清滑动瞬间的条件，就可以求出该条件下滑动面土的抗剪强度指标。通常假定滑坡体行将滑动的瞬间处于极限平衡状态，令其剩余下滑力为零，按安全系数 $K=1$ 的极限平衡条件反算滑动面土的抗剪强度指标。反算法所求出 c、φ 值的可靠性取决于反算条件是否完备与可靠。实践证明，只要反算条件可靠，所得指标将能较好地反映土的力学性质。因此，反算法得到较广泛的应用。

根据滑动面土的性质不同，滑坡极限平衡状态抗剪强度指标的推算可分为综合 c 法、综合 φ 法及兼有 c、φ 法。

(1) 综合 c 法

当滑动面土的抗剪强度主要受粘聚力控制，且内摩擦角很小时，将摩擦力的实际作用纳入 c 的指标内（即认为 $\varphi \approx 0$），反算综合粘聚力 c。此种简化只适用于滑动面饱水且滑动中排水困难，滑动面为饱和黏性土或虽含有少量粗颗粒但被黏土所包裹而滑动时粗颗粒不能相互接触的情况。

对于均质土，滑动面可假定为圆弧形，如图 4-6 所示。滑动面抗剪强度结合 c 值可按下式推算：

$$K = \frac{K_2 d_2 + cLR}{W_1 d_1} = 1 \tag{4-1}$$

式中：c——极限平衡条件下滑动面（带）土的综合粘聚力（kPa）；
　　　　R——滑动圆弧的半径（m）；
W_1、W_2——滑动圆心铅垂线（OA）两侧的滑坡体重力，即滑坡体下滑部分和抗滑部分的重力（kN）；
　　　　L——滑动面（带）土的长度（m）；
　　　　d_1——W_1 重心至滑动圆心铅垂线（OA）的水平距离（m）；
　　　　d_2——W_2 重心至滑动圆心铅垂线（OA）的水平距离（m）；

对于折线形滑动面（如图 4-7 所示），根据主轴断面上折线的变坡点将滑坡体分为

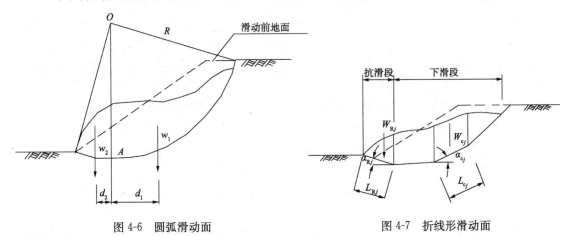

图 4-6　圆弧滑动面　　　　　图 4-7　折线形滑动面

若干条块，将各条块的抗滑力与下滑力投影到水平面上，那么，综合粘聚力 c 可按下式计算：

$$K = \frac{\Sigma T_R + \Sigma C_R}{\Sigma T_C} = \frac{\Sigma W_{Ri} \sin\alpha_{Ri} \cos\alpha_{Ri} + c\Sigma(L_{Ri}\cos\alpha_{Ri} + L_{cj}\cos\alpha_{cj})}{\Sigma W_{cj} \sin\alpha_{cj} \cos\alpha_{cj}} = 1 \tag{4-2}$$

式中：ΣT_R、ΣT_C——滑坡体抗滑段抗滑力及下滑段下滑力的水平投影；
ΣC_R——滑动面粘聚力水平投影；
W_{Ri}、W_{cj}——抗滑、下滑段滑体重力（kN）；
α_{Ri}、α_{cj}——抗滑、下滑段滑动面倾角；
L_{Ri}、L_{cj}——抗滑、下滑段滑动面的长度（m）。

（2）综合 φ 法

当滑动面土的抗剪强度主要为摩擦力而粘聚力很小时，可假定 $c \approx 0$，反算土的综合内摩擦角 φ。所谓综合是指包含了少量粘聚力的因素。这种简化方法适用于滑动面土由断层错动带或错落带等风化破碎岩屑组成，或为硬质岩的风化残积土的情况。因为这种情况下滑动面土中粗颗粒含量很大，抗剪强度主要受摩擦力控制。

对于折线形滑动面，其抗剪强度综合 φ 值可按下式推算：

$$K = \frac{\Sigma W_{Ri}\sin\alpha_{Rj}\cos\alpha_{Rj} + \tan\varphi(\Sigma W_{Ri}\cos^2\alpha_{Ri} + \Sigma W_{cj}\cos^2\alpha_{cj})}{\Sigma W_{cj}\sin^2\alpha_{cj}\cos\alpha_{cj}} = 1 \qquad (4\text{-}3)$$

式中：φ——滑动面（带）土的综合内摩擦角。

（3）c、φ 法

当滑动面土由粗细颗粒混合组成时，必须同时考虑粘聚力和内摩擦力，此时有如下几种方法反算 c、φ 值：①在同一次滑动中，找出两邻近的瞬间滑动计算断面，建立两个反算式联立求解；②根据同一断面位置，不同时间但条件相似的两次滑动瞬间计算断面，建立两个反算式联立解出；③根据滑动面土的条件和滑动瞬间的含水情况，参照类似土质情况的有关资料定出其中的一个指标值，反算另一个指标值。其计算公式为：

$$K = \frac{\Sigma W_{Ri}\sin\alpha_{Rj}\cos\alpha_{Rj} + \tan\varphi(\Sigma W_{Ri}\cos^2\alpha_{Ri} + \Sigma W_{cj}\cos^2\alpha_{cj}) + c\Sigma(L_{Ri}\cos\alpha_{Ri} + L_{cj}\cos\alpha_{cj})}{\Sigma W_{cj}\sin\alpha_{cj}\cos\alpha_{cj}} = 1$$

$$(4\text{-}4)$$

用反算法只能求出一组 c、φ 值，它只能代表整个滑动面上的平均指标。对大多数滑坡来说，由于滑动面各段的性质有差别，从上到下使用同一组 c、φ 将带来一定误差。为了消除这种影响，反算时可先用试验方法或经验数据确定上下两段（即所谓牵引段、抗滑段）的指标，只反算埋深较大的主滑段指标。

按上述方法反算的指标只能代表过去的情况，以后滑动指标可能要低一些。对于过去滑动次数较少的滑坡来说，这种降低将比较明显；对于多次滑动过的滑坡则不甚明显。因此，应用反算指标时应考虑这一情况，增大适当的安全系数后再使用。

如果能够估计出现今滑坡的稳定状态，即目前的抗滑稳定系数有多大，也可按上述原则反算获得现今的滑动面土指标。当然，这种稳定状态的判断更具有经验性质。

3. 用经验数据确定滑动面土的抗剪强度指标

根据过去的经验发现，滑坡的出现具有一定规律，例如构成滑动面的土往往是某些性质特别软弱的土层，如风化的泥质岩层及含有蒙脱石等矿物的黏性土，滑动时滑动面土的含水量也比较高，或滑动面被水润湿。因此可以从以往治理滑坡所积累的资料里，根据滑动面土的组成、含水情况等和现今滑坡进行工程地质类比，参考选用指标。需要指出的是，使用经验数据要特别注意地质条件的相似性。

对每一个滑坡滑动面土的抗剪强度指标,为了确保其可靠性,通常都同时从上述三个方面来获得数据,然后经过分析整理确定使用值。

三、安全系数的确定

安全系数 K 是指要求滑坡必须具有的安全储备。安全系数应根据对滑坡的认识程度和经济合理的原则来确定,因此它不是一个定值,而是根据具体情况有所不同。

确定安全系数时要考虑的因素主要有:
(1) 计算方法和计算指标的可靠性;
(2) 对滑坡性质、形成原因的认识程度;
(3) 结构物的重要程度;
(4) 滑坡可能造成的危害程度;
(5) 工程破坏后修复的难易程度。

安全系数的选取与整治滑坡的工程规模及整治效果有着密切的关系,安全系数越大,工程规模越大,整治效果越好。

一般情况下,推力计算中 K 值可取用 1.05~1.50。对凡是计算中已考虑了一切不利因素,即不但考虑了主要压力,而且也考虑了附加力的滑坡;对于规模不大、形态和滑动性质、形成原因等容易判断且动向易于控制的滑坡;整治滑坡为附属或临时工程;危害性较小的滑坡以及掌握资料可靠的滑坡,安全系数可取小值。反之,对计算中仅考虑主要压力的滑坡;规模较大、一时不易摸清全部性质的滑坡等,安全系数应取大一些。总之为了工程建设的安全和人力物力的合理使用,安全系数的取用应尽可能做到基本符合实际,并稍留余地。按工程的重要性可以选用如下的 K 值:

临时性工程　　　　$K=1.05\sim1.10$;
一般性工程　　　　$K=1.10\sim1.25$;
重要性工程　　　　$K=1.25\sim1.50$。

四、抗滑挡土墙作用力计算及设计推力的确定

1. 滑坡推力的计算
(1) 基本概念

确定了潜在滑面后,作用在抗滑挡土墙、抗滑桩、预应力锚索抗滑桩等支挡结构上的荷载就是松弛区沿潜在滑面所产生的滑坡推力。在现有支挡结构工程和设计中,均将滑坡推力作为抗滑结构上的外荷载,只要确定了此荷载,结构设计是很容易的。因此,滑坡推力计算是支挡结构工程设计的重要内容之一。对滑

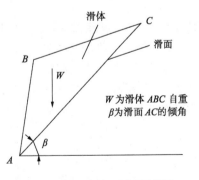

图 4-8　滑面为单一平面的滑坡

坡推力的计算,当前国内外普遍采用的做法是利用极限平衡理论计算每米宽滑动断面的推力,同时假设断面两侧为内力而不计算侧向摩阻力。目前按滑移面形状大致可归纳为单一滑面、圆弧形滑面、折线形滑面三种类型。下面概述每一种滑面(也称为滑带)类型中滑坡推力的现有计算方法。

1) 滑面为单一平面或可简化成单一平面者如图 4-8,对一般散体结构或破碎状结构

的坡体，或顺层岩坡的坡体，开挖后容易出现这种滑面。由于土中粘聚力 c 较小，计算时可忽略 c 值，而用滑面上的综合内摩擦角值 φ。

其稳定系数 $\qquad\qquad\qquad K_0 = \tan\varphi / \tan\beta \qquad\qquad\qquad (4\text{-}5)$

式中：φ——滑面岩土的综合内摩擦角；

$\quad\quad\beta$——滑面的倾角。

因此，滑体 △ABC 产生的推力

$$E_A = W\cos\alpha(K\tan\beta - \tan\varphi) \qquad (4\text{-}6)$$

式中：W——滑体 △ABC 的自重力；

$\quad\quad K$——设计所需的安全系数。

2) 滑面为圆弧或可简化成圆弧者

如图 4-9（a）及图 4-9（b）所示，这种滑面通常产生于有黏性土及含黏性土较多的堆积土组成的坡体地段。一般具有两种类型，一是如图 4-9（a）滑动圆弧的圆心 O 在斜坡 $\overline{AC}$ 之间，则在 OO' 垂线以外的滑体对滑带而言，滑带反倾的全部力为抗滑力 R 部分，在 OO' 垂线以内则有下滑分力 T 部分。另一种如图 4-9（b）所示，滑动圆心 O 在斜坡 $\overline{AC}$ 之外，系无反倾部分的圆弧滑面，没有相应的抗滑力 R 部分。两者各自的稳定系数为

$$K_0 = \frac{\Sigma N \tan\varphi + \Sigma cl + \Sigma R}{\Sigma T} \quad [\text{图 } 4\text{-}9b \text{ 中 } \Sigma R = 0] \qquad (4\text{-}7)$$

式中：ΣN——作用于滑面（带）上法向力之和；

$\quad\quad\Sigma T$——作用于滑面（带）上滑动力之和；

$\quad\quad\Sigma R$——反倾抗滑部分的阻滑力之和；

$\quad\quad\Sigma cl$——沿滑面（带）各段单位粘结力 c 与滑面长 l 乘积的阻力之和；

$\quad\quad\varphi$——滑面（带）岩土的内摩擦角。

为此滑坡推力 E 的计算式为：

$$E = K\Sigma T - \Sigma N\tan\varphi - \Sigma cl - \Sigma R \qquad (4\text{-}8)$$

式中：K——设计所需的安全系数。

3) 滑面（带）由许多平面呈折线形连接而成或简化成折线形

如图 4-10，可将滑面（带）划分为许多段，一般每一折线为一段，在滑面为曲线时则按等间距分段，以每段曲线之弦代表该段滑面的倾斜。每段长为 l，与水平之交角为 α，各段的重力为 W，各段滑面（带）岩土的抗剪强度为 c、φ，其稳定系数为

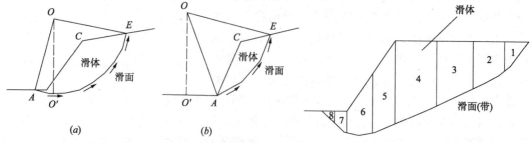

图 4-9 具圆弧形滑面的滑坡

(a) 具反倾部分的圆弧形滑面；(b) 无反倾部分的圆弧形滑面

图 4-10 滑面呈折线形滑坡

$$K_0 = \frac{\sum_1^n W\cos\alpha - \tan\varphi + \sum_1^n cl}{\sum_1^n W\sin\alpha} \tag{4-9}$$

为此，该滑坡作用于 A 点的设计计算推力 E 为

$$E = K\sum_1^n W\sin\alpha - \sum_1^n W\cos\alpha\tan\varphi - \sum_1^n cl \tag{4-10}$$

式中 K 为设计所需的安全系数。对于滑带反倾、无下滑力的纯阻滑段，其 $W\sin\alpha$ 为负值，不需乘 K。至于推力的倾角，有按平行于滑坡中较长的主滑带计算的，亦有将各段的剩余下滑力均投影于水平面上计算的。

以上三个针对不同滑面（带）计算滑坡推力的计算公式中，虽然表达式略有不同，但经分析不难发现它们的意义都一样，即所求推力均为滑体的下滑力增大 K 倍后与抗滑力的差。这种计算方法比较简单，对于滑面为单一平面的情况比较适用，而对于其他滑面形状则不大适用。首先，对于滑面为圆弧形的滑动，这种推力计算方法〔如式（4-8）所示〕丝毫没有考虑条间力的影响，并且将抗滑力与下滑力进行简单的代数运算，由于滑面不同位置的抗滑力和下滑力的作用方向不同，因此，这种代数运算没有明确的物理意义，如果用力矩平衡的观点来解释所求推力的意义（即按照瑞典圆弧法计算滑坡推力），则这样求得的滑坡推力也只是表明滑体维持稳定需要抗滑结构在滑面处提供的抗滑力，而不是作用于实际抗滑结构上的滑坡推力。其次，对于滑面形状为折线的滑动而言，这种计算方法〔如式（4-9）所示〕同样没有考虑条间力的作用，而所得推力数值只是各分条下滑力的简单叠加。

鉴于以上计算滑坡推力方法中的不足，现有的滑坡推力计算绝大多数均采用传递系数法计算，这种计算方法的原理基于铁路系统中常用的边坡稳定性分析方法——传递系数法。该方法计算方便，适用范围也较为广泛，因此在滑坡推力计算中得到了普遍的应用。在此需要说明的是，现在的许多设计中不考虑具体的边坡或滑坡破坏形式而一律按照传递系数法进行计算，即使对于圆弧面的滑动也不例外，这种做法是不可取的。由于传递系数法计算中假定条块间的作用力方向平行于上一条块的底面，这就意味着该法对于滑体平行的情况较为适用，而对于有转动趋势的滑动或滑面较陡的情况适用性较差，有时会使计算结果偏差较大，所以，传递系数也有其适用范围。

由于坡体开挖失稳破坏的多样性和复杂性，对坡体稳定性评价方法也多种多样，就滑坡推力的计算而言，也没有一种适用于所有情况的万能方法，应该对具体问题具体分析。针对以上滑坡推力计算的一些问题，本节提出按不同滑移面类型分别给出其计算滑坡推力的方法。

(2) 滑坡推力的计算原则

原则上滑坡推力计算应与其稳定性分析方法保持一致，这样计算的滑坡推力和相应的稳定系数才能对应。在用极限平衡法分析边坡的稳定性时，根据条间力的不同假定有各种不同的稳定性计算方法，所以也就有计算滑坡推力的各种假定和算法。根据常见的滑移面

形式，在此将其分为如下 5 种并提出相应的滑坡推力计算方法。

1) 滑面为单一平面，这种滑动形式的稳定计算方法较为简单，其滑坡推力采用与公式（4-6）类似的方法加以计算；

2) 滑面为圆弧面或可近似为圆弧面，在这种类型的滑动中，考虑到其整体的力矩平衡起主要作用和计算的简单性，其滑坡推力可采用简化 Bishop 法的稳定性分析，按照类似于公式（4-8）的方法加以计算；

3) 滑面为连续的曲面或滑面由不规则（较陡）折线段组成时，可采用 Janbu 法的稳定性分析，按照类似于公式（4-10）的方法计算滑坡推力；

4) 而对于滑面由一些倾角较缓、相互间变化不大的折线段组成，滑坡推力的计算则可采用计算方便的传递系数法；

5) 滑面倾角较陡且滑动时滑体有明显的分块，各分块之间发生错动，与相应的稳定性分析方法相适应，可采用分块极限平衡法计算其滑坡推力；每一种滑坡推力的计算方法均与相应的坡体稳定性计算方法相对应，计算原理、假定均与各相应稳定性分析方法相同。

（3）传递系数法计算滑坡推力

对于由一些倾角较缓、相互间变化不大的折线段组成的滑面，其滑坡推力的计算可采用计算方便的传递系数法，又称不平衡推力传递法。该方法是我国铁路与工民建等部门在进行边坡稳定检算中经常使用的方法。

传递系数法假定：

1) 滑坡体不可压缩并作整体下滑，不考虑条块之间挤压变形；

2) 条块之间只传递推力不传递拉力，不出现条块之间的拉裂；

3) 块间作用力（即推力）以集中力表示，它的作用线平行于前一块的滑面方向，作用在分界面的中点；

4) 垂直滑坡主轴取单位长度（一般为 1.0m）宽的岩土体作计算的基本断面，不考虑条块两侧的摩擦力。

由图 4-11 可知，取第 i 条块为分离体，将各力分解在该条块滑面的方向上，可得下列方程：

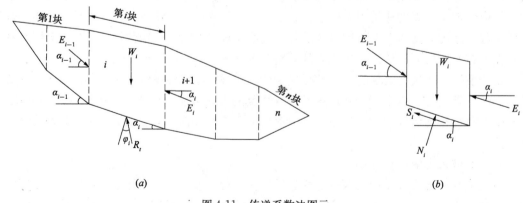

图 4-11 传递系数法图示
(a) 坡体分块图；(b) 第 i 块单元的受力图

$$E_i - W_i\sin\alpha_i - E_{i-1}\cos(\alpha_{i-1}-\alpha_i) + [W_i\cos\alpha_i$$
$$+ E_{i-1}\sin(\alpha_{i-1}-\alpha_i)]\tan\varphi_i + c_i l_i = 0 \tag{4-11}$$

由上式可得出第 i 条块的剩余下滑力（即该部分的滑坡推力），E_i 即

$$E_i = W_i\sin\alpha_i - W_i\cos\alpha_i\tan\varphi_i - c_i l_i + \psi_i E_{i-1} \tag{4-12}$$

图 4-11 和式（4-12）中　　E_i——第 i 块滑体剩余下滑力；

E_{i-1}——第（$i-1$）块滑体剩余下滑力；

W_i——第 i 块滑体的重量；

R_i——第 i 块滑体滑床反力；

Ψ_i——传递系数，$\Psi_i = \cos(\alpha_{i-1}-\alpha_i) - \sin(\alpha_{i-1}-\alpha_i)\tan\varphi_i$；

c_i——第 i 块滑体滑面上岩土体的粘聚力；

l_i——第 i 块滑体的滑面长度；

φ_i——第 i 块滑体滑面上岩土的内摩擦角；

α_i——第 i 块滑体滑面的倾角；

α_{i-1}——第（$i-1$）块滑体滑面的倾角。

计算时从上往下逐块进行。按式（4-12）计算得到的推力可以用来判断滑坡体的稳定性。如果最后一块的 E_n 为正值，说明滑坡体是不稳定的；如果计算过程中某一块的 E_i 为负值或为零，则说明本块以上岩土体已能稳定，并且下一条块计算时按无上一条块推力考虑。

实际工程中计算滑坡体的稳定性还要考虑一定的安全储备，选用的安全系数 K_s 应大于 1.0。在推力计算中如何考虑安全系数目前认识还不一致，一般采用加大自重下滑力，即 $K_s W_i\sin\alpha_i$ 来计算推力，从而式（4-12）变成

$$E_i = K_s W_i\sin\alpha_i - W_i\cos\alpha_i\tan\varphi_i - c_i l_i + \psi_i E_{i-1} \tag{4-13}$$

式中：K_s——安全系数，一般取为 1.05～1.25，计算方法同前。

如果最后一块的 E_n 为正值，说明滑坡体在要求的安全系数下是不稳定的；如果 E_n 为负值或零，说明滑坡体稳定，满足设计要求。另外，如果计算断面中有逆坡，倾角 α_i 为负值，则 $W_i\sin\alpha_i$ 也是负值，因而 $W_i\sin\alpha_i$ 变成了抗滑力。在计算滑坡推力时，$W_i\sin\alpha_i$ 项就不应再乘以安全系数。

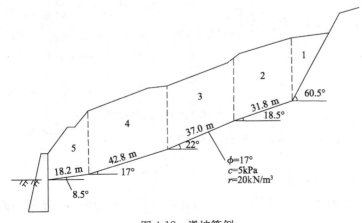

图 4-12　滑坡算例

【算例】 已知图 4-12 为一滑坡体断面，抗剪强度指标如图注，安全系数用 1.15，后缘破裂壁 $\varphi=22.5°$，拟修抗滑挡土墙，求桩后滑坡推力，不计 c 值。

解： 据式（4-13），$E_i=K_sW_i\sin\alpha_i+\psi E_{i-1}-W_i\cos\alpha_i\tan\varphi_i-c_il_i$ 分为 5 个条块列表 4-3 计算。

滑坡推力算表 表 4-3

条块编号	条块体力(kN/m)	滑面倾角 α_i (°)	倾角差 $\Delta\alpha$ (°)	传递系数 ψ	$N_i=W\cos\alpha_i$ (kN/m)	$T_i=W\sin\alpha_i$ (kN/m)	$1.15T_i$ ①	ψE_{i-1} ②	$N_i\tan\varphi_i$ ③	c_il_i ④	推力①+②−③−④
1	480	60.5	—	—	236	418	481	—	98	—	383
2	4910	18.5	42	0.539	4656	1558	1792	206	1423	159	416
3	6650	22	−3.5	1.017	6166	2491	2865	423	1885	185	1218
4	6600	17	5	0.970	6312	1930	2220	1181	1930	214	1257
5	3180	8.5	8.5	0.944	3145	470	540	1186	962	91	673

2. 附加力和设计推力的计算

(1) 附加力的计算

在计算滑坡推力的同时，还需考虑附加力的影响。应考虑的附加力有（如图 4-13 所示）：

1）滑坡体上有外荷载 Q 时，将 Q 加在相应的滑块自重 W 之中。

2）滑坡体有水、且与滑动面水连通时，应考虑动水压力 D，其作用点位于饱水面积的形心处，方向与水力坡度平行，大小为：

$$D = \gamma_w \Omega I \tag{4-14}$$

式中：γ_w——水的容量（kN/m^3）；

Ω——滑坡体条块饱水面积（m^2）；

I——水力坡降。

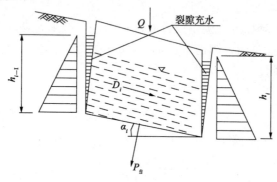

图 4-13 作用于滑块上的附加力

另外还应考虑浮力 P，其方向垂直于滑动面，大小为：

$$P = n\gamma_w\Omega \tag{4-15}$$

式中：n——滑坡体土的孔隙度。

3）当滑动面水有承压水头 H_0 时，应考虑浮力 P_f，其方向垂直于滑动面，大小为：

$$P_f = \gamma_w H_0 \tag{4-16}$$

4）滑坡体内有贯通至滑动面的裂隙，滑动时裂隙充水，则应考虑裂隙水对滑坡体的静水压力 J，作用于裂隙底以上 $h_i/3$ 高度处，水平指向下滑方向，大小为：

$$J = \frac{1}{2}\gamma_w h_i^2 \tag{4-17}$$

式中：h_i——裂隙水深度（m）。

5）在地震烈度≥7度的地区，应考虑地震力 P_h 的作用，P_h 作用于滑坡体条块重心处，水平指向下滑方向，大小为：

$$P_h = C_z K_h W \tag{4-18}$$

式中：C_z——综合影响系数，$C_z=0.25$；

K_h——水平地震力系数如表4-4所示。

水平地震力学分数与地震角　　表4-4

基本烈度	7	8	9
k_h	0.1	0.2	0.4
θ_s	1°30′	3°	6°
	2°30′	5°	10°

注：θ_s——地震角，$\theta_s=\mathrm{arccot}(C_z k_h)$ 实际应用可按表4-4取值。

为便于比较、应用，将各附加力汇总于表4-5中。

附加力汇总表　　表4-5

附加力	大小	方向	作用点
动水压力 D	$\gamma_w \Omega I$	平行于水力坡度	滑块饱水面积形心处
浮力 P	$n\gamma_w \Omega$	垂直于滑动面	
承压水浮力 P_f	$\gamma_w H_0$	垂直于滑动面	
静水压力 J	$\frac{1}{2}\gamma_w h_i^2$	水平指向下滑方向	距裂隙 $h_i/3$
地震力 P_h	$C_z K_h W$	水平指向下滑方向	滑块重心处

（2）设计推力的确定

抗滑挡土墙上所受的是滑坡推力，一般按剩余下滑力求得，其方向与紧挨墙背的一段较长滑动面平行。当滑坡推力小于主动土压力时，应把主动土压力作为设计推力以控制设计，但当滑坡推力的合力作用点位置较主动土压力的作用点高时，挡土墙的抗倾覆稳定性取其力矩较大者进行验算。因此，抗滑挡土墙设计既要满足抗滑挡土墙的要求，又要满足普通挡土墙的要求。

五、抗滑挡土墙几何尺寸及埋置深度的确定

重力式抗滑挡土墙可采用砌片（块）石、混凝土预制块，也可采用混凝土和钢筋混凝土直接浇筑。抗滑挡土墙设计主要包括以下内容：

（1）断面形式的选择；

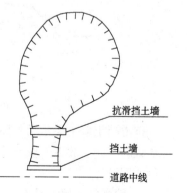

图4-14　挡土墙设于锁口处

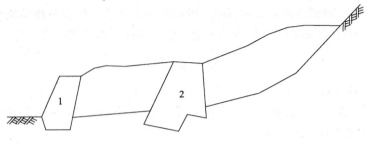

图 4-15 分级支挡

(2) 挡土墙平面位置的布设;
(3) 设计推力的确定;
(4) 合理墙高的确定;
(5) 墙基埋深的确定;
(6) 稳定性和强度的验算。

1. 抗滑挡土墙的结构特征与断面形式

抗滑挡土墙承受的是滑坡推力,不同于普通重力挡土墙。由于滑坡推力大,合力作用点高,因此抗滑挡土墙具有墙面坡度缓、外形矮胖的特点,这有利于挡土墙自身的稳定。抗滑挡土墙墙面坡度常采用 1∶0.3～1∶0.5 的坡率,有时甚至缓至 1∶0.75～1∶1。基底常做成反坡或锯齿形,为了增加抗滑挡土墙的稳定性和减少墙体圬工,可在墙后设置 1～2m 宽的衡重台或卸荷平台。图 4-16 是抗滑挡土墙常用的几种断面形式。

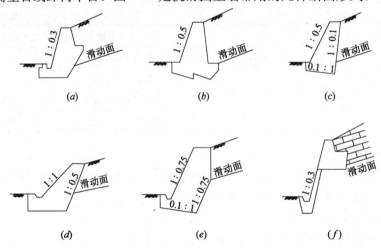

图 4-16 重力式抗滑挡土墙用断面形式

抗滑挡土墙主要是用来稳定滑坡的,因滑坡形式的多种多样,导致了抗滑土墙结构断面形式的不同。故不能像普通挡土墙那样可以采用标准断面,而是需视滑坡的具体情况,进行个别设计。

2. 抗滑挡土墙的平面布置

抗滑挡土墙的平面布置应根据滑坡范围、滑坡推力大小、滑动面位置和形状以及基础地质条件等因素确定。对于中小型滑坡,一般将抗滑挡土墙布设在滑坡的前缘;当滑坡中、下部有稳定岩层锁口时,可将抗滑挡土墙设在锁口处,如图 4-14 所示,锁口以下部分可另作处理。当滑动面出口在路基附近，滑坡前缘距路线有一定距离时，应尽可能将抗滑挡土墙靠近路线，墙后余地填土加载，以增强抗滑力，减少下滑力。当滑动面出口在路堑边坡上时，可按滑床地基情况决定布设抗滑挡土墙的位置，若滑床为完整岩层可采用上挡下护的办法；若滑床为不宜设置基础的破碎岩层时，可将基础置于坡脚以下的稳定地层内。对于多级滑坡或滑坡推力较大时，可以分级支挡，如图4-15所示。

3. 合理墙高的确定

抗滑挡土墙的高度如果不合理的话，尽管它使滑坡体原来的出口受阻，但滑坡体可能沿新的滑动面发生越过抗滑挡土墙的滑动。

因此，抗滑挡土墙的合理墙高应保证滑坡体不发生越过墙顶的滑动。合理墙高可采用试算的方法确定（如图4-17所示）。先假定一适当的墙高，过墙顶A点作与水平成（$45°-\varphi/2$）夹角的直线，交滑动面于a点，以Sa、aA为最后滑动面，计算滑坡体的剩余下滑力。然后，再自a点向两侧每隔$5°$作出Ab、Ac…和Ab'、Ac'、…等虚

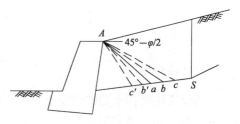

图4-17 合理墙高计算图式

拟滑动面进行计算，直至出现剩余下滑力的负值低峰为止。若计算结果剩余下滑力为正值时，则说明墙高不足，应予增高；当剩余下滑力为过大的负值时，则说明墙身过高，应予降低。

如此反复调整墙高，经几次试算直至剩余下滑力为不大的负值时，即可认为是安全、经济、合理的挡土墙高度。

4. 基础埋置深度的确定

基础埋置深度应通过计算予以确定。一般情况下，抗滑挡土墙的基础埋入完整稳定的岩层中不小于$0.5m$，或者埋入稳定坚实的土层中不小于$2m$，并置于可能向下发展的滑动面以下，即应考虑设置抗滑挡土墙后由于滑坡体受阻，滑动面可能向下伸延。当基础埋置深度较大，墙前有形成被动土压力条件时（埋入密实土层$3m$、中密土层$4m$以上），可酌情考虑被动土压力的作用按相关规定确定。

六、抗滑挡土墙的验算

抗滑挡土墙的稳定性验算与普通重力式挡土墙的稳定性验算相同，仅由设计推力替代主动土压力。验算内容包括：

（1）抗滑稳定性验算；

（2）抗倾覆稳定性验算；

（3）基底应力及合力偏心距验算；

（4）墙身截面强度验算。

由于滑坡推力远较主动土压力大，抗滑挡土墙往往受抗滑稳定性控制，并应加强挡土墙上部各截面强度的验算。

抗滑挡土墙设计时，还应注意：

1）若在墙后有两层以上滑动面存在时，则应视其活动情况，将沿各层滑动面的滑坡推力绘制成综合推力图形（取各图形之包络线）进行各项验算，特别应注意上面几层滑动

面处挡土墙截面的验算。

2) 如原建挡土墙不足以稳定滑坡或已被滑坡破坏而需要加固时，可经过验算另加部分圬工，使新旧墙成一整体共同抗滑。加固墙的设计计算与新墙基本相同，但应特别注意新旧墙的衔接与截面验算，必要时可另加钢筋及其他材料，以保证新旧墙联成整体共同发挥作用。

3) 原滑坡的滑动面受挡土墙的阻止后，应防止滑动面向下延伸，致使挡土墙结构失效，必要时应对墙基以下可能产生的新滑动面进行稳定性验算。

第三节　抗滑挡土墙的施工

一、填料选择

为保证抗滑挡土墙既能安全正常工作，又减少其断面尺度，降低工程造价，其墙后填料的选择也是一项重要的工作。

由土压力理论知道，填土重力密度越大，土压力也越大；填土的内摩擦角越大，土压力则越小。因此墙后应选择容重小内摩擦角大的填料，一般以块石、砾石为好。这样的填料透水性也好，抗剪强度稳定，易排水。

因黏性土的压实性和透水性都较差，并且又常具有吸水膨胀性和冻胀性，产生侧向膨胀压力，影响挡土墙的稳定性。当不得不采用黏性土作填料时，应适当加以块石或碎石。任何时候不能采用淤泥、膨胀土作墙后填料。对季节性冻土地区，不能用冻胀性材料作为填料。填土必须分层夯实，达到要求强度，保证质量。

另外为降低工程造价，选择填料时，宜就近取材，充分利用刷方减载的弃土，必要时可对弃土进行改善处理，以满足墙后填料的需要。

二、墙身材料选择

墙身材料的选择应与抗滑挡土墙的结构型式相适应。

对于重力式抗滑挡土墙，墙身材料一般采用条石、块石或块石混凝土或素混凝土。条石或块石应质地坚实，未风化或风化程度弱，强度较高，一般应选择 Mu30 以上的条石或块石；采用混凝土时，混凝土强度等级一般不应低于 C15。

对于锚杆式抗滑挡土墙、板桩式抗滑挡土墙、竖向预应力锚杆式抗滑挡土墙等型式，其墙身材料最好采用混凝土或钢筋混凝土，混凝土强度等级不宜低于 C20。对预应力锚杆的锚固区域，其混凝土等级不宜低于 C30，锚固区域的大小应通过计算确定，防止施加预应力时锚固区域被压坏。

对于加筋土抗滑挡土墙，其墙身材料一般采用级配良好的砂卵石或级配良好的碎石土作为加筋体部分的填料，筋带最好采用钢塑复合带，加筋挡土墙的面板宜采用钢筋混凝土面板。

三、施工注意事项

（1）抗滑挡土墙应尽可能在滑坡变形前设置，或在坡脚土体尚未全面开挖前，以较陡的临时边坡分段开挖设置。根据施工过程中结构物的受力情况，施工时采取"步步为营"分段、跳槽、马口开挖，并及时进行抗滑挡土墙的修建。一般跳槽开挖的长度不宜超过总长的20%。切忌中途停工或冒进。在雨期施工时要有切合实际的防范措施，防止雨水的侵蚀加剧滑坡的发展。对于变形剧烈的滑坡，宜从两端向中间分段施工，逐段稳定滑坡，减小滑坡规模，控制滑坡运动。要防止大面积开挖（尤其在坡脚）而造成土体滑动，加剧滑坡体运动，影响抗滑的稳定性，甚至破坏已修建的抗滑挡土墙。

（2）在滑坡地段修建挡土墙前，应事先作好排水系统，合理编制施工组织设计，集中施工力量，作好施工准备，尽量缩短施工工期。

（3）注意掌握施工季节，尽可能避免雨期滑坡正在急剧发展时在滑坡脚开挖基坑和修建结构物。由于开挖、填土而使地形有相当大的变化，因此要充分注意排除地表水，也应注意排除地下水，以防水的滞留。同时，对施工用水也应特别注意。

（4）施工时应先对滑坡体上（后）部进行刷方减载，以减小滑坡体产生的下滑力。刷方减载应按自上而下的原则进行。对刷方减载的弃土可作为抗滑挡土墙后的填料或抗滑挡土墙前的压载体。若滑坡体前缘极为松散，有时需将其清除，在这种情况下，也应采用自上而下的原则进行施工。

（5）当地下水丰富时，除按设计要求作好主体工程的施工外，对辅助工程，如墙后排水沟、墙身泄水孔等，也应切实注意其事故质量，防止墙后积水。

（6）对墙后的回填土必须分层夯实，达到设计要求。

（7）墙体施工时，必须保证施工质量，对浆砌条石挡土墙或浆砌块石挡土墙，砌筑时，砂浆必须饱满，砂浆强度应符合设计要求，保证墙体的整体性和其刚度。

（8）施工时，应保证基础埋置到最深的可能滑动面以下的稳定岩（土）中，并满足设计深度要求。挡土墙的基底面应严禁做成顺坡，基底面的倒坡应合格设计要求。

第五章 抗滑桩的设计与施工

第一节 概　　述

抗滑桩是将一定规格的桩体埋于稳定地层中，依靠桩和桩周岩土体的相互嵌制作用来承受土体的下滑力，使得变形体得以稳定的一种被动受力型支挡结构。它是防治滑坡的一种有效工程构筑物，主要适用于具有明显滑动面，且具有一定滑动位移的滑坡治理工程。桩的设置，必须使滑坡体达到规定的安全值，保证沿坡体不越过桩顶或从桩间滑走，不产生新的深层滑动。

第二节 抗滑桩的类型、作用及适用条件

一、抗滑桩的类型

按桩的刚度可分为：刚性桩和弹性桩；

按桩的埋置情况可分为：悬臂式和全埋式；

按桩的材料和截面形状可分为：木桩、管桩（钢或钢筋混凝土管）、钢筋或钢轨混凝土桩（方形、矩形和圆形）、钢板桩和 H 型钢桩；

按桩的布置形式可分为：密排的或互相间隔的单排或多排；

按桩头固定情况可分为：几根桩用帽板固定的和不固定的；

按施工方法可分为：钻孔桩、挖孔桩和打入桩等。

抗滑桩与其他滑坡防治措施如减载、挡土墙等相比，主要优点表现在：

1. 抗滑能力大，工程量小。在滑坡推力大，滑动面深的情况下，抗滑结构节约投资、可靠；

2. 桩位灵活，可以设在滑坡体中最有利于抗滑的部位，单独使用，也可与其他建筑物配合使用；

3. 可根据承受的弯矩作用沿桩长变化合理布设钢筋；

4. 可与其他抗滑结构结合，实现优势互补。如为改善上部桩体的悬臂受力特征，在桩顶布设预应力锚索，形成一个稳定三角形支撑结构，减小桩顶位移和增强其抗弯刚度，提高桩体的抗滑能力。为了防止桩间土滑移，可在桩间设置拱形挡墙，将其土压力引向桩位；

5. 施工设备简单，工程进度快，施工质量好；

6. 开挖桩孔，能校核地质情况，检验和修改完善原有设计，提高滑坡治理的可靠性。

滑坡治理中的抗滑桩支挡结构与常规的承载工程桩有明显的区别，见表 5-1。

抗滑桩与普通承载桩的主要区别　　　　　　　　表 5-1

桩型区别	抗 滑 桩	工 程 桩
受力桩截面	水平推力为主，竖向力较小，方形桩为主，不扩底	竖向力为主，水平力较小，圆形截面，有时采用扩底桩
施工环境	场地不稳定，施工安全性差，施工中需对场地进行监控	场地稳定，安全较好
施工顺序	间隙跳跃式开挖、灌、桩、加强护壁	按次序开挖、下钢筋笼、浇注混凝土，常规护壁
桩底承载力	要求较低，一般能达到	要求严格
钢筋笼制作	常在孔内焊接、绑扎	现场加工后，再吊装就位
混凝土灌注	数量少而分散性大，多采用现场搅拌，串筒配合投料，每 0.3~0.5m 振捣一次，不能分次施工	数量大、集中，可用成品混凝土，自行振实，可分次施工

二、抗滑桩的作用及适用条件

抗滑桩是滑坡防治工程中被广泛应用的一种抗滑措施。自 20 世纪 60 年代以来，我国在采用抗滑桩防治滑坡中取得了良好的效果并发展了多种形式的抗滑桩结构。

抗滑桩是一种大截面侧向受荷桩。桩穿过滑坡体部分承受滑坡推力，置于滑面以下部分依靠桩用稳固地层嵌固桩身，承受由上部桩身传来的推力。抗滑桩成群布置。应合理排布使两桩间的滑体由于拱作用效应不从桩间滑出，于是，每根抗滑桩可以认为承受着两桩间距间的滑坡推力作用。

抗滑桩群一般设于滑体较薄、刚度相对较大的地段，并沿垂直于滑坡滑动方向排列。桩的间距与滑坡推力大小和每根桩的承载能力有关，也与滑坡推力的分布有关，一般取 6~8m，滑坡体的刚度大时，也可适当加大。

抗滑桩适用于除软塑体滑坡以外的各类滑坡的防治。对既有和正处于缓慢滑动阶段的，采用抗滑桩可减少施工对滑坡的稳定性影响，所以常被选用。此外，抗滑桩设置的位置可灵活选择，可集中布置支撑整个滑体，也可分级设置逐级支撑滑体，并可与其他整治工程措施配合进行综合治理。另外，抗滑桩施工安全、简便，使用钢筋混凝土薄壁支撑施工，施工迅速，不需特殊或大型的施工机械设备，当在施工过程中或施工后出现问题时易于采取补救措施。

抗滑桩与其他抗滑措施相比有其自身的特点，见表 5-2。

滑坡治理的常用措施　　　　　　　　表 5-2

防治方法	工程措施	作　　用	特　　点
排水	排水明沟、截水沟、浅埋渗沟	排除表水	滑坡整治中的必要措施，需做好水文地质的勘察，了解水源和地下水的分布。一般排水工程还需与支挡工程结合，才能稳定滑坡
	渗沟、渗水隧洞、仰斜钻孔、渗井、渗管、垂直钻孔	排除地下水	
改变滑坡形态	清方反压	减小下滑力或增大抗滑力	操作简单，效果明显，但清方应避免引起新的滑坡，并保证清方边坡的稳定，弃土应集中堆放。反压必须在合适的位置。无论是清方还是反压，对山体扰动均较大，对环保不利

续表

防治方法	工程措施	作用	特点
支挡工程	支撑渗沟	以支撑为主兼排滑带水和疏干附近滑体水	适用于滑体前部有地下水出露及滑体中地下水发育的地段，抗滑能力较小
	抗滑挡墙	抵挡滑坡传来的土压力	设计简单。但由于影响滑坡的因素很多，容易出现"越顶"和"坐船"的现象，挡墙设置的位置有一定的局限性
	预应力锚索（杆）	通过预应力的施加，增加滑带的抗滑力	变形小、布置灵活、投资小，但锚固段应置于稳定的岩层且岩层适合于灌浆
	钢管桩	钻孔中插钢管并灌浆，以提高滑面抗剪能力	布置灵活，但用钢量大
	抗滑桩	依靠桩的强度、滑面以下锚固部分桩周岩土的弹性抗力来平衡面以上滑体剩余下滑力，使滑坡保持稳定	可灵活选择桩位，既可单独使用又可与其他工程配合使用，施工方便，工作面多，挖方量小，工期短，收效快，对滑体扰动小，对整治运营线路上的滑坡和处缓慢滑动阶段的滑坡特别有利，施工中如发现问题易于补救

第三节 抗滑桩的设计与计算

一、抗滑桩的设计要求和步骤

1. 抗滑桩设计应满足的要求

（1）整个滑坡体具有足够的稳定性，即抗滑稳定安全系数满足设计要求值，保证滑体不越过桩顶，不从桩间挤出。

（2）桩身要有足够的强度和稳定性。桩的截面和配筋合理，能满足桩内应力和桩身变形的要求。

（3）桩周的地基抗力和滑体的变形在容许范围内。

（4）抗滑桩的间距、尺寸、埋深较适当，保证安全，方便施工，并使工程量最省。

抗滑桩的设计任务就是根据以上要求，确定抗滑桩的桩位，间距、尺寸、埋深、配筋、材料和施工要求等。这是一个很复杂的问题，常常要经分析研究才能得出合理的方案。

2. 抗滑桩设计计算步骤

（1）首先弄清滑坡的原因、性质、范围、厚度，分析滑坡的稳定状态、发展趋势。

（2）根据滑坡地质断面及滑动面处岩（土）的抗剪强度指标，计算滑坡推力。

（3）根据地形、地质及施工条件等确定设桩的位置及范围。

（4）根据滑坡推力大小、地形及地层性质，拟定桩长、锚固深度、桩截面尺寸及桩间距。

（5）确定桩的计算宽度，并根据滑体的地层性质，选定地基系数。

(6) 根据选定的地基系数及桩的截面形式、尺寸，计算桩的变形系数（α 和 β）及其计算深度（αh 和 βh），据以判断是按刚性桩还是按弹性桩来设计。

(7) 根据桩底的边界条件采用相应的公式计算桩身各截面的变位，内力及侧壁应力等，并计算确定最大剪力、弯矩及其部位。

(8) 校核地基强度。若桩身作用于地基的弹性应力超过地层容许值或者小于其容许值过多时，则应调整桩的埋深或桩的截面尺寸，或桩的间距，重新计算，直至符合要求为止。

(9) 根据计算的结果，绘制桩身的剪力图和弯矩图。

(10) 对于钢筋混凝土桩，还需进行配筋设计。

二、抗滑桩的要素设计

当采用抗滑桩整治滑坡时，首先需要解决桩的平面布置与桩的埋入深度问题。这是抗滑桩设计的主要参数，它的合理与否，直接关系到抗滑桩效用的成败。现将国内以往的做法和考虑的原则分述如下：

1. 桩的平面位置及其间距

抗滑桩的平面位置和间距，一般应根据滑坡的地层性质、推力大小、滑动面坡度、滑坡、施工条件、桩截面大小以及锚固深度等因素综合考虑决定。

(1) 滑体的上部，滑动面陡，拉张裂缝多，不宜设桩；中部滑动面往往较深且下滑力大，亦不宜设桩；下部滑动面较缓，下滑力较小或系抗滑地段，经常临界状态好的设桩位置。实践表明，对地质条件简单的中小型滑坡，宜在滑体前缘设一排抗滑桩，布置方向应与滑体滑动方向垂直或接近垂直。对于轴向很长的多级滑动或推力很大的滑坡，宜设两排或三排抗滑桩，在平面上可按品字形或梅花形交错布设，必要时，还可考虑采用其它型式的抗滑坡。

(2) 抗滑桩的间距受许多因素的影响，目前尚无较成熟的计算方法。合适的桩距应该使桩间滑体具有足够的稳定性，在下滑力作用下不致从桩间挤出。也就是说，可按桩间土体与两侧被桩所阻止的土体的摩擦力大于桩所承受的滑坡推力来估算。有条件时可通过模拟试验，取得土体能形成土拱效应的桩间距值，并结合实践经验来考虑桩的间距。一般情况下，当滑体完整、密实或滑坡推力较小时，桩距可取大些；反之，应取小些。此外，滑坡主轴附近桩距应小，两侧边部桩距宜大。目前一般采用 6~10m 的桩距。

2. 桩的锚固深度

桩埋入滑面以下稳定地层内的适宜锚固深度，与该地层的强度、桩所承受的滑坡推力、桩的相对刚度以及桩前滑面以上滑体对桩的反力等有关。

原则上由桩的锚固深度传递到滑面以下地层的侧向压应力不得大于该地层的容许侧向抗压强度，桩基底的最大压应力不得大于地基的容许承载力。

锚固深度不足，易引起桩效用的失败；但锚固过深则将导致工程量的增加和施工的困难。有时可适当缩小桩的间距以减小每根桩所承受的滑坡推力，有时可调整桩的截面以增大桩的相对刚度，从而达到减小锚固深度的目的。

(1) 桩侧支承条件

a) 土层及严重风化破碎岩层

桩身对地层的侧压应力 σ_{max}（kPa）应符合下列条件：

$$\sigma_{max} \leqslant \frac{4}{\cos\varphi}(\gamma h \tan\varphi + c) \tag{5-1}$$

式中：γ——地层岩（土）的重力容度，（kN/m^3）；

φ——地层岩（土）的内摩擦角（°）；

c——地层岩（土）的粘聚力（kPa）；

h——地面至计算点的深度（m）。

一般检算桩身侧压应力最大处，若不符合式（5-1）的要求，则调整桩的锚固深度或桩的截面尺寸、间距，直至满足为止。

b）比较完善的岩质、半岩质地层

桩身对围岩的侧向压应力 σ_{max} 应符合下列条件：

$$\sigma_{max} \leqslant K'_1 \cdot K'_2 \cdot R_0 \tag{5-2}$$

式中：K'_1——折减系数，根据岩层产状的倾角大小，取 0.5～1.0；

K'_2——折减系数，根据岩层的破碎和软化程度，取 0.3～0.5；

R_0——岩石单轴抗压极限强度，（kPa）。

计算结果若不符合式（5-2），则调整桩的锚固深度或截面尺寸、间距，直至满足为止。

上述公式，只能作为确定桩的锚固深度及校核地基强度时的参考用。常用的锚固深度，从以往实践经验看，对于土层或软质岩层约为 1/3～1/2 桩长比较合适；但对于完整、较坚硬的岩层可采用 1/4 桩长。

（2）桩底的支承条件

抗滑桩的顶端，一般为自由支承；而底端，由于锚固程度不同可以分为自由支承、铰支承、固定支承三种，通常采用前两种。

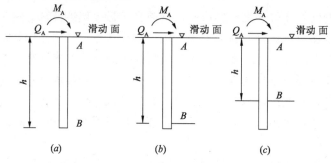

图 5-1　桩底支承条件图
(a) 自由支撑；(b) 铰支撑；(c) 固定支撑

a）自由支承

如图 5-1（a）所示，当锚固段地层为土体、松软破碎岩时，现场试验表明，在滑坡推力作用下，桩低有明显的位移和转动。这种条件，桩底可按自由支承处理，即令 $Q_B = 0$，$M_B = 0$。

b）铰支承

如图 5-1（b）所示，当桩底岩层完整、较 AB 段地层坚硬，但桩嵌入此层不深时，桩底可按铰支承处理，即令 $x_B=0$，$M_B=0$。

c) 固定支承

如图 5-1（c）所示，当桩底岩层完整、极坚硬，桩嵌入此层较深时，桩身 B 点处可按固定端处理，即令 $x_B=0$、$\varphi_B=0$。但抗滑桩出现此种支承情况是不经济的，故应少采用。

三、抗滑桩设计的基本假定

1. 作用于抗滑桩上的力系

作用于抗滑桩的外力包括：滑坡推力、受荷段地层（滑体）抗力、锚固段地层抗力、桩侧摩阻力和粘聚力以及桩底应力等。这些力均为分布力。

（1）滑坡推力作用于滑面以上部分的桩背上，可假定与滑面平行。由于还没有完全弄清桩间土拱对滑坡推力的影响，通常是假定每根桩所承受的滑坡推力等于桩距（中至中）范围之内的滑坡推力。推力的分布及其作用点位置，与滑坡的类型、部位、地层性质、变形情况及地基系数等因素有关。对于液性指数小、刚度较大和较密实的滑体，从顶层至底层的滑动速度常大体一致，故可假定滑面以上滑体作用于桩背的推力分布图形为矩形；对于液性指数较大、刚度较小和密实度不均匀的塑性滑体，其靠近滑面的滑动速度常较大，而滑体表层的滑动速度则较小，滑坡推力分布图形可假定为三角形；介于上述两者之间的情况可假定推力分布图形为梯形。

（2）根据设桩的位置及桩前滑坡体的稳定情况，抗滑桩可分为悬臂式和全埋式两种。受力情况如图 5-2 所示。

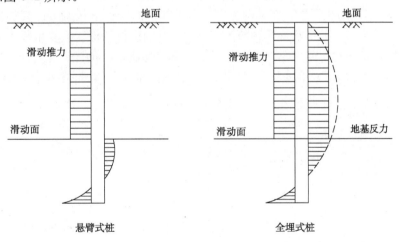

图 5-2 抗滑桩受力示意图

当桩前滑坡体不能保持稳定可能滑走的情况下，抗滑桩应按悬臂式桩考虑；而当桩前滑坡体能保持稳定，抗滑桩将按全埋式桩考虑。此时，关于桩前滑体对桩的抗力作用有两种处理方法。第一种方法是将桩前滑体所能提供的抗力（剩余抗滑力或被动土压力）作为已知外力作用于桩前来考虑。因此，其桩的变形与内力计算如同悬壁式桩。第二种办法是桩前滑体弹性抗力较剩余抗滑力或被动土压力小时，则按弹性抗力来考虑，一般是难于出现此种情况的。

(3) 埋于滑床中的桩将滑坡推力传递给桩周的岩（土），桩的锚固段前、后岩（土）受力后发生变形，从而产生由此引起的岩（土）抗力作用。抗力的大小与岩（土）变形状态有关，处于弹性变形阶段时，可按弹性抗力计算；处于塑性变形阶段则抗力近似地等于该地层的地基系数乘以相应的与变形方向一致的岩（土）在弹性极限状态时的压缩变形值，或用该地层的侧向允许承载力代替，如沿桩身的岩（土）处于塑性变形阶段的范围较大或岩体很松散时，则全桩可用极限平衡法计算滑床内桩周岩（土）的抗力值。

(4) 抗滑桩截面大，桩周面积大，桩与地层间的摩阻力、粘着力必然也大，由此产生的平衡弯矩对桩显然有利。但其计算复杂，所以，一般不予考虑。

抗滑桩的基底应力，主要是由自重引起的。而桩侧摩阻力、粘着力又抵消了大部分自重。实测资料表明，桩底应力一般相当小，为简化计算，对桩底应力通常忽略不计，此时计算略偏安全，而对整个设计影响不大。

2. 抗滑桩的计算宽度

抗滑桩受滑坡推力的作用产生位移，则桩侧岩（土）对桩作用着抗力。当岩（土）变形处于弹性变形阶段时，桩受到岩（土）的弹性抗力作用。岩（土）对桩的弹性抗力及其分布与桩的作用范围有关。试验研究表明，桩在水平荷载作用下，不仅桩身宽度内桩侧土受挤压，在桩身宽度以外的一定范围内的土体也受影响（空间受力），同时对不同截面形状的桩，土体的影响范围也不相同。为了将空间的受力简化为平面受力，并考虑桩截面形状的影响，将桩的设计宽度（或直径）换算成相当于实际工作条件下的矩形桩宽 B_P，此 B_P 称就为桩的计算宽度。

(1) 试验表明，对不同尺寸的圆形桩和矩形桩施加水平荷载时，直径为 d 的圆形桩与正面边长为 $0.9d$ 的矩形桩，在其两侧土体开始被挤出的极限状态下，其临界水平荷载值相等。所以，矩形桩的形状换算系数为 $K_f=1$，而圆形桩的形状换算系数为 $K_f=0.9$。

(2) 同时，由于将空间力学简化成为平面力学，在决定桩的计算宽度时，应将实际宽度乘以受力换算系数 K_B。由试验资料可知，对于正面边长 b 大于或等于 1m 的矩形桩受力换算系数为 $1+\dfrac{1}{b}$，对于直径 d 大于或等于 1m 的圆形桩受力换算系数为 $1+\dfrac{1}{d}$。

故桩的计算宽度应为：

矩形桩 $\qquad B_p=K_f \cdot K_B \cdot b=1.0\times\left(1+\dfrac{1}{b}\right)b=b+1$

圆形桩 $\qquad B_p=K_f \cdot K_B \cdot d=0.9\times\left(1+\dfrac{1}{d}\right)d=0.9(d+1)$

3. 桩的截面形状应从经济合理及施工方便考虑，目前多用矩形桩，边长 2~3m，以 1.5m×2.0m 及 2.0m×3.0m 两种尺寸的截面为常见。

4. 桩侧岩（土）的弹性抗力系数

桩侧岩（土）的弹性抗力系数简称地基系数，是地基承受的侧压力与桩在该处产生的侧向位移的比值。换句话说，地基系数是在弹性变形限度以内，单位面积的土产生单位压缩变形时所需要的侧向压力。

(1) 计算弹性地基内的侧向受荷桩时，目前关于有两种不同的假定：a) 认为地基系数是常数，不随深度而变化，以"K"表示之，相应的计算方法称为"K"法，可用于地基为较完整岩层的情形。b) 认为地基系数随深度按直线比例变化，即在地基内深度为 y

处的水平地基系数为 $C_H=m_H \cdot y$ 或 $C_H=A_H+m_H y$，竖直方向的地基系数为 $C_v=m_v \cdot y$ 或 $C_v=A_r+m_v y$。A_H、A_v 表示某一常量，m_H、m_v 分别表示水平及竖向地基系数的比例系数。相应这一假定的计算方法称为"m"法，可用于地基为密实土层严重风化破碎岩层的情形。

（2）水平及竖向地基系数的比例系数应通过试验确定；当无试验资料时，可参照表 5-3 确定。较完整岩层的地基系数 K 值可参照表 5-4 及表 5-5 确定。

非岩石地基 m_H 和 m_v 值　　　　表 5-3

序号	土的名称	m_H 和 m_v (kN/m⁴)	序号	土的名称	m_H 和 m_v (kN/m⁴)
1	流塑黏性土（$I_L \geq 1$）、淤泥	3000~5000	4	半坚硬的黏性土、粗砂	20000~30000
2	软塑黏性土（$1>I_L \geq 0.5$）、粉砂	5000~10000	5	砾砂、角砾砂、砾石土、碎石土、卵石土	30000~80000
3	硬塑黏性土（$0.5>I_L>0$）、细砂、中砂	10000~20000	6	块石土、漂石土	80000~120000

注：由于表中 m_H 及 m_v 采用同一值，而当平均深度约为 10m 时，m_H 值接近垂直荷载作用下的垂直方向地基系数 C_v 值，故 C_v 不得小于 $10m_v$。

较完整岩层的地基系数 K_v 值　　　　表 5-4

序号	饱和极限抗压强度 R(kPa)	K_v (kN/m³)	序号	饱和极限抗压强度 R(kPa)	K_v (kN/m³)	序号	饱和极限抗压强度 R(kPa)	K_v (kN/m³)
1	1.0×10^4	$(1.0~2.0) \times 10^5$	4	3.0×10^4	4.0×10^5	7	6.0×10^4	12.0×10^5
2	1.5×10^4	2.5×10^5	5	4.0×10^4	6.0×10^5	8	8.0×10^4	$(15.0~25.0) \times 10^5$
3	2.0×10^4	30×10^5	6	5.0×10^4	8.0×10^5	9	8.0×10^4	$(25.0~28.0) \times 10^5$

注：①在 $R=10~20$MPa 的半岩质岩层或位于构造破碎影响带的岩质岩层 v，根据实际情况可采用 $k_H=A+m_H y$；②一般侧向 K_H 为竖向 k_v 的 0.6~0.8 倍，当岩层为厚层或块状整体时 $K_H=K_v$。

围岩分类及物理力学指标　　　　表 5-5

围岩类别	主要工程地质条件		重力密度 (kN/m³)	弹性抗力系数 K(kN/m³)
	主要工程地质特征	结构特征和完整状态		
Ⅵ	硬质岩(饱和极限抗压强度 $R_b>60000$kPa)，受地质构造影响轻微，节理不发育，无软弱面（或夹层）；层状岩层为厚层，层间结合良好	被切割呈巨块状整体结构	26~28	(18~28) $\times 10^5$
Ⅴ	硬质岩($R_b=30000~60000$kPa)，受地质构造影响较重，节理发育，有少量软弱面（或夹层）和贯通微张节理，但其产状及组合关系不致产生滑动；层状岩层为中、厚层，层间结合一般，很少有分离现象；或为硬质岩偶夹软质岩	被切割呈大块状砌体结构	25~27	(12~18) $\times 10^5$
	软质岩($R_b \approx 30000$kPa)，受地质构造影响轻微，节理不发育，层状岩层为厚层，层间结合良好	被切割呈巨块状整体结构		

续表

围岩类别	主要工程地质条件		重力密度 (kN/m³)	弹性抗力系数 K(kN/m³)
	主要工程地质特征	结构特征和完整状态		
Ⅳ	硬质岩(R_b=30000～60000kPa),受地质构造影响较重,节理发育,有层状软弱面或夹层,但其产状及组合关系不致产生滑动;层状岩层为薄、中层、层间结合差,多有分离现象;或为软硬岩石互层	被切割呈块(石)、碎(石)状镶嵌结构	23～25	(5～12)×10⁵
	软质岩(R_b=5000～30000kPa),受地质构造影响较重,节理较发育,层状岩层为薄、厚层,层间结合一般	被切割呈大块状砌体结构		
Ⅲ	硬质岩(R_b=30000～60000kPa),受地质构造影响很严重,节理很发育,层状软弱或夹层基本被破坏	被切割呈碎石状压碎结构	19～22(老黄土用17～18)	(2～5)×10⁵ (不包括黄土)
	软质岩(R_b=5000～30000kPa),受地质构造影响严重,节理发育	被切割呈块(石)、碎(石)状镶嵌结构		
	土:(1)略具压密或成岩作用的黏性土及砂类土;(2)老黄土;(3)一般泥质胶结的碎、卵石土;(4)大块石土	(1)、(2)呈大块状压密结构;(3)呈巨块整体结构;(4)呈堆石状松散结构		
Ⅱ	石质围岩位于挤压强烈的断裂带内,裂隙杂乱,呈石夹土或土夹石状	围岩呈角砾碎石状松散结构	17～20(新黄土用15)	(1～2)×10⁵ (不包括黄土)
	一般第四系可塑的黏性土及稍湿至潮湿的碎、卵、砾石土及新黄土	黏性土呈松软结构,非黏性土呈松散结构		
Ⅰ	石质围岩位于挤压极强烈的断裂带内,呈角砾、砂、泥松软体	围岩呈角砾碎石状松散结构	15～16	<1×10⁵
	软塑状粘性土及潮湿的粉细砂等	黏性土呈蠕动的松软结构,砂性土呈潮湿的松散结构		

5. 刚性桩与弹性桩的区分

抗滑桩受到滑坡推力后,将产生一定的变形,所谓变形是指桩的相对位置发生了改变。根据桩和桩周岩(土)的性质和桩的几何性质,其变形可有两种情况。一种是桩的位置虽发生了偏离,但是桩轴仍保持原有的线型;它之所以变形是由于桩周的岩(土)变形所致。另一种是桩的位置和桩轴线型同时发生改变,即桩轴和桩周岩(土)同时发生变形。产生前一种变形特征的桩,由于桩的变形过程中保持着原来的形状,尤如刚体一样,仅产生了转动,因此,可称它为刚性桩;而后者称为弹性桩。试验研究表明,当侧向受荷桩埋入稳定地层内的计算深度(桩的埋置深度与桩的变形系数的乘积)为某一临界值时,可视桩的刚度为无穷大;在侧向荷载作用下,桩的极限承载力仅取决于桩周岩(土)的弹性抗力大小;计算深度为此临界值时,不管按刚性桩或按弹性桩计算,其水平承载力及传递到地层的压力图形均比较接近。因此,目前将这个临界值作为判别刚性桩或弹性桩的标准。

临界值规定如下:

(1) 按 K 法计算

当 $\beta h_2 \leqslant 1.0$ 时，抗滑桩属刚性桩；

当 $\beta h_2 > 1.0$ 时，抗滑桩属弹性桩。

其中：β 为桩的变形系数，以 m^{-1} 计，可按下式计算。

$$\beta = \left(\frac{k_H \cdot B_p}{4EI}\right)^{\frac{1}{4}} \tag{5-3}$$

式中：K_H——侧向地基系数，不随深度而变（kN/m^3）；

B_p——桩的正面计算宽度（m）；

E——桩的弹性模量（kPa）；

I——桩的截面惯性矩（m^4）。

(2) 按 m 法计算

当 $\alpha h_2 \leqslant 2.5$ 时，抗滑桩属刚性桩；

当 $\alpha h_2 > 2.5$ 时，抗滑桩属弹性桩。

其中：α 为桩的变形系数，以 m^{-1} 计，可按下式计算：

$$\alpha = \left(\frac{m_H B_p}{EI}\right)^{\frac{1}{5}} \tag{5-4}$$

式中，m_H 为水平方向地基系数随深度而变化的比例系数（kN/m^4）。

四、桩身内力和变位计算

1. 刚性桩的计算

刚性桩的计算方法较多，目前常用的方法是：滑面以上抗滑桩受荷段上所有的力均当做外荷载看待，桩前的滑体抗力按其大小从外荷载中予以折减，将滑坡推力和桩前滑面以上的抗力折算成在滑面上作用的弯矩和剪力并作用为外荷载。而抗滑桩的锚固段，则把桩周岩土视为弹性体计算侧向应力和土的抗力，从而计算桩的内力。

单一地层

现以桩身置于均质岩土层中，滑面以下为同一 m 值，桩底自由，滑面处的弹性抗力系数 A_1 及 A_2，且各为某一数值的情况为例，说明刚性桩的计算方法，如图 5-3 所示。其中 H 为滑坡推力与剩余抗滑力之差；h_0 为 H 作用点距滑面的垂直距离。

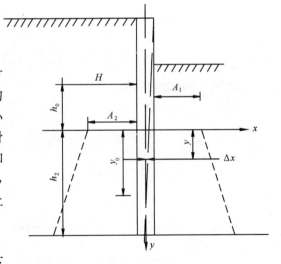

图 5-3 置于单一地层中的刚性桩

当 $0 \leqslant y \leqslant y_0$ 时

变位 $\Delta x = (y_0 - y)\tan\Delta\varphi = (y_0 - y)\Delta\varphi$

桩侧应力 $\sigma_y = (A_1 + m_y)(y_0 - y)\Delta\varphi$

剪力 $Q_y = H - \int_0^y (A_1 + m_y)(y_0 - y)\Delta\varphi B_p \mathrm{d}y$

$= H - \frac{1}{2}B_p A_1 \Delta\varphi y(2y_0 - y) - \frac{1}{6} \times B_p m\Delta\varphi y^2(3y_0 - 2y)$

弯矩 $M_y = Hh_0 + \int_0^y H\mathrm{d}y$

$\qquad = Hh_0 + \int_0^y \left[H - \frac{1}{2}B_pA_1\Delta\varphi y(2y_0 - y) - \frac{1}{6}B_p m\varphi y^2(3y_0 - 2y)\right]\mathrm{d}y$

$\qquad = H(h_0 + y) - \frac{1}{6}B_pA_1\Delta\varphi y^2(3y_0 - y) - \frac{1}{12}B_p m\Delta\varphi y^3(2y_0 - y)$ \hfill (5-5)

当 $y_0 \leqslant y \leqslant h_2$ 时

变位 $\Delta x = (y_0 - y)\tan\Delta\varphi = (y_0 - y)\Delta\varphi$

桩侧应力 $\sigma_y = (A_2 + my)(y_0 - y)\Delta\varphi$

剪力 $Q_y = H - \int_0^{y_0}(y_0 - y)(ym + A_1)B_p\Delta\varphi\mathrm{d}y - \int_{y_0}^y (y_0 - y)(ym + A_2)B_p\Delta\varphi\mathrm{d}y$

$\qquad = H - \frac{1}{6}B_p m\Delta\varphi y^2(3y_0 - 2y) - \frac{1}{2}B_pA_1\Delta\varphi y_0^2 + \frac{1}{2}B_pA_2\Delta\varphi(y - y_0)^2$

弯矩 $M_y = H(h_0 + y_0) - \frac{1}{3}B_pA_1\Delta\varphi y_0^3 - \frac{1}{12}B_p m\Delta\varphi y_0^4 + \int_{y_0}^y H\mathrm{d}y$

$\qquad - \int_{y_0}^y \frac{1}{6}B_p m\Delta\varphi y^2(3y_0 - 2y)\mathrm{d}y - \int_{y_0}^y \frac{1}{2}B_pA_1\Delta\varphi y_0^2\mathrm{d}y$

$\qquad - \int_{y_0}^y \frac{1}{2}B_pA_2\Delta\varphi(y - y_b)^2\mathrm{d}y$

$\qquad = H(h_0 + y) - \frac{1}{6}B_pA_1\Delta\varphi y_0^2(3y - y_0)$

$\qquad + \frac{1}{6}B_pA_2\Delta\varphi(y - y_0)^3 + \frac{1}{12}B_p m\Delta\varphi y^3(y - 2y_0)$ \hfill (5-6)

其静力平衡方程式为：

$\Sigma H = 0$

$H - \int_0^y (y_0 - y)(ym + A_1)B_p\Delta\varphi\mathrm{d}y - \int_{y_0}^h (y_0 - y)(ym + A_2)B_p\Delta\varphi\mathrm{d}y = 0$

$H - \frac{1}{2}B_pA_1\Delta\phi y_0^2 + \frac{1}{2}B_pA_2\Delta\varphi(h_2 - y_0)^2 - \frac{1}{b}B_p m\Delta\varphi h^2(3y_0 - 2h_2) = 0$ \hfill (5-7)

$\Sigma M = 0$

$H(h_0 + h_2) - \int_0^{y_0}(y_0 - y)(ym + A_1)(h_2 - y)B_p\Delta\varphi\mathrm{d}y$

$\qquad - \int_{y_0}^h (y_0 - y)(ym + A_2)(h_2 - y)B_p\Delta\varphi\mathrm{d}y = 0$

$H(h_0 + h_2) - \frac{1}{6}B_pA_1\Delta\varphi y_0^2(3h_2 - y_0) + \frac{1}{6}B_pA_2\Delta\phi(h_2 - y_0)^3$

$\qquad - \frac{1}{12}B_p m\Delta\phi h^3(2y_0 - h_2) = 0$ \hfill (5-8)

由式（5-7）、（5-8）联解即可得到求 y_0 的方程式如下

$\quad (A_1 - A_2) y_0^3 + 3h_0 (A_1 - A_2) y_0^2 + [h_2^2 m (3h_0 + 2h_2) + 3h_2 A_2 (2h_0 + h_2)]y_0$

$\quad - 0.5h_2^3 m (4h_0 + 3h_2) - h_2^2 A_2 (3h_0 + 2h_2) = 0$

令 $A = (A_1 - A_2)$

$B = 3h_0 (A_1 - A_2)$

$$C = h_2^2 m(3h_0 + 2h_2) + 3h_2 A_2(2h_0 + h_2)$$
$$D = h_2^3 m(2h_0 + 1.5h_2) + h_2^2 A_2(3h_0 + 2h_2)$$

则方程可写成：
$$Ay_0^3 + By_0^2 + cy_0 - D = 0 \tag{5-9}$$

由（5-7）式可求得：
$$\Delta\varphi = \frac{6H}{B_p[3y_0^2(A_1 - A_2) + 3h_2 y_0(mh_2 + 2A_2) - h_2^2(2mh_2 + 3A_2)]} \tag{5-10}$$

用试算法解方程式（5-9）可求得 y_0，然后代入式（5-10），即可求得 $\triangle\varphi$ 值。

以上公式适用于四种情况

a）当 $A_1 = A_2$ 时，桩两侧同深度处的弹性抗力系数不等，必须用试算法求出 y_0，再计算 $\triangle\varphi$ 和内力

b）当 $A_1 = A_2 = A$ 时，桩两侧同深度处的弹性抗力系数相等，这时的 y_0 和 $\triangle\varphi$ 可以直接求得，它们分别为：

$$y_0 = \left[\frac{2A(2h_2 + 3h_0) + mh_2(3h_2 + 4h_0)}{3A(h_2 + 2h_0) + mh_2(2h_2 + 3h_0)}\right] \cdot \frac{h_2}{2}$$

$$\Delta\phi = \frac{6H}{B_p[3A(2h_2 y_0 - h_2^2) + mh_2^2(3y_0 - 2h_2)]}$$

c）当 $A_1 = 0$ 时，桩两侧同深度处的弹性抗力系数不等，且桩前滑面处的弹性抗力系数为零，这时 y_0 也须用试算法求得。

d）当 $m = 0$ 时，桩侧弹性抗力为常数（即 K 法），此时将 $A_1 = A_2 = K$、$m = 0$ 代入式（5-9）和（5-10），便可直接求得 y_0 和 $\triangle\varphi$，它们分别为：

$$y_0 = \frac{h_2(3h_0 + 2h_2)}{3(2h_0 + h_2)}$$

$$\Delta\varphi = \frac{2H}{B_p K h_2(2y_0 - h_2)}$$

根据上述计算方法可列出单一地层各种情况下的刚性桩计算公式，见表 5-6。

2. 两种地层

桩身置于两种不同的地层，桩底按自由端计算，桩在变位时，其旋转中心视地质情况而异。

（1）上层为土层、下层为基岩

滑面处的弹性抗力系数 A_1 和 A_2，两者各为某一数值。

a）当旋转中心在土层中时（如图 5-4）所示

当 $0 \leqslant y \leqslant y_0$ 时

变位 $\Delta x = (y_0 - y)\Delta\varphi$

桩侧应力 $\sigma_y = (y_0 - y)(ym + A_1)\Delta\varphi$

剪力 $Q_y = H - \frac{1}{2}B_p A_1 \Delta\varphi y(2y_0 - y) - \frac{1}{6}B_p m\Delta\varphi y^2(3y_0 - 2y)$

弯矩 $M_y = H(h_0 + y) - \frac{1}{6}B_p A_1 \Delta\varphi y^2(3y_0 - y) - \frac{1}{12}B_p m\Delta\varphi y^3(2y_0 - 2y) \tag{5-11}$

单一地层刚性桩计算公式

表 5-6

编号	计算图式	水平变位 ($\triangle x$)	侧向应力 (σ_y)	剪力 (Q_y)	弯矩 (M_y)	备注
1		$\Delta x = (y_0 - y)\Delta\varphi$	$y \leqslant y_0$ 时 $\sigma_y = m_y(y_0 - y)\Delta\varphi$ $y \geqslant y_0$ 时 $\sigma_y = (A_2 + m_y)(y_0 - y)\Delta\phi$	$y \leqslant y_0$ 时 $Q_y = H - \frac{1}{6}B_p m\Delta\varphi y^2 (3y - 2y)$ $y \geqslant y_0$ 时 $Q_y = H - \frac{1}{6}B_p m\Delta\varphi y^2 (3y - 2y) + \frac{1}{2}A_2 B_p \Delta\varphi (y - y_0)$	$y \leqslant y_0$ 时 $M_y = H(h_0 + y) - \frac{1}{12}B_p m\Delta\varphi y^3 (2y_0 - y)$ $y \geqslant y_0$ 时 $M_y = H(h_0 + y) - \frac{1}{12}B_p m\Delta y \cdot y^3 (2y_0 - y) + \frac{1}{6}A_2 B_p\Delta\varphi (y - y_0)^3$	$\Sigma H = 0$ $H - \frac{1}{6}B_p\Delta\varphi [mh_2^2(3y_0 - 2h_2) - 3A_2(h_2 - y_0)^2] = 0$ $\Sigma M = 0$ $H(h_0 + h_2) + \frac{1}{6}B_p A_2\Delta\varphi (y_2 - y_0)^3 - \frac{1}{12}B_p m\varphi t^3 (2y_0 - h_2) = 0$
2		$\Delta x = (y_0 - y)\Delta\varphi$	$y \leqslant y_0$ 时 $\sigma_y = (A_1 + m_y)(y_0 - y)\Delta\phi$ $y \geqslant y_0$ 时 $\sigma_y = (A_2 + m_y)(y_0 - y)\Delta\phi$	$y \leqslant y_0$ 时 $Q_y = H - \frac{1}{2}B_p A_1\Delta\varphi y - \frac{1}{6}B_p m\Delta\varphi y^2 (2y_0 - y)$ $y \geqslant y_0$ 时 $Q_y = H - \frac{1}{6}B_p m\Delta\varphi y^2 (3y_0 - 2y) - \frac{1}{2}B_p A_1\Delta\varphi y + \frac{1}{2}B_p A_2\Delta\varphi (y - y_0)$	$y \leqslant y_0$ 时 $M_y = H(h_0 + y) - \frac{1}{6}B_p A_1\Delta\varphi \cdot y^2(3y_0 - y) + \frac{1}{12}B_p m\Delta\varphi y^3$ $y \geqslant y_0$ 时 $M_y = H(h_0 + y) - \frac{1}{6}B_p A_1\Delta\varphi \cdot y^2 (y - 2y_0)$	$\Sigma H = 0$ $H - \frac{1}{2}B_p A_1\Delta\varphi y_0^2 + \frac{1}{2}B_p m\Delta\varphi t^2 (h_2 - y_0)^2 - \frac{1}{6}B_p m\Delta\varphi t^2 (3y_0 - 2h_2) = 0$ $\Sigma M = 0$ $H(h_0 + h_2) - \frac{1}{6}B_p A_1\Delta\varphi (h^2 - y_0)^3 - \frac{1}{12}B_p m\varphi t^3 + \frac{1}{6}B_p A_2\Delta\varphi (h^2 - y_0)^3 - \frac{1}{12}B_p m\varphi t^3 (2y_0 - h_2) = 0$

续表

编号	计算图式	水平变位 ($\triangle x$)	侧向应力 (σ_y)	剪 力 (Q_y)	弯 矩 (M_y)	备 注
3		$\Delta x=(y_0-y)\Delta\varphi$	$\sigma_y=(A+my)(y_0-y)\Delta\varphi$	$Q_y=H-\frac{1}{2}B_pA\Delta\varphi y(2y_0-y)-\frac{1}{6}B_pm\Delta\varphi y^2(3y_0-2y)$	$M_y=H(h_0+y)-\frac{1}{6}B_pA\Delta\varphi y^2(3y_0-y)-\frac{1}{12}B_pm\Delta\varphi y^3(2y_0-y)$	$y_0=\left[\frac{2A(2h_2+3h_0)+mh_2(3h_2+4h_0)}{3A(h_2+2h_0)+mh_2(2h_2+3h_0)}\right]\frac{h_2}{2}$ $\Delta\varphi=\dfrac{6H}{B_p\left[3A(2h_2y_0-h_2^2)+mh_2^2(3y_0-2h_2)\right]}$
4		$\Delta x=(y_0-y)\Delta\varphi$	$\sigma_y=k(y_0-y)\Delta\varphi$	$Q_y=H-\frac{1}{2}kB_p\Delta\varphi y(2y_0-y)$	$M_y=H(h_0+y)-\frac{1}{6}B_pk\Delta\varphi y^2(3y_0-y)$	$y_0=\dfrac{h_2(3h_0+2h_2)}{3(2h_0+h_2)}$ $\Delta\varphi=\dfrac{2H}{B_pkh_2(2y_0-h_2)}$

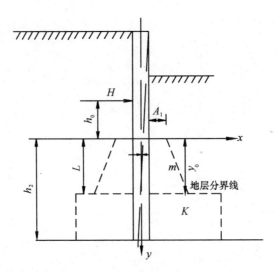

图 5-4 置于两种不同地层中的刚性桩
（旋转中心在土层中）

当 $y_0 \leqslant y \leqslant L$ 时

变位 $\Delta x = (y_0 - y)\Delta\varphi$

桩侧应力 $\sigma_y = (y_0 - y)(ym + A_2)\Delta\varphi$

剪力 $Q_y = H - \frac{1}{6}B_p m \Delta\varphi y^2(3y_0 - 2L) - \frac{1}{2}B_p A_1 \Delta\varphi y_0^2 + \frac{1}{2}B_p A_2 \Delta\varphi (y - y_0)^2$

弯矩
$$M_y = H(h_0 + y) - \frac{1}{6}B_p A_1 \Delta\varphi y_0^2 (3y - y_0)$$
$$+ \frac{1}{6}B_p A_2 \Delta\varphi (y - y_0)^3 + \frac{1}{12}B_p m \Delta\varphi y^3 (y - 2y_0) \tag{5-12}$$

当 $L \leqslant y \leqslant h_2$ 时

变位 $\Delta x = (y_0 - y)\Delta\varphi$

桩侧应力 $\sigma_y = (y_0 - y)K\Delta\varphi$

剪力 $Q_y = H - \frac{1}{6}B_p m \Delta\varphi L^2 (3y_0 - 2L) - \frac{1}{2}B_p A_1 \Delta\varphi y_0^2 + \frac{1}{2}B_p A_2 \Delta\varphi (L - y_0)^2$
$$- B_p k y_0 \Delta\varphi (y - L) - \frac{1}{2}B_p K \Delta\varphi (L^2 - y^2)$$

弯矩
$$M_y = H(h_0 + y) - \frac{1}{12}B_p \Delta\varphi [2y_0^2 (3y - y_0)(A_1 - A_2)$$
$$+ 2L^2 (my - A_2)(3y - 2L) + L^3 m(3L - 4y_0)$$
$$+ 6Ly(K - A_2)(L - 2y_0) + 6y_0 K(L^2 + y^2) - 2K(y^3 + 2L^3)] \tag{5-13}$$

其静力平衡方程为：

$\Sigma H = 0$

$$H - \int_0^y (y_0 - y)(ym + A_1)B_p \Delta\varphi \mathrm{d}y - \int_{y_0}^L (y_0 - y)(ym + A_2)B_p \Delta\varphi \mathrm{d}y$$
$$- \int_L^{h_2} (y_0 - y)KB_p \Delta\varphi \mathrm{d}y = 0 \tag{5-14}$$

$\Sigma M = 0$

$H(h_0 + h_2) - \int_0^{y_0} (y_0 - y)(ym + A_1)(h_2 - y)B_p\Delta\varphi dy$

$- \int_{y_0}^{L} (y_0 - y)(ym + A_2)(h_2 - y)B_p\Delta\varphi dy$

$- \int_{L}^{h_2} (y_0 - y)KB_p(h_2 - y)\Delta\varphi dy = 0$ (5-15)

由式(5-14)、(5-15)联解即可得到求 y_0 的方程式如下：

$y_0^3(A_1 - A_2) + 3h_0 y_0^2(A_1 - A_2) + y_0[L^2m(2L + 3h_0) + 3LA_2(L + 2h_0)$
$+ 3K(h_2^2 - L^2) + 6h_0 K(h_2 - L)] - 0.5L^3m(3L + 4h_0)$
$+ L^2 A_2(2L + 3h_0) + K[2(h_2^3 - L^3) + 3h_0(h_0^2 - L^2)] = 0$

令 $A = A_1 - A_2$
$B = 3h_0(A_1 - A_2)$
$C = 3K(h_2^2 - L^2) + 6h_0 K_1(h_2 - L) + 3LA_2(L + 2h_0) + L^2m(2L + 3h_0)$
$D = L^3m(1.5L + 2h_0) + L^2A_2(2L + 3h_0) + K[2(h_2^3 - L^3) + 3h_0(h_2^2 - L^2)]$

则方程式为：

$$Ay_0^3 + By_0^2 + cy_0 - D = 0 \quad (5\text{-}16)$$

由式(5-14)可得：

$$\Delta\varphi = \frac{6H}{B_p[L^2m(3y_0 - 2L) + 3y_0^2(A_1 - A_2) + 3LA_2(2y_0 - L) + 6y_0 K(h_2 - L) - 3K(h_2^2 - L^2)]} \quad (5\text{-}17)$$

用试算法解方程式 5-16 可求得 y_0，然后代入式(5-17)可求得 $\Delta\varphi$。

b) 当旋转中心岩层中时（如图 5-5 所示）

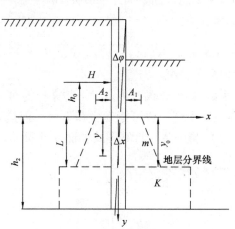

图 5-5　置于两种不同地层中的刚性桩
（旋转中心在岩层中）

当 $0 \leqslant y \leqslant L$ 时

变位 $\Delta x = (y_0 - y)\Delta\varphi$

桩侧应力 $\sigma_y = (y_0 - y)(ym + A_1)\Delta\varphi$

剪力 $Q_y = H - \frac{1}{2}B_p A_1 \Delta\varphi y(2y_0 - y) - \frac{1}{6}B_p m\Delta\varphi y^2(3y_0 - 2y)$

弯矩

$$M_y = H(h_0+y) - \frac{1}{6}B_p A_1 \Delta\varphi y^2(3y_0-y) - \frac{1}{12}B_p m\Delta\varphi y^3(2y_0-y) \quad (5\text{-}18)$$

当 $L \leqslant y \leqslant h_2$ 时

变位 $\Delta x = (y_0 - y)\Delta\varphi$

桩侧应力 $\sigma_y = (y_0 - y)K\Delta\varphi$

剪力

$$Q_y = H - \frac{1}{2}B_p A_1 \Delta\phi L(2y_0 - L) - \frac{1}{6}B_p m\Delta\varphi L^2(3y_0 - 2L)$$

$$- B_p \Delta\varphi y_0 K(y-L) + \frac{1}{2}B_p \Delta\phi K(y^2 - L^2)$$

弯矩 $M_y = H(h_0+y) - \frac{1}{12}B_p \Delta\varphi \{ [L^2 m[2y_0(3y-2L) - L(4y-3L)] + 2LA_1$

$$[3y_0(2y-L) - L(3y-2L)] + 6y_0 K(y-L)^2 - 2K(y^3 - 3yL^2 + 2L^3) \} \quad (5\text{-}19)$$

其静力平衡方程式为：

$\Sigma H = 0$

$$H - B_p \Delta\varphi \int_0^L (y_0-y)(ym+A_1)dy - B_p \Delta\varphi \int_L^h (y_0-y)K dy = 0 \quad (5\text{-}20)$$

$\Sigma M = 0$

$$H(h_0+h_2) - B_p \Delta\varphi \int_0^L (y_0-y)(ym+A_1)(h_2-y)dy$$

$$- B_p \Delta\phi \int_L^h (y_0-y)k(h^2-y)dy = 0 \quad (5\text{-}21)$$

由式(5-20)、(5-21)联解即可得到 y_0：

$$y_0 = \frac{mL^3(1.5l+2h_0) + L^2 A_1(2L+3h_0) + 2K(h_2^3 - L^3) + 3Kh_0(h_2^3 - L^2)}{mL^2(3h_0+2L) + 3LA_1(2h_0+L) + 6Kh_0(h_2-L) + 3K(h_2^2-L^2)} \quad (5\text{-}22)$$

由式(5-22)可得：

$$\Delta\varphi = \frac{6H}{B_p [mL^2(3y_0-2L) + 3h_2 K(2y_0-h_2) + 3L(A_1-K)(2y_0-L)]} \quad (5\text{-}23)$$

(2) 上、下两层均为岩层的情况

当滑面处的弹性抗力系数为 $A_1 = A_2 = K_1$，K_1 的某一定值，滑面以下为两种不同的岩层时，旋转点 y_0 可能发生在上层，也可能发生在下层。但这两种情况的计算公式是一样的，因同一深度桩前后的 K 值一致。计算图式如图 5-6 所示。

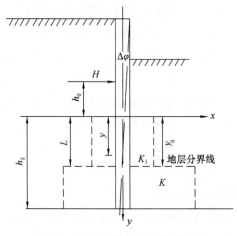

图 5-6 置地两种基岩中的刚性桩

当 $0 \leqslant y \leqslant L$ 时

变位 $\Delta x = (y_0 - y) K_1 \Delta \varphi$

桩侧应力 $\sigma_y = (y_0 - y) K_1 \Delta \varphi$

剪力 $Q_y = H - \frac{1}{2} B_p K_1 \Delta \varphi y (2y_0 - y)$

弯矩 $M_y = H(h_0 + y) - \frac{1}{6} B_p K_1 \Delta \varphi y^2 (3y_0 - y)$ (5-24)

当 $L \leqslant y \leqslant h_2$ 时

变位 $\Delta x = (y_0 - y) K \Delta \varphi$

桩侧应力 $\sigma_y = (y_0 + y) K_2 \Delta \varphi$

剪力 $Q_y = H - \frac{1}{2} B_p \Delta \varphi [L(2y_0 - L)(K_1 - K_2) + y(2y_0 - y) K_2]$

弯矩 $M_y = H(h_0 + y) + \frac{1}{6} B_p \Delta \varphi K_1 L [L(3y_0 - 2L) - 3y(2y_0 - L)]$

$- \frac{1}{6} B_p \Delta \varphi K_2 (y - L)^2 (3y_0 - y - 2L)$ (5-25)

其静力平衡方程式为：

$\Sigma H = 0$

$$H - B_p \Delta \varphi \int_0^L (y_0 - y) K_1 dy - B_p \Delta \phi \int_L^{h_2} (y_0 - y) K_2 dy = 0 \quad (5\text{-}26)$$

$\Sigma M = 0$

$$H(h_0 + h) - B_p \Delta \varphi \int_0^L (y_0 - y)(h_2 - y) K_1 dy - B_p \Delta \varphi \int_L^{h_2} (y_0 - y)(h_2 - y) K_2 dy = 0$$
(5-27)

由式（5-26）、(5-27) 联解即可得到 y_0：

$$y_0 = \frac{2(L^3 K_1 - L^3 K_2 + h_2^3 K_2) + 3h_0 (L^2 K_2 - L^2 K_2 + h_2^2 K_2)}{3(L^2 K_1 - L^2 K_2 + h_2^2 K_2) + 6h_0 (LK_1 - LK_2 + h_2 K_2)} \quad (5\text{-}28)$$

由式（5-26）可得：

$$\Delta \varphi = \frac{2H}{B_p [2y_0 (LK_1 - LK_2 + h_2 K_2) - L^2 (K_1 - K_2) - h_2^2 K_2]} \quad (5\text{-}29)$$

3. 弹性桩的计算

弹性桩系指埋于滑床部分的桩身受力后桩轴和桩周岩（土）均发生变形。这里仅介绍将滑面以上抗滑桩受荷段上所有作用力均当做外荷载的情况。此时，可将桩化成如图 5-7 所示的计算图式。然后根据桩周地层的性质确定弹性抗力系数，建立桩的挠曲微分方程式，通过数学求解可得滑面以下桩身任一截面的变位和内力计算的一般表达式。最后根据桩底边界条件计算出滑面处的位移和转角，进而计算桩身任一深度处的变位和内力。

（1）"m" 法

桩顶受水平荷载的挠曲微分方程为：

$$EJ \frac{d^4 x}{dy^4} + my B_p x = 0 \quad (5\text{-}30)$$

式中，$my B_p x$ 为地基作用于桩上的水平抗力（kN/m）。

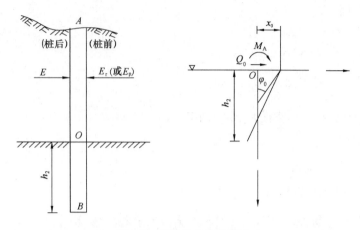

图 5-7　弹性桩的计算图式

这是一个四阶线性变系数齐次微分方程，用幂级数展开后进行近似求解，换算整理后得：

$$\left.\begin{array}{l} x_y = x_A A_1 + \dfrac{\varphi_A}{\alpha} B_1 + \dfrac{M_A}{\alpha^2 EJ} C_1 + \dfrac{Q_A}{\alpha^3 EJ} D_1 \\[2mm] \varphi_y = \alpha \left(x_A A_2 + \dfrac{\varphi_A}{\alpha} B_2 + \dfrac{M_A}{\alpha^2 EJ} C_2 + \dfrac{Q_A}{\alpha^3 EJ} D_2 \right) \\[2mm] M_y = \alpha^2 EJ \left(x_A A_3 + \dfrac{\varphi_A}{\alpha} B_3 + \dfrac{M_A}{\alpha^2 EJ} C_3 + \dfrac{Q_A}{\alpha^3 EJ} D_3 \right) \\[2mm] Q_y = \alpha^3 EJ \left(x_A A_4 + \dfrac{\varphi_A}{\alpha} B_4 + \dfrac{M_A}{\alpha^2 EJ} C_4 + \dfrac{Q_A}{\alpha^3 EJ} D_4 \right) \\[2mm] \sigma_y = myx \end{array}\right\} \qquad (5\text{-}31)$$

式中　x_y、φ_y、M_y、Q_y——锚固段桩身任一截面的位移（m）、转角（rad）、弯矩（kN·m）、剪力（kN）；

x_A、φ_A、M_A、Q_A——滑动面处桩的位移（m）、转角（rad）、弯矩（kN·m）、剪力（kN）；

A_i、B_i、C_i、D_i——随桩的换算深度 ah_2 而异的 m 法的影响函数值，见附表 5-5；

E——混凝土的弹性模量（kN/m²）；

J——桩的截面惯性矩（m⁴）。

公式（5-31）为 m 法的一般表达式，计算时必须先求得滑动面处的 x_A 和 φ_A，才能求桩身任一截面的位移、转角、弯矩、剪力和地基土对该截面的侧向应力。为此，需要根据下述三种边界条件确定：

a）当桩为固定端时，$x_B = 0$、$\varphi_B = 0$、$M_B \neq 0$、$Q_B \neq 0$。将 $x_B = 0$、$\varphi_B = 0$ 代入式（5-31）的第 1、2 式，联立解得：

$$\left.\begin{array}{l} x_A = \dfrac{M_A}{\alpha EJ} \cdot \dfrac{B_1 C_2 - C_1 B_2}{A_1 B_2 - B_1 A_2} + \dfrac{Q_A}{\alpha^3 EJ} \cdot \dfrac{B_1 D_2 - D_1 B_2}{A_1 B_2 - B_1 A_2} \\[2mm] \varphi_A = \dfrac{M_A}{\alpha EJ} \cdot \dfrac{C_1 A_2 - A_1 C_2}{A_1 B_2 - B_1 A_2} + \dfrac{Q_A}{\alpha^2 EJ} \cdot \dfrac{D_1 A_2 - A_1 D_2}{A_1 B_2 - B_1 A_2} \end{array}\right\} \qquad (5\text{-}32)$$

b) 当桩底为铰支端时，$x_B=0$、$M_B=0$、$\varphi_B\neq 0$、$Q_B\neq 0$，不考虑桩底弯矩的影响，将 $x_B=0$、$M_B=0$ 代入式（5-31）的第1、3式，联立得解：

$$\left.\begin{array}{l} x_A = \dfrac{M_A}{\alpha^2 EJ} \cdot \dfrac{C_1B_3 - B_1C_3}{B_1A_3 - A_1B_3} + \dfrac{Q_A}{\alpha^3 EJ} \cdot \dfrac{D_1B_3 - B_1D_3}{B_1A_3 - A_1B_3} \\[2mm] \varphi_A = \dfrac{M_A}{\alpha EJ} \cdot \dfrac{A_1C_3 - C_1A_3}{B_1A_3 - A_1B_3} + \dfrac{Q_A}{\alpha^2 EJ} \cdot \dfrac{A_1D_3 - D_1A_3}{B_1A_3 - A_1B_3} \end{array}\right\} \quad (5\text{-}33)$$

c) 当桩底为自由端时，$M_B=0$、$Q_B=0$、$\varphi_B\neq 0$、$x_B\neq 0$。将 $M_B=0$、$Q_B=0$ 代入式（5-31）的第3、4式，联立解得：

$$\left.\begin{array}{l} x_A = \dfrac{M_A}{\alpha^2 EJ} \cdot \dfrac{B_3C_4 - C_3B_4}{A_3B_4 - B_3A_4} + \dfrac{Q_A}{\alpha^2 EJ} \cdot \dfrac{B_3D_4 - B_4D_3}{A_3B_4 - B_3A_4} \\[2mm] \varphi_A = \dfrac{M_A}{\alpha EJ} \cdot \dfrac{C_3A_4 - A_3A_4}{A_3B_4 - B_3A_4} + \dfrac{Q_A}{\alpha^2 EJ} \cdot \dfrac{D_3A_4 - A_3D_4}{A_3B_4 - A_4B_3} \end{array}\right\} \quad (5\text{-}34)$$

将上述各种边界条件下相应的 x_A 和 φ_A 代入式（5-31），即可求得滑动面以下桩身任一截面的变位和内力。

(2) K 法

桩顶受水平荷载的挠曲微分方程为：

$$EJ\dfrac{d^4x}{dy^4} + KB_p x = 0 \quad (5\text{-}35)$$

式中，$kB_p x$ 为地基作用于桩上的水平抗力（kN/m）。引入变形系数 $\beta = \sqrt[4]{\dfrac{KB_2}{4EI}}$，即 $KB_p = 4EI\beta^4$，则式（5-35）可写成

$$\dfrac{d^4x}{dy^4} + 4\beta^4 x = 0 \quad (5\text{-}36)$$

通过数学求解，得到滑动面以下桩身任一截面的变位和内力的计算公式：

$$\left.\begin{array}{l} x_y = x_A\varphi_1 + \dfrac{\varphi_A}{\beta}\varphi_2 + \dfrac{M_A}{\beta^2 EJ}\varphi_3 + \dfrac{Q_A}{\beta^3 EJ}\varphi_4 \\[2mm] \varphi_y = \beta\left(-4x_A\varphi_4 + \dfrac{\varphi_A}{\beta}\varphi_1 + \dfrac{M_A}{\beta^2 EJ}\varphi_2 + \dfrac{Q_A}{\beta^2 EJ}\varphi_B\right) \\[2mm] \dfrac{M_y}{\beta^2 EJ} = -4x_A\varphi_3 - \dfrac{\varphi_A}{\beta}4\kappa_4 + \dfrac{M_A}{\beta^2 EJ}\varphi_1 + \dfrac{Q_A}{\beta^3 EJ}\varphi_2 \\[2mm] \dfrac{Q_y}{\beta^3 EJ} = -4x_A\varphi_2 - \dfrac{\phi_A}{\beta}4\varphi_3 - \dfrac{M_A}{\beta^2 EJ}4\varphi_4 + \dfrac{Q_A}{\beta^3 EJ}\varphi_1 \end{array}\right\} \quad (5\text{-}37)$$

$$\varphi_1 = \cos\beta y \cdot \text{ch}\beta y$$

$$\varphi_2 = \dfrac{1}{2}(\sin\beta y \cdot \text{ch}\beta y + \cos\beta y \cdot \text{sh}\beta y)$$

$$\varphi_3 = \dfrac{1}{2}\sin\beta y\,\text{sh}\beta y$$

$$\varphi_4 = \dfrac{1}{4}(\sin\beta y\,\text{ch}\beta y - \cos\beta y\,\text{sh}\beta y)$$

式中：φ_1、φ_2、φ_3、φ_4——K 法的影响函数值，见表 5-6。

式（5-37）为 K 法的一般表达式，计算时要先求滑面处的 x_A 和 φ_A，才能求桩身任一截面的变位、内力和地基土对该截面的侧向应力。为此，需要根据下述三种边界条件

确定：

a) 当桩底为固定端时，$x_B=0$、$\varphi_B=0$，将式（5-37）的第1、2式联立解得：

$$\left.\begin{aligned}x_A&=\frac{M_A}{\beta^2 EJ}\frac{\varphi_2^2\varphi_1\varphi_3}{4\varphi_4\varphi_2+\varphi_3^2}+\frac{Q_A}{\beta^3 EJ}\frac{\varphi_2\varphi_3-\varphi_3\varphi_4}{4\varphi_4\varphi_1+\varphi_1^2}\\ \varphi_A&=-\frac{M_A}{\beta EJ}\frac{\varphi_1\varphi_2+4\varphi_3\varphi_4}{4\varphi_4\varphi_2+\varphi_1^2}-\frac{Q_A}{\beta^2 EJ}\frac{\varphi_1\varphi_3+4\varphi_4^2}{4\varphi_4\varphi_2+\varphi_1^2}\end{aligned}\right\} \quad (5\text{-}38)$$

b) 当桩底为铰支端时，$x_B=0$、$M_B=0$、$\varphi_B=0$、$Q_B\neq 0$。不考虑桩底弯矩的影响，将 $x_B=0$、$M_B=0$ 代入式（5-37）的第1、3式，联立解得：

$$\left.\begin{aligned}x_A&=\frac{M_A}{\beta^2 EJ}\frac{4\varphi_3\varphi_4+\varphi_1\varphi_2}{4\varphi_1\varphi_3-4\varphi_1\varphi_4}+\frac{Q_A}{\beta^3 EJ}\frac{4\varphi_4^2+\varphi_2^2}{4\varphi_2\varphi_3-4\varphi_1\varphi_4}\\ \varphi_A&=-\frac{M_A}{\beta EJ}\frac{\varphi_1^2+4\varphi_2^4}{4\varphi_2\varphi_3-4\varphi_1\varphi_4}-\frac{Q_A}{\beta^2 EJ}\frac{4\varphi_3\varphi_4+\varphi_1\varphi_2}{4\varphi_2\varphi_3-4\varphi_1\varphi_4}\end{aligned}\right\} \quad (5\text{-}39)$$

c) 当桩底为自由端时，$M_B=0$、$Q_B=0$、$\varphi_B\neq 0$、$x_B\neq 0$。将 $M_B=0$、$Q_B=0$ 代入式（5-37）的第3、4式，联立解得：

$$\left.\begin{aligned}X_A&=\frac{M_A}{\beta^2 EJ}\frac{4\varphi_4^2+\varphi_1\varphi_3}{4\varphi_3^2-4\varphi_2\varphi_4}+\frac{Q_A}{\beta^3 EJ}\frac{\varphi_2\varphi_3-\varphi_1\varphi_4}{4\varphi_3^2-4\varphi_2\varphi_4}\\ \varphi_A&=-\frac{M_A}{\beta EJ}\frac{4\varphi_3\varphi_4+\varphi_1\varphi_2}{4\varphi_3^2-4\varphi_2\varphi_4}-\frac{Q_A}{\beta^2 EJ}\frac{\varphi_2^2-\varphi_1\varphi_3}{4\varphi_3^2-4\varphi_2\varphi_4}\end{aligned}\right\} \quad (5\text{-}40)$$

将上述各种边界条件下相应的 x_A 和 φ_A 代入式（5-37），即可求得滑动面以下桩身任一截面的变位和内力。

(3) 滑面处抗力不为零的处理方法

由于滑面以上有滑体的存在，等于在弹性体的表面有附加荷重的作用。对于地基系数为常数的地层来说，此附加荷重不会影响地基的弹性性质。但对于地基系数随深度直线增加的地层来说，此时附加荷重使滑面处的地基系数不为零，而是某一数值 A，则滑面以下某一深度处岩土抗力表达式为 $P_\gamma=A+m_y$，即滑面以下的地基系数为梯形变化。此时，为了利用 m 法推出的公式和影响系数可作如下的处理，如图5-8所示：

a) 将地基系数的变化图形向上延伸至虚点 a，延伸的高度 $S'_1=\dfrac{A}{m}$。

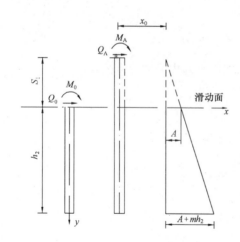

图5-8 滑面处抗力不为零时的处理

b) 自虚点 a 向下计算可使用附表1，但必须重新确定 a 点的初参数 M_A、Q_A、x_A、φ_A。

c) a 点处的初参数可由滑面处条件和桩底处的边界件确定。即在 M_A 与 Q_A 作用下，必须满足下列条件：

当 $y=0$ 时（滑面处）$M=M_0$，$Q=Q_0$。

当 $y=h_i$ 时（桩底处）$M_{h_2}=0$，$Q_{h_2}=0$（桩底为自由端）

$x_{h_2}=0$，$\varphi_{h_2}=0$（桩底为固定端）

桩底为自由端时可建立下列方程：

$$\left.\begin{array}{l}\alpha^2 EJ\left(x_a A_3^0 + \dfrac{\varphi_a}{\alpha}B_4^0 + \dfrac{M_a}{\alpha^2 EJ}C_3^0 + \dfrac{Q_a}{\alpha^3 EJ}\right) = M_0 \\ \alpha^3 EJ\left(x_a A_4^0 + \dfrac{\varphi_a}{\alpha}B_4^0 + \dfrac{M_a}{\alpha^2 EJ}C_4^0 + \dfrac{Q_a}{\alpha^3 EJ}D_4^0\right) = Q_0 \\ x_a A_3^{h_2} + \dfrac{\varphi_a}{\alpha}B_3^{h_2} + \dfrac{M_a}{\alpha^2 EJ}C_3^{h_2} + \dfrac{Q_a}{\alpha^3 EJ}D_3^{h_2} = 0 \\ x_a A_4^{h_2} + \dfrac{\varphi_a}{\alpha}\cdot B_4^{h_2} + \dfrac{M_a}{\alpha^2 EJ}C_4^{h_2} + \dfrac{Q_a}{\alpha^3 EJ}D_4^{h_2} = 0\end{array}\right\} \quad (5\text{-}41)$$

桩底为固定端时可建立下列方程：

$$\left.\begin{array}{l}x_a A_1^{h_2} + \dfrac{\varphi_a}{\alpha}B_1^{h_2} + \dfrac{M_a}{\alpha^2 EJ}C_1^{h_2} + \dfrac{Q_a}{\alpha^3 EJ}D_1^{h_2} = 0 \\ x_a A_2^{h_2} + \dfrac{\varphi_a}{\alpha}B_2^{h_2} + \dfrac{M_a}{\alpha^3 EJ}C_2^{h_2} + \dfrac{Q_a}{\alpha^3 EJ}D_2^{h_2} = 0\end{array}\right\} \quad (5\text{-}42)$$

上列各式中，A_3^0——在滑面处的系数 A_3 值；

$A_3^{h_2}$——在桩底处的系数 A_B 值，余类推。

通过对式（5-41）或式（5-41）的第1、2及式（5-42）联解，即可求得 M_A、Q_A、x_a、及 φ_a 之值。此时便可直接使用附表5-7和附表5-8计算滑面以下桩身任一点的内力和变位。

弹性桩"m"法初参数解的计算系数表　　　　附表5-7

换算深度 $h = a_y$	A_1	B_1	C_1	D_1	A_2	B_2	C_2	D_2
0	1.00000	0.00000	0.00000	0.0000	0.00000	1.00000	0.00000	0.00000
0.1	1.00000	0.10000	0.00500	0.00017	−0.000000	1.00000	0.10000	0.00500
0.2	1.00000	0.20000	0.02000	0.00133	−0.00007	1.00000	0.20000	0.02000
0.3	0.99998	0.30000	0.04500	0.00450	−0.00034	0.99996	0.30000	0.04500
0.4	0.99991	0.39999	0.08000	0.01067	−0.00107	0.99983	0.39998	0.08000
0.5	0.99974	0.49996	0.12500	0.02083	−0.00260	0.99948	0.49994	0.12499
0.6	0.99935	0.59987	0.17998	0.03600	−0.00540	0.999870	0.59981	0.17998
0.7	0.99860	0.69967	0.24495	0.05716	−0.01000	0.99720	0.69951	0.24494
0.8	0.99727	0.79927	0.31988	0.08532	−0.01707	0.99454	0.79891	0.31983
0.9	0.99508	0.89852	0.40472	0.12146	−0.02733	0.99016	0.89779	0.40462
1.0	0.99167	0.99722	0.49941	0.16657	−0.04167	0.98333	0.99583	0.49921
1.1	0.98658	1.09508	0.60384	0.22163	−0.06096	0.97317	1.09262	0.60346
1.2	0.97927	1.19171	0.71787	0.28758	−0.08632	0.95855	1.18756	0.71716
1.3	0.96908	1.28660	0.84127	0.36536	−0.11883	0.93817	1.27990	0.84002
1.4	0.95523	1.37910	0.97373	0.45588	−0.15973	0.91047	1.36865	0.97163
1.5	0.93681	1.46839	1.11484	0.55997	−0.21030	0.87365	1.45259	1.11145
1.6	0.91280	1.55346	1.26403	0.67842	−0.27194	0.82565	1.53020	1.25872
1.7	0.88201	1.63307	1.42061	0.81193	−0.34604	0.76413	1.59963	1.41247
1.8	0.84313	1.70575	1.58362	0.96109	−0.43412	0.68645	1.65867	1.57150

续表

换算深度 $h=a_y$	A_1	B_1	C_1	D_1	A_2	B_2	C_2	D_2
1.9	0.79467	1.76972	1.75190	1.12637	−0.53768	0.58967	1.70468	1.73422
2.0	0.73502	1.82294	1.92402	1.30801	−0.65822	0.47061	1.73457	1.89872
2.2	0.57491	1.88709	2.27042	1.72042	−0.95616	0.15127	1.73110	2.22299
2.4	0.34691	1.87450	2.60882	2.19535	−1.33889	−0.30273	1.61286	2.51874
2.6	0.03315	1.75473	2.90670	2.72365	−1.81479	−0.92602	1.33485	2.74972
2.8	−0.38548	1.49037	3.12843	3.28769	−2.38756	−1.75438	0.84177	2.86653
3.0	−0.92809	1.03679	3.22471	3.85838	−3.05319	−2.82410	0.06837	2.80406
3.5	−2.92799	−1.27172	2.46304	4.97982	−4.98062	−6.70806	−3.58647	1.27018
4.0	−5.85333	−5.94097	−0.92677	4.54780	−6.53316	−12.15810	−10.60840	−3.76647
0	0.00000	0.00000	1.00000	0.00000	0.00000	0.00000	0.00000	1.00000
0.1	−0.00017	−0.00001	1.00000	0.10000	−0.00500	−0.00033	−0.00001	1.00000
0.2	−0.00133	−0.00013	0.99999	0.20000	0.02000	−0.00267	−0.00020	0.99999
0.3	−0.00450	−0.00067	0.99994	0.30000	−0.04500	−0.00900	−0.00101	0.99992
0.4	−0.01067	−0.00213	0.99974	0.39998	−0.08000	−0.02133	−0.00320	0.99966
0.5	−0.02083	−0.00521	0.99922	0.49991	−0.12499	−0.04167	−0.00781	0.99896
0.6	−0.03600	−0.01080	0.99806	0.59974	−0.17997	−0.07199	−0.01620	0.99741
0.7	−0.05716	−0.02001	0.99580	0.69935	0.24490	−0.11433	−0.3001	0.99440
0.8	−0.08532	−0.03412	0.99181	0.79854	−0.31975	−0.17060	−0.05120	0.98908
0.9	−0.12144	−0.05466	0.98524	0.89705	−0.40443	−0.24284	−0.08198	0.98032
1.0	−0.16652	−0.08329	0.97501	0.99445	−0.49881	−0.33298	−0.12493	0.96667
1.1	−0.22152	−0.12192	0.95975	1.09016	−0.60268	−0.44292	−0.18285	0.94634
1.2	−0.28737	−0.17260	0.93783	1.18342	−0.71573	−0.57450	−0.25886	0.91712
1.3	−0.36496	−0.23760	0.90727	1.27320	−0.83753	−0.72950	−0.35631	0.87638
1.4	−0.45515	−0.31933	0.86573	1.35821	−0.96746	−0.90954	−0.47883	0.82102
1.5	−0.55870	−0.42039	0.81054	1.43680	−1.10468	−1.11609	−0.63027	0.74745
1.6	−0.67629	−0.54348	0.73859	1.50695	−1.24808	−1.35042	−0.81466	0.65156
1.7	−0.80848	−0.69144	0.64637	1.56621	−1.39623	−1.61346	−1.03616	0.52871
1.8	−0.95564	−0.86715	0.52997	1.61162	−1.54726	−1.90577	−1.29909	0.37368
1.9	−1.11796	−1.07357	0.38503	1.63969	−1.69889	−2.22745	−1.60770	0.18071
2.0	−1.29535	−1.31361	0.20676	1.64628	−1.84818	−2.57798	−1.96620	−0.05652
2.2	−1.69334	−1.90567	−0.27087	1.57538	−2.12481	−3.35952	−2.84858	−0.69158
2.4	−2.14117	−2.66329	−0.94885	1.35201	−2.33901	−4.22811	−3.97323	−1.59151
2.6	−2.62126	−3.59987	−1.87734	0.91679	−2.43695	−5.14023	−5.35541	−2.82106
2.8	−3.10341	−4071748	−3.10791	0.19729	−2.34558	−6.02299	−6.99007	−4.44491
3.0	−3.54058	−5.99979	−4.68788	−0.89126	−1.96928	−6.76460	−8.84029	−6.51972
3.5	−3.91921	−9.54367	−10.34040	−5.85402	−1.07408	−6.78895	−13.69240	−13.82610
4.0	−1.61428	−11.73070	−17.91860	−15.07550	−9.24368	−0.35762	−15.61050	−23.14040

"K"法的影响函数值　　　　　　　　附表 5-8

$\beta \cdot y$	φ_1	φ_2	φ_3	φ_4	$\beta \cdot y$	φ_1	φ_2	φ_3	φ_4
0	1	0	0	0	1.01	0.8270	0.9750	0.5042	0.1709
0.05	1.0000	0.0500	0.0013	0.00002	1.02	0.8201	0.9833	0.5140	0.1760
0.10	1.0000	0.1000	0.0050	0.0002	1.03	0.8129	0.9914	0.5238	0.1812
0.15	0.9999	0.1500	0.0113	0.0006	1.04	0.8056	0.9995	0.5338	0.1865
0.20	0.9997	0.2000	0.0200	0.0014	1.05	0.7980	1.0076	0.5438	0.1918
0.25	0.9993	0.2500	0.0313	0.0026	1.06	0.7902	1.0155	0.5540	0.1973
0.30	0.9987	0.2999	0.0450	0.0045	1.07	0.7822	1.0233	0.5641	0.2029
0.35	0.9975	0.3498	0.0613	0.0072	1.08	0.7740	1.0311	0.57440	0.2086
0.40	0.9957	0.3997	0.0800	0.0107	1.09	0.7655	1.0388	0.5848	0.2144
0.45	0.9932	0.4494	0.1012	0.0152	1.10	0.7568	1.0465	0.5952	0.2203
0.50	0.9895	0.4990	0.1249	0.0208	1.11	0.7479	1.0540	0.6057	0.2263
0.52	0.9878	0.5188	0.1351	0.0234	1.12	0.7387	1.0613	0.6163	0.2324
0.54	0.9858	0.5385	0.1457	0.0262	1.13	0.7293	1.0687	0.6269	0.2386
0.56	0.9836	0.5582	0.1567	0.0293	1.14	0.7196	1.0760	0.6376	0.2449
0.58	0.9811	0.5778	0.1680	0.0325	1.15	0.7097	1.0831	0.6484	0.2514
0.60	0.9784	0.5974	0.1798	0.0360	1.16	0.6995	1.0902	0.6593	0.2579
0.62	0.9754	0.6170	0.1919	0.0397	1.17	0.6891	1.0971	0.6702	0.2646
0.64	0.9721	0.6364	0.2044	0.0437	1.18	0.6784	1.1040	0.6813	0.2713
0.66	0.9684	0.6559	0.2174	0.0479	1.19	0.6674	1.1107	0.6923	0.2782
0.68	0.9644	0.6752	0.2307	0.0524	1.20	0.6561	1.1173	0.7035	0.2852
0.70	0.9600	0.6944	0.2444	0.0571	1.21	0.6446	1.1238	0.7147	0.2923
0.72	0.9552	0.7136	0.2584	0.0621	1.22	0.6330	1.1306	0.7259	0.2997
0.74	0.9501	0.7326	0.2729	0.0675	1.23	0.6206	1.1365	0.7373	0.3068
0.76	0.9444	0.7516	0.2878	0.0730	1.24	0.6082	1.1426	0.7487	0.3142
0.78	0.9384	0.7704	0.3030	0.0790	1.25	0.5955	1.1486	0.7601	0.3218
0.80	0.9318	0.7891	0.3186	0.0852	1.26	0.5824	1.1545	0.7716	0.3294
0.82	0.9247	0.3077	0.3345	0.0917	1.27	0.5691	1.1602	0.7832	0.3372
0.84	0.9171	0.8261	0.3509	0.0986	1.28	0.5555	1.1659	0.7948	0.3451
0.86	0.9090	0.8443	0.3676	0.1057	1.29	0.5451	1.1714	0.8065	0.3531
0.88	0.9002	0.8624	0.3846	0.1133	1.30	0.5272	1.1767	0.8183	0.3612
0.90	0.8931	0.8804	0.4021	0.1211	1.31	0.5126	1.1819	0.8301	0.3695
0.92	0.8808	0.8981	0.4199	0.1293	1.32	0.4977	1.1870	0.8419	0.3778
0.94	0.8701	0.9156	0.4380	0.1379	1.33	0.4824	1.1919	0.8538	0.3863
0.96	0.8587	0.9329	0.4565	0.1469	1.34	0.4668	1.1966	0.8657	0.3949
0.98	0.8466	0.9499	0.4753	0.1562	1.35	0.4508	1.2012	08777	0.4036
1.00	0.8337	0.9668	0.4945	0.1659	1.36	0.4345	1.2057	0.8898	0.4124
1.37	0.4178	1.2099	0.9018	0.4214	1.72	−0.4284	1.2240	1.3364	0.8129

续表

$\beta \cdot y$	φ_1	φ_2	φ_3	φ_4	$\beta \cdot y$	φ_1	φ_2	φ_3	φ_4
1.38	0.4008	1.2140	0.9140	0.4305	1.73	−0.4612	1.2196	1.3486	0.8263
1.39	0.3833	1.2179	0.9261	0.4397	1.74	−0.4945	1.2148	1.3608	0.8399
1.40	0.3656	1.2217	0.9383	0.4490	1.75	−0.5284	1.2097	1.3729	0.8535
1.41	0.3474	1.2252	0.9506	0.4585	1.76	−0.5628	1.2042	1.3850	0.8673
1.42	0.3289	1.2286	0.9628	0.4680	1.77	−0.5977	1.1984	1.3970	0.8812
1.43	0.3100	1.2318	0.9751	0.4777	1.78	−0.6333	1.1923	1.4089	0.8953
1.44	0.2907	1.2348	0.9865	0.4875	1.79	−0.6694	1.1857	1.4208	0.9094
1.45	0.2710	1.2376	0.9998	0.4974	1.80	−0.7060	1.1789	1.4326	0.9237
1.46	0.2509	1.2402	1.0122	0.5075	1.81	−0.7433	1.1716	1.4444	0.9381
1.47	0.2304	1.2426	1.0246	0.5177	1.82	−0.7811	1.1640	1.4561	0.9526
1.48	0.2095	1.2448	1.0371	0.5280	1.83	−0.8195	1.1560	1.4677	0.9672
1.49	0.1882	1.2468	1.0495	0.5384	1.84	−0.8584	1.1476	1.4792	0.9819
1.50	0.1664	1.2486	1.0620	0.5490	1.85	−0.8989	1.1389	1.4906	0.9968
1.51	0.1442	1.2501	1.0745	0.55970	1.86	−0.9382	1.1297	1.5020	1.0117
1.52	0.1216	1.2515	1.0870	0.5750	1.87	−0.9790	1.1201	1.5132	1.0268
1.53	0.0980	1.2526	1.0995	0.5814	1.88	−1.0203	1.1101	1.5244	1.0420
1.54	0.0746	1.2534	1.1121	0.5925	1.89	−1.0623	1.0997	1.5354	1.0573
1.55	0.0512	1.2541	1.1246	0.6036	1.90	−1.1049	1.0888	1.5464	1.0727
1.56	0.0268	1.2545	1.1371	0.6149	1.91	−1.1481	1.0776	1.5572	1.0882
1.57	0.0020	1.2546	1.1497	0.6264	1.92	−1.1920	1.0659	1.5679	1.1038
π/2(1.5708)	0	1.2546	1.1507	0.6273	1.93	−1.2364	1.0538	1.5785	1.1196
1.53	−0.0233	1.2545	1.1622	0.6380	1.94	−1.2815	1.0411	1.5890	1.1354
1.59	−0.0490	1.2542	1.1748	0.6496	1.95	−1.3273	1.0281	1.5993	1.1514
1.60	−0.0753	1.2535	1.1873	0.6615	1.96	−1.3736	1.0146	1.6095	1.1674
1.61	−0.1019	1.2526	1.1998	0.6734	1.97	−1.4207	1.0007	1.6196	1.1635
1.62	−0.1291	1.2515	1.2124	0.6854	1.98	−1.4683	0.9862	1.6296	1.1998
1.63	−0.1568	1.2501	1.2249	0.6976	1.99	−1.5166	0.9713	1.6393	1.2161
1.64	−0.1849	1.2484	1.2374	0.7999	2.00	−1.5656	0.9558	1.6490	1.2325
1.65	−0.2136	1.2464	1.2498	0.7224	2.01	−1.6153	0.9399	1.6584	1.2491
1.66	−0.2427	1.2441	1.2623	0.7349	2.02	−1.6656	0.9235	1.6678	1.2658
1.67	0.2724	1.2415	1.2747	0.7476	2.03	−1.7165	0.9066	1.6769	1.2825
1.68	−0.3026	1.2386	1.2871	0.7604	2.04	−1.7682	0.8892	1.6859	1.2993

续表

$\beta \cdot y$	φ_1	φ_2	φ_3	φ_4	$\beta \cdot y$	φ_1	φ_2	φ_3	φ_4
1.69	−0.3332	1.2354	1.2995	0.7734	2.05	−1.8205	0.8713	1.6947	1.3162
1.70	−0.3644	1.2322	1.3118	0.7865	2.06	−1.8734	0.8528	1.7033	1.3332
1.71	−0.3961	1.2282	1.3241	0.7796	2.07	−1.9271	0.8338	1.7117	1.3502
2.08	−1.9815	0.8142	1.7200	1.3674	2.44	−4.4150	−0.3089	1.8373	2.0198
2.09	−2.0365	0.7939	1.7280	1.3845	2.45	−4.4961	−0.3534	1.8339	2.03881
2.10	−2.0923	0.7735	1.7359	1.4020	2.46	−4.5780	−0.3988	1.8302	2.0564
2.11	−2.1487	0.7523	1.7435	1.4194	2.47	−4.6606	−0.4450	1.8259	2.0747
2.12	−2.2085	0.7306	1.7509	1.4368	2.48	−4.7439	−0.4920	1.8213	2.0930
2.13	2−.2636	0.7082	1.7581	1.4544	2.49	−4.8280	−0.5399	1.8161	2.1111
2.14	−2.3221	0.6853	1.7651	1.4720	2.50	−4.9128	−0.5885	1.8105	2.1293
2.15	−2.3814	0.6618	1.7718	1.4897	2.51	−4.9984	−0.6381	1.8043	2.1474
2.16	−2.4413	0.6376	1.7783	1.5074	2.52	−5.0846	−0.6885	1.7977	2.1654
2.17	−2.5020	0.6129	1.7846	1.5253	2.53	−5.1716	−0.7398	1.7906	2.1833
2.18	−2.5633	0.5876	1.7906	1.5431	2.54	−5.2593	−0.7920	1.7829	2.2012
2.19	−2.6254	0.5616	1.7963	1.5611	2.55	−5.3477	−0.8459	1.7747	2.2190
2.20	−2.6882	0.5351	1.8018	1.5791	2.56	−5.4368	−0.8989	1.7660	2.2367
2.21	−2.7518	0.5079	1.8070	1.5971	2.57	−5.5266	−0.9538	1.7567	2.2543
2.22	−2.8160	0.4801	1.8120	1.6152	2.58	−5.6172	−1.0095	1.7469	2.2718
2.23	−2.8810	0.4516	1.8166	1.6333	2.59	−5.7084	−1.0661	1.7365	2.2892
2.24	−2.9466	0.4224	1.8210	1.6515	2.60	−5.8003	−1.1236	1.7256	2.3065
2.25	−3.0131	0.3926	1.8251	1.6698	2.61	−5.3929	−1.1821	1.7141	2.3237
2.26	−3.0802	0.3621	1.8288	1.6880	2.62	−5.9862	−1.2415	1.7019	2.3408
2.27	−3.1481	0.3310	1.8323	1.7063	2.63	−6.0302	−1.3018	1.6892	2.3578
2.28	−3.2167	0.2992	1.8355	1.7247	2.64	−6.1748	−1.3631	1.6759	2.3746
2.29	−3.2861	0.2667	1.8383	1.7430	2.65	−6.2701	−1.4253	1.6620	2.3913
2.30	−3.3562	0.2335	1.8408	1.7614	2.66	−6.6661	−1.4885	1.6474	2.4078
2.31	−3.4270	0.1996	1.8430	1.7798	2.67	−6.4628	−1.5527	1.6322	2.4242
2.32	−3.4986	0.1649	1.8448	1.7983	2.68	−6.5600	−1.6177	1.6163	2.4405
2.33	−3.5708	0.1296	1.8462	1.8167	2.69	−6.6580	−1.5838	1.6327	2.4566
2.34	−3.6439	0.0935	1.8473	1.8352	2.70	−6.7565	−1.7500	14.5827	2.4725
2.35	−3.7177	0.0567	1.8481	1.8537	2.71	−6.8558	−1.8190	1.5648	2.4882
2.36	−3.7922	0.0191	1.8485	1.8722	2.72	−6.9556	−1.8881	1.5463	2.5037
2.37	−3.8675	−0.0192	1.8485	1.8906	2.73	−7.0560	−1.9581	1.5271	2.5191
2.38	−3.9435	−0.0583	1.8481	1.9091	2.74	−7.1571	−2.0292	1.5071	2.5343
2.39	−4.0202	−0.0981	1.8473	1.9276	2.75	−7.2588	−2.1012	1.4865	2.5493
2.40	−4.0976	−0.1386	1.8461	1.9461	2.76	−7.3611	−2.1743	1.4651	2.5640

续表

$\beta \cdot y$	φ_1	φ_2	φ_3	φ_4	$\beta \cdot y$	φ_1	φ_2	φ_3	φ_4
2.41	−4.1759	−0.1800	1.8446	1.9645	2.77	−7.4639	−2.2484	1.4430	2.5786
2.42	−4.2548	−0.2221	1.8425	1.9830	2.78	−7.5673	−2.3236	1.4201	2.5929
2.43	−4.3345	−0.2651	1.8401	2.0014	2.79	−7.6714	−2.3998	1.3965	2.6070
2.80	−7.7759	−2.4770	1.3721	2.6208	3.15	−11.6890	−5.8722	−1.0490	2.8870
2.81	−7.8810	−2.5553	1.3470	2.6344	3.16	−11.8045	−5.9898	−0.1083	2.8862
2.82	−7.9866	−2.6347	1.3210	2.6477	3.17	−11.9200	−6.1084	−0.1688	2.8848
2.83	−8.0929	−2.7151	1.2943	2.6608	3.18	−12.0353	−6.2281	−0.2305	2.8828
2.84	−8.1995	−2.7965	1.2667	2.6736	3.19	−12.1506	−6.3491	−0.2934	2.8802
2.85	−8.3067	−2.8790	1.2383	2.6862	3.20	−12.2656	−6.4711	−0.3574	2.8769
2.86	−8.4144	−2.9627	1.2091	2.6984	3.21	−12.3807	−6.5943	−0.4227	2.8731
2.87	−8.5225	−3.0473	1.1791	2.7103	3.22	−12.4956	−6.7188	−0.4894	2.8685
2.88	−8.6312	−3.1331	1.1482	2.7220	3.23	−12.6101	−6.8442	−0.5571	2.8633
2.89	−8.7404	−3.2200	1.1164	2.7333	3.24	−12.7373	−6.9710	−0.6262	2.8573
2.90	−8.8471	−3.3079	1.0838	2.7443	3.25	−12.8388	−7.0988	−0.6966	2.8507
2.91	−8.9598	−3.3969	1.0503	2.7550	3.26	−12.9527	−7.2277	−0.7682	2.8434
2.92	−9.0703	−3.4872	1.0158	2.7653	3.27	−13.0662	−7.3578	−0.8411	2.8354
2.93	−9.1811	−3.5784	0.9805	2.7753	3.28	13.1795	7.4891	−0.9154	2.8266
2.94	−9.2923	−3.6707	0.9443	2.7849	3.29	−13.2934	−7.6214	−0.9909	2.8171
2.95	−9.4039	−3.7642	0.9071	2.7942	3.30	−13.4048	−7.7549	−1.0678	2.8068
2.96	−9.5158	−3.8588	0.8690	2.8031	3.31	−13.5168	−7.8895	−1.1460	2.7957
2.97	−9.6281	−3.9545	0.8299	2.8115	3.32	−13.6285	−8.0252	−1.2256	2.7839
2.98	−9.7407	−4.0514	0.7899	2.8196	3.33	−13.7395	−8.1620	−1.3065	2.7712
2.99	−9.8536	−4.1193	0.7489	2.8273	3.34	−13.8501	−8.3000	−1.3888	2.7577
3.00	−9.9669	−4.2485	0.7069	2.8346	3.35	−13.9601	−8.4390	−1.4725	2.7434
3.01	−10.0804	−4.3487	0.6639	2.8414	3.36	−14.0695	−8.5792	−1.5577	2.7282
3.02	−10.1943	−4.4591	0.6199	2.8479	3.37	−14.1784	−8.7205	−1.6441	2.7122
3.03	−10.3083	−4.5526	0.5749	2.8538	3.38	−14.2866	−8.8627	−1.7321	2.6953
3.04	−10.4225	−4.6562	0.5289	2.8594	3.39	−14.3941	−9.0062	−1.8214	2.6776
3.05	−10.5317	−4.7611	0.4817	2.8644	3.40	−14.5008	−9.1507	−1.9121	2.6589
3.06	−10.6516	−4.8670	0.4336	2.8690	3.70	−17.1662	−13.9315	−5.3544	1.7049
3.07	−10.7665	−4.9741	0.3844	2.8731	4.00	−17.8499	−19.2524	−10.8265	0.7073
3.08	−10.8815	−5.0823	0.3341	2.8767	4.30	−14.7722	−24.2669	−16.8773	4.7501
3.09	−10.9966	−5.1917	0.2828	2.8798	4.60	5.5791	−27.5057	−24.7117	10.9638
3.10	−11.1119	−5.3023	0.2303	2.8823	$3\pi/2$	0	−27.3317	−27.8272	13.9159
3.11	−11.2272	−5.4139	0.1767	2.8844	4.80	5.3164	−27.6052	−30.2589	16.4694
3.12	−11.3427	−5.5268	0.1220	2.8859	5.10	30.9997	−22.4661	−37.9619	−26.7317

续表

$\beta \cdot y$	φ_1	φ_2	φ_3	φ_4	$\beta \cdot y$	φ_1	φ_2	φ_3	φ_4
3.13	−11.4580	−5.6408	0.0662	2.8868	5.40	70.2637	−7.6440	−42.7727	−38.9524
3.14	−11.5736	−5.7560	0.0092	2.8872	5.70	124.7352	21.2199	−41.1454	−51.7563
3.1146	−11.5919	−5.7744	0	2.8872	6.00	193.6813	68.6578	−28.2116	−62.5106
2π	267.6972	133.8476	0	−66.9238	8.30	−867.9091	473.5998	907.5542	670.7544
6.60	349.2554	231.3801	57.2528	−58.6870	8.60	−1843.2880	75.6088	997.2527	959.4484
6.90	404.7145	347.3499	143.4927	−30.1819	8.90	−3172.6917	−667.9794	918.3664	1252.3561
7.20	407.4216	469.4772	265.7664	31.0281	9.20	−4824.0587	−1860.5365	551.4928	1481.7611
7.50	31.3700	580.6710	423.9858	133.6506	3π	−6195.8239	−3097.9120	0	1548.9560
7.80	65.8475	642.1835	609.2596	288.1681	9.70	−7851.7063	−5034.4714	−1108.6183	1408.6174
8.00	−216.8647	628.8779	737.3101	422.8731	10.00	−9240.8733	−7616.1462	−2995.7095	812.3636

第四节 抗滑桩的施工

一、施工的一般程序

1. 施工中稳定滑坡的措施

（1）清顺滑体坡面，铲除陡坡、陡坎壁，填塞裂缝。如有可能，可根据设计需要，先在滑体范围内外，分别浆砌圈形截水沟减少地表水下渗。

（2）在抗滑桩施工范围，应大致整平地面，靠山一侧刷出宽度不小于2m的平台，另一侧如系弃碴或松散滑体，应填平夯实，避免对桩产生侧压。

（3）桩孔开挖，应视下滑力的大小，滑体的土石结构破坏程度及地下水等不同情况，采用全面同时开挖或跳跃式间隔开挖。

（4）根据地质条件，护壁可采用混凝土、钢筋混凝土、木质和喷护等方法；如地质条件许可，且开挖不深，能确保施工安全，可不支护，当挖至设计标高，符合桩基已置于较好的基岩上，井孔垂直且不小于设计尺寸和已达最低一层滑动面下5m以上时，立即绑扎钢筋（或下预制钢筋笼），灌注桩身混凝土，不能拖延时间。

（5）距桩孔10m内不能存放大堆材料，弃碴亦应在30m以外，产生震动大的机械应设在50m以外。

2. 桩孔开挖的准备工作

（1）现场核对设计，按设计测定校位，进行施工放样。放样时，要根据工地具体情况和施工可能发生的误差，每边较设计尺寸略大一些（一般为5cm）。然后整平孔口场地。

（2）在井口上竖立井架式三角架或摇头扒杆出渣、进料，起吊高度应高出井口3m以上，搭设临时风雨棚，做好井口排水沟。为了施工人身安全，井口设栏杆（薄壳支护高出地面者可不设）及供起吊人员装卸料用的脚踏板和井口开关门。

(3) 备置起吊用箩筐或特制的活底箱、桶及 0.5t 的卷扬机。当桩间距离较短（5~7m）要考虑开挖与护壁混凝土灌注有工序间隙时间。

(4) 配置井内开挖用的短镐、铲、锹和钻岩机、风镐与空压机及管道，供人员上下用的梯子。

(5) 配备井内用的高压送电路及低压照明、发电机和变配电设备、爆破器材、通风设备及管路和安装材料。

(6) 当井内有地下水时，还应配备、潜水泵或其他类型的高扬程抽水机。

3. 抗滑桩孔开挖

(1) 劳动力组织：根据开挖、提升、出碴及断面形式等条件，一般每孔10人，其中：井内开挖作业4人，卷扬机及抽水机司机1人，制作、安装支撑2人，井口接卸、拴套重物1人，接运出碴2人。另组织混疑土工班1个，人数视具体情况而定（无混凝土工作时转作备料），钢筋加工亦应有专业小组负责。

(2) 井下爆破：在开挖中常会遇到孤石或基岩，须进行爆破；在滑动面以下土质坚硬的地方，为加快施工进度，也需爆破松土。爆破时要注意眼孔布置和装药量。

爆破装药量及炮眼距井壁最小距离见表5-9。

爆破装药量及炮眼距井壁最小距离 表5-9

炮眼深度（mm）	最大装药量（g）	距井壁最小距离（mm）
600	200	600
1000	300~400	1000

炮眼的数目和装药量可参考表5-10。

表5-10

井孔截面（m×m）	炮眼数（个）	一次起爆装药量（g）
2×4	3~4	1200
2.5×4	3~4	1200
3×3	3~4	1200
3×4	6~7	1800

注：①表中装药量系指坚硬土层，如为孤石，用药量可适当减少；
②井内炮眼多时，应按总装药量控制每个眼的传药量，反之，则按眼深控制装药量。

(3) 井壁塌方处理：在施工过程中，因土层软弱、松散、地下水的作用，或因爆破作用引起塌方面积较小时，必须严格控制井内及临近孔的放炮并立即进行护壁支护，在塌空处填充块石，护壁适当加筋，浇灌混凝土未达到设计强度80%前不宜拆除模板顶撑。当塌方严重，土地过于松软和地下水作用继续塌坍时，必须加强观察，清除危石及悬土，在塌方处搭制托梁暗柱，并用木楔、长钉加固钉牢，里面用块石或废木填充，以阻止土石继续坍塌。并立即支护，适当加密塌方处钢筋，浇灌混凝土未达到设计强度80%前不宜拆除模板顶撑。

(4) 井孔的开挖支护

a) 混凝土薄壳护壁

混凝土薄壳护壁的每节开挖深度为0.6~2m，护壁厚度可参考表5-11。

表 5-11

顺序	土质类别	每节挖深（m）	护壁厚（m）	说　明
1	扰动松散土或碴	0.6～1.0	0.25～0.30	1. 含水地层灵活掌握
2	中密土夹石	1.0～1.5	0.20～0.25	2. 井口一节应高出地面 0.3～0.5m
3	密实黏土、砂黏土夹卵石、碎石	1.5～2.0	0.2	

混凝土薄壳护壁的构造见图 5-9。

当上节混凝土护壁浇筑经过一段时间（根据气温、土质与混凝土设计强度等而定），即可拆除横撑，继续下挖，先挖Ⅰ部，后挖Ⅱ部。当发现滑动面位置与设计标高不符时要及时进行分析研究和补充设计或办理变更设计。

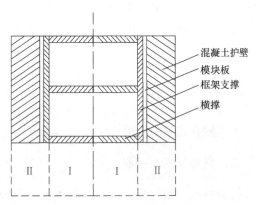

图 5-9　混凝土薄壳护壁的开挖

薄壳护壁的混凝土灌注，上下节可建成整体，也可间开，视孔壁土质稳定程度而定。在滑动面附近和土石分界处，必要时应增加护壁钢筋，且建成整体。灌注混凝土时应做到对称和四周均匀捣固，防止模板偏移。

混凝土薄壳护壁灌注的劳动组合可参考表 5-12。

表 5-12

混凝土拌合方法	运送集料	伴合	转运	井下铲拌	捣固	合计
人工	4	5			1	12
机械	6	1	2		1	12

b）木支护

当桩孔位于堆积层中或土质松散地点时，则需使用木质支护，随挖随支，井口密，下部稀，底部挖出岩石后视情况可少支或不支。

（5）安全注意事项应参照竖井施工办理，应特别注意下述各点：

a）工具必须放在吊斗内。上班时先送工具后送人入井，下班时，先送人后吊工具出井。工作人员上下井时，必须空手扶稳钢筋梯。严禁借用起吊绳索或吊斗上下。

b）井口必须设专人值班看守防护，不准任何料具小石块落入井内伤人。

c）装料时，吊斗不能装得太满，每班操作前要认真检查起吊架子、安全栅、绳索、滑轮、辘轳、机具等，发现问题及时处理。

d）注意检查木支撑和已做护壁有无变形，如有问题，立即撤出工作人员，并报告有关部门。

4. 灌注抗滑桩身混凝土

（1）核对断面尺寸及桩底地质资料，放出桩底十字线。当混凝土护壁作为桩身断面时，护壁必须洁刷干净。

(2) 钢筋绑扎、焊接定位，绑扎钢筋有两种作法，一种是单根钢筋放到井下定位绑扎。但井下绑扎，电焊工作量大，对工人健康不利。另一种是根据起吊设备和抗滑桩深度情况，整体吊装，将钢筋预制成每节 5～7m 的钢筋笼，逐节放到井下搭接焊牢。为防止钢筋笼在搬运和下井过程中变形，每节钢筋笼可增设直径 25～28mm 加劲箍筋两道或增加钢轨、型钢等，钢筋笼就位后，其与护壁的间隙应以混凝土块楔紧。

(3) 灌注桩身混凝土：最好使用输送泵，搅拌机置于井口，作业中应随时观察井内情况防止意外。当钢筋笼定位后，以串筒漏斗将混凝土传送至井中捣固。一般混凝土灌至一节钢筋笼外露部分 40cm 时，进行下节钢筋笼搭接电焊（要注意上下节钢筋笼长短钢筋对口面），经检查合格方可继续灌注混凝土。如此反复循环直到灌完桩身混凝土。

(4) 抗滑桩的承台施工：当设计为承台式抗滑桩时，在灌完桩身混凝土后，根据承台底面标高及承台底面轮廓尺寸进行放样，开挖土石方。凿除高出承台底面的桩孔混凝土护壁，安装承台模板，绑扎钢筋、分层灌注承台混凝土。

人工挖孔抗滑桩一般施工工序如图 5-10 所示。

二、质量与安全控制

抗滑桩施工较常规工程承载桩施工环境地质条件复杂，特别是大多是在已经滑动或正在滑动的边坡上进行施工，须高度重视，做好安全与质量控制，才能充分发挥其抗滑效能。施工中应着重做好以下方面工作：

(1) 材料质量控制重点做好砂、石、水泥钢筋检验和混凝土配合比试验，施工中加强监控和采样检验。

(2) 截排水措施桩孔开挖前，做好坡面截、排水，在周边增加临时排水沟。对直面滑坡裂缝用砂浆封闭或黏土夯坡填平处理，防止雨水下渗加速其边坡滑动。对地下水位较高的地段宜在坡体内外深部排水孔预埋排水滤管及时将其引排。桩孔积水应及时排除。

(3) 设置坡变形、位移观测点专人定时监测滑体位移状况，若有变动，及时通知工作人员撤离现场。

(4) 采用间隔跳跃式施工为减少对滑体的扰动，待灌注泥凝土完毕，达到设计强度 50% 以上后，方可开挖下一次序孔。为了减小桩体位移，可采用反压护道措施处理，待成桩后再清理。

(5) 桩孔石方开挖爆破宜采用多循环小进尺，小药量控制爆破施工，严禁过量爆破和采用火雷管起爆。当井内无积水和周边无静电感应时，宜用电雷管引爆，否则，需用非电导爆雷管引爆。

(6) 加强桩体垂直度测量每个循环对其垂直度和桩的宽度进行测量一次，及时纠正。

(7) 软弱地层施工对软弱地层，采用短进尺加强支护，步步为营施工方案，不应在土石层变化和滑床面分节。加强现场安全管理，专人管理。人力绞车设反锁装置，孔口设警示标志。

(8) 施工安全加强排水、通风、安全用电，及时排除孔内积水，配备鼓风机，特别是在淤泥、泥炭土地层，孔内使用安全电照明。

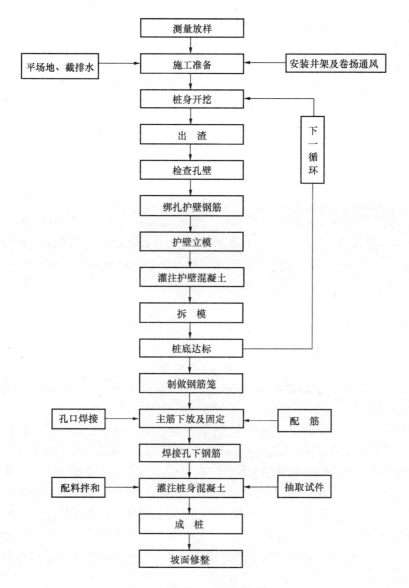

图 5-10 人工挖孔抗滑桩一般施工工序

第六章 预应力锚索的设计与施工

第一节 概 述

一、预应力锚索的发展概况

预应力锚索是一种可承受拉力的结构系统。它的一端被固定在稳定地层中（或结构中），另一端与被加固物紧密结合，形成一种新的结构复合体。它的核心受拉体是高强预应力筋（预应力钢丝、钢绞线等）。它在安装后，可立即向被加固体主动施加压应力，限制其发生有害变形和位移。预应力锚索是一种高效经济和实用工程技术，得到了岩土工程行业的高度重视。

世界上大规模应用预应力锚索并获得成功的典型实例为20世纪30年代阿尔及利亚舍尔法大坝的加高加固工程。该坝在改扩建时把坝体加高3m，用37根预应力锚索进行加固，使其稳定。每根锚索由630根直径为5mm的高强钢丝组成，单孔施加荷载达到10MN，锚索间距6m，钢筋混凝土锚头设置在加高后的坝顶上。20年后预应力损失仅为9%。

预应力锚索加固公路边坡技术于20世纪90年代初由日本传入我国后，在我国土木工程中得到了日益广泛的应用，预应力加固边坡的原理是：通过锚索、砂浆或水泥浆与深层稳定岩体的胶合作用，由锚索传递张拉力，牵制表层坍滑体，通过预应力锚索使松散层或滑坡体与稳定地层连接成一个坚固的整体，从而达到加固边坡的目的。其特点是：施工速度快、工程量小、安全可靠、适用范围广泛、施工工序简捷、易于掌握，特别适用于各种大型结构物基坑开挖、挡土墙工程、滑坡工程及边坡坍滑的整治。目前该项施工技术逐步成熟，在土木工程建设中显示了极大的优越性，发挥出较好的经济效益，得到日益广泛的应用。

二、预应力锚索的工作机理及优点

根据不同的岩体强度理论，对预应力锚固机理有以下几点不同的解释与理解：

（1）从结构面剪切破坏角度分析，锚索具有承剪阻滑的作用；

（2）从脆性断裂强度理论分析，锚索具有降低裂隙间应力强度因子、阻碍裂隙扩展的作用；

（3）从节理岩体的强度理论出发，锚索具有增强节理岩体的裂隙前缘岩土断裂韧度的作用，使裂隙断裂扩展力不但要克服岩桥的阻力，还要提供锚索的桥联作用，因而阻止了裂隙的进一步扩展与贯通。

预应力锚固技术最大的特点是能够充分利用岩土体自身强度和自承能力，大大减轻结构自重，节省工程材料，是高效和经济的加固技术。预应力锚索与圬工类结构比较具有以下特点：

a）具有一定的柔性

锚索是一种细长受拉杆状构件，柔度较大，具有柔性可调的特点，用于加固岩土体时能与岩土体共同作用，充分发挥两者的能力。

b）深层加固

预应力锚索的长度，可根据工程需要确定，加固深度可达数十米。

c）主动加固

通过对锚索施加预应力，能够主动控制岩土体变形，调整岩土体应力状态，有利于岩土体的稳定性。预应力锚索结构是在岩土体及被加固结构物产生变形之前就发挥作用，与挡土墙、抗滑桩等支挡结构在岩土体变形后才发挥作用的被动受力状态有着本质的区别。

d）随机补强、应用范围广

预应力锚索既可对有缺陷或存在病害的既有结构物、支挡结构进行加固补强，又可在新建工程中显示其独特的功能，具有应用范围广的特点。

e）施工快捷灵活

预应力锚索施工采用机械化作业，具有工艺灵巧、施工进度快、工期短、施工安全等特点，用于应急抢险更具有独特优势。

f）经济性好

预应力锚索既可单独使用，充分利用岩土体自身强度，从而节省大量工程材料，同时可与其他结构物组合使用，改善其受力状态，节省大量的圬工，具有显著经济效益。

三、预应力锚索的基本特征

预应力锚索是通过主动建立的后张预应力场，来抑制减低、消除天然力场对工程地质体或构筑物所造成的危害。它能充分调用工程地质体或构筑物自身潜在的稳定性并改善其内部应力状态。

预应力锚索有如下基本特征：

（1）预应力锚索以群组形式出现。在加固工程中预应力锚索数量少则几根，多则可达到数百根、数千根。这些锚索在空间上是独立存在、非连续分布的。通过一群预应力锚索建立的锚固力场，达到加固补强的共同目的。

（2）预应力锚索具有很强的主动调控性。预应力锚索安放数量，安放位置、深度、方向，施加预应力的大小，均可依据现场需求加以调整。如单孔安装荷载小的可为几百千牛，大的可达十至几十兆牛，这么大的调整范围，其他加固措施是难以实现的。预应力锚索可主动调整预应力场与天然力场的叠加范围和叠加程度，进而充分调用工程地质体的潜在自稳能力，改变其内部应力分布性状和大小，限制有害变形的发生，提高工程结构的稳定与安全。

（3）预应力锚索属高效预应力范畴。锚索使用的预应力筋，如预应力钢丝、预应力钢绞线、精轧螺纹钢筋等均为高强度材料，只要利用较小材料截面，即可获得较高的预应力。

（4）预应力锚索将结构与地层紧密地连接在一起，形成共同工作的体系。这是一项将工程地质体视作工程材料，而加以改造利用的工程技术。

(5) 预应力锚索能够在尽可能少地扰动被锚固体的状况下, 达到加固、增稳的目的, 所以预应力锚索是一种高效、经济的加固技术。

第二节　预应力锚索的结构及其工程特性

一、预应力锚索的类型

预应力锚索结构的多样性和复杂性, 使得对其难以进行准确分类。一般分类如下:

按单孔施加预应力的大小, 可将锚索分为四类: 巨型锚索 (单孔加力＞8MN); 大型锚索 (3～8MN); 中型锚索 (1～3MN); 小型锚索 (＜1MN)。目前应用最多的是大、中型预应力锚索。

按预应力锚索束体使用的预应力材料的种类, 可将其分为两类: 预应力锚索 (束体用高强钢丝、钢绞线等柔性材料制作); 预应力锚杆 (束体使用各类钢筋制作)。

按束体内锚段与周围介质固结方法, 可分为两类: 粘结式和机械式。粘结式内锚段工作可靠、耐久性好、价格适当、施工方便, 因此获得广泛应用。

按束体内锚段是集中固定在一处还是分散固定在多处, 可将锚索分为: 荷载集中型和荷载分散型。荷载集中型又可分为拉力集中型和压力集中型两小类; 同样荷载分散型也相应可分为拉力分散型、压力分散型与拉压分散型三类。目前应用最多的是拉力集中型, 而具广阔应用前景的是荷载分散型锚索。

按锚索束体在加固任务结束后能否被拆除, 又可将其分为两类: 可拆除式锚索和不可拆除式锚索。可拆除式锚索在任务完成后, 可将束体从地层中抽出, 它能充分利用有限的地下空间, 在城市中及一些特殊场合应用前景广阔。

按内锚段基本受力形态, 可分为三类: 压力型、拉力型与拉压复合型。

二、锚索构造

预应力锚索主要由锚固段、自由段和紧固头三部分构成, 紧固头由外锚结构物 (垫墩等)、钢垫板和锚具组成。图 6-1 为锚索结构示意图。

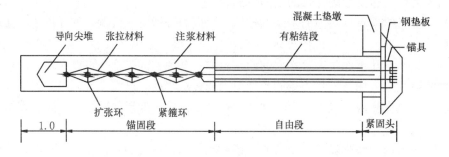

图 6-1　锚索结构示意图 (尺寸单位: m)

1. 锚固段

锚固段为锚索伸入滑动面 (潜在滑动面或破裂面) 以下稳定岩土体内的段落, 是锚索结构的固定处, 通过锚固体周围地层的抗剪强度承受锚索所传递的拉力。锚固段通过灌浆形成同心状结构：锚索居中，四周为砂浆裹护。通过砂浆，锚索与孔壁结成整体，而使孔周稳固岩土体成为承受预应力的载体。

对于拉力型锚索，锚固段锚体主要承受拉力，受拉锚体的拉伸，将导致水泥浆体受拉开裂，当裂缝扩展并贯通裂缝时，锚孔周围的侵蚀物质可通过裂缝侵入腐蚀钢绞线。通常在锚索制作时，锚固段每隔1m将钢绞线用紧箍环和扩张环（隔离架）固定（图6-1），灌注水泥砂浆后形成枣核状（糖葫状），呈现拉伸与压缩作用，从而改善了锚固体内砂浆的受力性状和开裂状态。

对永久性锚索，通常在锚索外水泥砂浆体中设置隔离波纹套管，使水泥砂浆体中裂缝不致贯通，而形成防护效果。隔离波纹套管可使管内外水泥砂浆体紧密结合，受力时不至于沿管滑动或破坏，同时波纹管具有一定的拉伸变形。

一般情况下，为防止钢绞线锈蚀，要求水泥浆或水泥砂浆保护层厚度不小于20mm。为使锚索居中定位，应在锚固段中每隔1～2m设置一圈弹性定位片，以确保水泥砂浆体保护层厚度。

2. 自由段

自由段是传力部分，为锚索穿过被加固岩土体的段落，其下端为锚固段，上端为紧固头。自由段中的每根钢绞线均被塑料套管所套护，为无粘结钢绞线，灌浆只使护套与孔壁连结，而钢绞线可在套管自由伸缩，可将张拉段施加的预应力传递到锚固段，并将锚固段的反力传递回紧固头。

3. 紧固头

紧固头是将锚索固定于外锚结构物上的锁定部分，也是施加预应力的张拉部件。紧固头由部分钢绞线、承压钢垫板、锚具及夹片组成（图6-1），其中钢绞线是自由段的延伸部分，为承力、传力、张拉的部件。待锚索最终锁定后，采用混凝土封闭防护（即混凝土封头），混凝土覆盖层厚度不小于25cm。

三、典型锚索结构及其工程特性

工程实践中广泛应用的是具有拉力集中型结构的预应力锚索，它已经在国内有40年的应用历史，也经受住了工程实践的考验。目前，单孔安装荷载已达10MN（李家峡水电站）。近期涌现出的荷载分散型锚索，特别是压力分散型、拉压分散型锚索，在对软弱破碎岩体，特别是承载力低的土体加固方面，获得了良好的加固效果。目前具有四个承载体的压力分散型锚索，在破碎岩体中，其锚固荷载已超过1.6MN；在可塑状土体中，最高荷载已超过800kN。

1. 荷载集中型锚索

荷载集中型锚索按锚索内锚段沿锚索轴向受力状态可分为拉力型和压力型两种。

（1）拉力集中型锚索

拉力集中型锚索按束体在锚固孔中固定方式又可分为粘结式锚索和机械固定式锚索。由于机械固定式锚索张拉荷载小（<600kN）、施工工艺复杂、严格、耐震性差，目前工程上已很少使用。拉力集中型粘结式锚索的结构简单、施工方便、造价较低，其结构如图6-2所示。它一般采用纯水泥浆或水泥砂浆将束体内锚段粘结在被锚固体的稳定部位。

拉力型锚索的荷载是依靠内锚段束体与浆体相接触界面上的剪应力（粘结应力）由

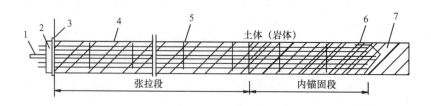

图 6-2 拉力集中型锚索结构示意图
1—注浆管；2—工作锚；3—承压板；4—钢绞线；5—对中支架；6—导向帽；7—钻孔

内锚段上部向其底部传递的。工作时在内锚段上部浆体中，拉应力集中，并沿深度方向衰减。因此在锚固段上部浆体容易开裂，其范围大约在 0～3m，特别是 0～1.0m 范围内，束体和浆体之间粘聚力破坏严重，影响锚固效果。

此类锚索多采用二次注浆工艺，第一次注浆只形成内锚段，张拉后，再进行第二次注浆，将束体自由段保护在一定厚度水泥浆体中，受到良好防护。同时开裂的内锚段上部将重新得到修补和完善。防护功能仍可长久保持。由于束体被全长粘结在锚固孔中，因此该类锚索也称为全长粘结式锚索。水电系统中也称为二次注浆锚索。

水泥浆体对钢材有十分良好的防腐作用，锚索张拉后，即可建立预应力，之后进行的自由段灌浆可起到较好的防护作用。

内锚段一般处于深部稳定岩体以下一定深度，即使张拉过程中内锚段浆体开裂、防腐难以保证，但张拉段浆体的粘结作用，使锚索仍然能发挥一定作用；

全长粘结锚索即使锚具失效，张拉段浆体的粘结作用使锚索仍能发挥一定作用，对锚头防护要求低；

我国采用全长粘结锚索已有近 40 年历史，还未发现此类锚索腐蚀而产生失效的工程实例。

大型锚固工程均采用群锚方式，因少量锚索失效而引起整体破坏的机率很小。因此我国目前的锚固规范，如《锚杆喷射混凝土支护技术规范》（GB 50086—2001）、《水工预应力锚固设计规范》（SL 212—98）等均规定可采用全长水泥浆体防护的方法。

（2）压力集中型锚索

压力集中型锚索与拉力集中型锚索内锚段受力机理不同。压力型锚索的束体用无粘结预应力筋（钢绞线、钢筋等）使之与内锚段浆体隔开，束体直接和安放在孔底的特制承载体相连。其结构见图 6-3。张拉时，荷载直接传至底部的承载体，再由承载体从锚固段底部向上推压灌浆体。荷载是从内锚段底部向上部逐步传递的。

压力集中型锚索锚固段荷载分布的特点：

应力集中，并沿孔口方向逐渐变小。这样有利于将不稳定体锚定在地层深部，充分利用有效锚固段。

浆体沿轴向主要受压，通过承载体传力，浆体受压范围加大，改善了内锚段附近的应力状态。

试验资料显示，在同样荷载下（500kN），在粉土中最大压应变仅为拉力型锚索拉应变的 2/3，因而压力型锚索承载力比拉力型要大。

压力集中型锚索由于采用无粘结筋，因而对束体防护措施较好。此类锚索安装后可一

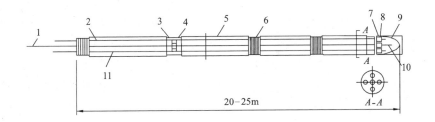

图 6-3 压力集中型锚索的结构示意图
1—注浆管；2—无粘结筋；3—外支撑；4—内支撑；5—孔壁；
6—对中架；7—承压板；8—P锚；9—导向帽；10—注浆管；11—M30水泥砂浆

次性全孔注浆、简化注浆工序，锚索抗震性能好。

但是也应指出，压力型锚杆的承载力受到内锚段浆体抗压强度的限制，因此采用一个承载体的集中压力型锚杆，不可能有较高的承载力。

2. 荷载分散型锚索

由于荷载集中型锚索在锚索内锚段均可引起较大的应力集中（拉应力或压应力），均可造成内锚段的损坏，因此催生了一类可以防止锚固段应力过分集中的锚索—荷载分散型锚索。

荷载分散型锚索又有拉力分散、压力分散、拉压分散等多种形式。

（1）拉力分散型锚索

拉力分散型锚索在工程实践中，曾出现过两种制作方法：一种称为多次成型法；一种称为分层固结法。

1) 多次成型法锚索

此种锚索内锚段分两次成型：第一次只固结内锚段总长度的一部分（如一半）；待凝张后，再进行剩余部分的成型。相应张拉过程也分两次安装：第一次只张拉到总荷载一半；第二次达到设计荷载，其结构见图6-4。

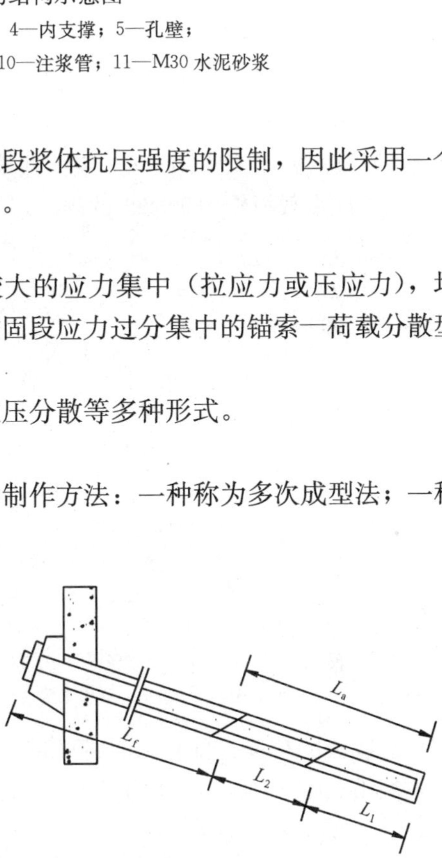

此类锚索内锚段拉应力区被分散到多处，峰值也被显著削减。缺点是施工工序增加，工期加长。目前已在漫湾水电站和潘家口水电站裂缝加固工程中试验或应用。

图 6-4 内锚段多次成型法锚索结构示意图
L_f—自由段；L_a—内锚段；
L_1—首次成型段；L_2—第二成型段

2) 分层固结法锚索

此种成型的锚索束体多采用无粘结预应力筋，较简单的拉力型锚索是将无粘结筋分成数组，并被分层固结在锚孔不同深度处（见图6-5）。同组无粘结筋彼此等长，而不同组无粘结筋不等长，并将每组钢绞线末端按设计长度视承载力而定，一般剥除2~3m以清除高密度聚乙烯套管及油脂，使其变成光裸预应力筋，而成为粘结段。

当孔内注浆后，预应力通过剥除段钢绞线与浆体粘结力传递给被加固体，从而提供锚固力。

此类锚索通过使用无粘结预应力筋，改变束体结构，达到分散内锚段应力集中目的。施工中锚孔可一次注浆成型，简化施工程序。此种锚索已在十三陵抽水蓄能电站应用。

但应注意的是：锚索预应力筋长度不等，当外荷载变化时，束体内应力变化将会不同，会引起应力重新分配。

（2）压力分散型锚索

压力分散型锚索结构形式多样，有些结构很复杂。国内经常使用的有两种形式：多级承载板式和多级环绕式。压力分散型锚索也称为单孔复合锚固体系。

1）多级承载板式锚索

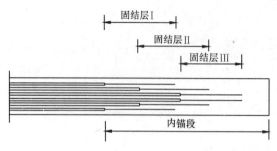

图 6-5 拉力分散型—内锚段分层固结式锚索

多级承载板式锚索束体采用无粘结钢绞线，在束体内锚段不同深度处布置数个承载板，无粘结筋也相应分成数组与各自承压板相连。挤压套（P 锚）是钢绞线与承载板主要连接件，其结构示意于图 6-6。束体注浆固结后张拉时，总张拉力将被分散成若干个较小的力，通过承载板作用于较小的固定段上，导致固定段上的粘结应力峰值大大减小且分布也比较均匀。

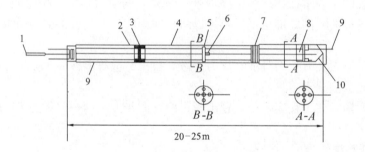

图 6-6 两级承载板式锚索结构示意图
1—注浆管；2—外支撑；3—内支撑；4—孔壁；5—承压板；
6—P 锚；7—对中支架；8—承压板；9—M30 水泥砂浆；10—导向帽

承载板的数量、位置和间距要依据承载地层的地质情况而定，这样才能从不同位置调动锚固区内岩土体的承载能力，使地层提供较大的锚固力。

2）多级环绕式锚索

多级环绕式锚索的特点是：束体采用 $\phi 12$ 系列无粘结钢绞线，每根钢绞线绕过承载体并被弯曲成 U 型，每根 U 型筋对应一个承载体，一般全孔可安放 1~4 个承载体。当孔内注浆固结后，承载体及 U 型筋就被固定在孔内不同深度处。当使用功能完成后，U 型筋还能从地层中抽出，因此此类锚索也被称为可拆芯式锚索。此种锚索的预应力筋（钢绞线）全长均被油脂、聚乙烯护套包裹，并被完整地送入孔内，注浆后，受到灌浆体包裹，形成多层无缝保护层，且灌浆体受压、不易开裂，大大提高了锚索的耐久性。其结构见图 6-7。

四、材料及其防腐要求

1. 锚索材料

（1）钢绞线

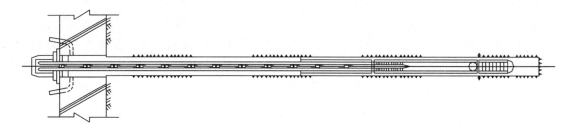

图 6-7 多级环绕式锚索结构示意图

制作锚索的材料主要有钢绞线和高强钢丝两种，一般采用高强度低松弛钢绞线制作，钢绞线必须符合《预应力混凝土用钢绞线》（GB 5224）的规定，当使用非国家标准的材料时，应对材料的性能进行充分论证，并出具相应的技术鉴定文件，使用前应对所用材料做严格的力学性能试验，并报有关部门批准。对有机械损伤、严重锈蚀、电烧伤等造成降低强度的锚索材料，在施工中应禁止采用。制作锚索采用的钢绞线的尺寸及力学性能应符合表 6-1、表 6-2 的规定。

钢绞线的尺寸、允许偏差与力学性能　　　表 6-1

公称直径(mm)	强度级别(MPa)	整根钢绞线破断荷载(kN)	屈服荷载(kN)	伸长率(%)	1000h松弛值，不大于(%)				直径允许偏差(mm)	公称截面积(mm²)	每1000m的重量(kg)
					Ⅰ级松弛		Ⅱ级松弛				
					70%破断负荷	80%破断负荷	70%破断负荷	80%破断负荷			
9.00	1670	83.89	71.30	3.5	8.00	12.00	2.50	4.50	+0.40 −0.20	50.34	392.19
9.00	1700	88.79	75.46	3.5	8.00	12.00	2.50	4.50		50.34	392.19
12.00	1570	140.24	119.17	3.5	8.00	12.00	2.50	4.50	+0.40 −0.20	89.45	697.08
12.00	1670	149.06	126.71	3.5	8.00	12.00	2.50	4.50		89.45	697.08
15.00	1470	205.8	174.93	3.5	8.00	12.00	2.50	4.50	+0.40 0.20	139.98	1091.1
15.00	1570	219.52	186.59	3.5	8.00	12.00	2.50	4.50		139.98	1091.1
15.20	1860	259	220	3.5	8.00	12.00	2.50	4.50	+0.40 −0.20	139	1101

高强度低松弛预应力钢绞线规格　　　表 6-2

名称	公称直径(mm)	强度级别(MPa)	公称截面积(mm²)	单位重量(kg/m)	极限张拉荷载 P_a (kN)	屈服张拉荷载 P_y (kN)	伸长率(%)	1000h松弛率(%)		设计荷载作用时(kN)			
								初始负荷		使用状态		预应力施加过程中 $0.9P_y$	预应力传递时 $0.7P_u$
								$0.7P_u$	$0.8P_u$	$0.6P_u$	$0.65P_u$		
由7根钢丝构成 φ12.7mm	12.7	1860	98.7	0.774	184	156	3.5	<2.5	<4.5	110.4	119.6	140.4	128.8
由7根钢丝构成 φ15.2mm	15.2	1860	139	1.101	259	220	3.5	<2.5	<4.5	155.4	168.4	198	181.3

（2）锚具

锚具是锚索的重要部件，锚具的选用应符合《预应力筋专用锚具、夹具和连接器应用技术规程》(JGJ-85-2002)的规定。锚具的型式和规格应根据锚索体材料的类型、锚固力的大小、锚索受力条件和锚固使用要求选取。锚具应满足分级张拉、补偿张拉等张拉工艺要求，并具有能放松预应力筋的性能。目前国内用于钢绞线锚固的锚具主要有OVM、JM、XM、XYM、QM等系列产品。表6-3列出了OVM系列锚具规格尺寸及配套千斤顶。

OVM系列锚具规格及配套千斤顶　　　　　　　　　表6-3

锚具规格	钢绞线根数	锚固能力（kN）			配套千斤顶
		理论破断力	张拉时	超张拉时	
15-1	1	259	181.3	207.2	YDC240Q
15-3	3	777	543.9	621.6	YCW100B
15-4	4	1036	725.2	828.8	YCW100B
15-5	5	1295	906.5	1036	YCW100B
15-6	6	1554	1087.8	1243.2	YCW150B
15-8	8	2072	1450.4	1657.6	YCW250B
15-10	10	2590	1813	2072	YCW250B
15-12	12	3108	2175.6	2486.4	YCW250B
15-16	16	4144	2900.8	3315.2	YCW350A
15-19	19	4921	3444.7	3936.8	YCW400B
15-27	27	6993	4895.1	5594.4	YCW650A
15-31	31	8029	5620.3	6423.2	YCW650A
15-37	37	9583	6708.1	7666.4	YCW650A
15-43	43	11137	7795.9	8909.6	YCW900A

在设计时，常用钢垫板尺寸见表6-4。

锚具规格与钢垫板尺寸　　　　　　　　　表6-4

锚具规格	钢垫板尺寸（mm）		
	边长≥	厚度≥	中孔直径
15-4	200	25	65
15-6	220	30	80
15-8	250	35	92
15-10	280	40	105
15-12	300	45	118
15-16	330	50	150

(3) 注浆材料

目前工程中常用水泥质注浆材料，主要为纯水泥或水泥砂浆，水灰比宜为0.4~0.45，根据需要掺入部分外加剂，一般注浆体抗压强度不小于30MPa。水泥应根据工程具体情况和设计要求选用，常采用硅酸盐水泥或普通硅酸盐水泥。在腐蚀性地层中宜选用抗硫酸盐水泥。细集料一般为细砂。外加剂主要有早强剂、缓凝剂、膨胀剂、抗泌剂及减水剂等，对永久性锚索，外加剂中不得含有害性腐蚀性元素，表6-5为常用的外加剂类型及掺入量。

注 浆 体 外 加 剂　　　　　　　　表 6-5

类型	名　　称	最佳掺量（%）	说　　明
早强型	三乙醇胺	0.05	加速凝结、硬化、提高早期强度
缓凝剂	木质磺酸钙	0.2～0.5	延缓凝固、增大流动性
膨胀剂	明矾石	10～15	膨胀量达 15%
抗泌剂	纤维素醚	0.2～0.3	防止泌水，相当于拌用水的 0.5%
减水剂	UNF-5	0.6	增加强度、减小收缩

2. 防腐要求

(1) 锚索的腐蚀特点

岩土锚索所在的特定介质环境和高拉应力特点，使未经防腐或防腐不当的锚杆（索）发生腐蚀，甚至导致破坏。根据钢筋腐蚀的不同机理，一般分为应力腐蚀、氢脆、化学腐蚀和电化学腐蚀。地层对锚索的腐蚀是从锚索体表面开始，首先腐蚀金属表面的钝化层，继而腐蚀锚索体本身，腐蚀锚索体的速度取决于注浆体的质量、渗透性、注浆体是否开裂、裂缝宽度、锚索的工作环境和锚索的应力状态。处于高应力状态工作的锚索、腐蚀性地层中的锚索都会加速腐蚀。

国际后张预应力协会（FIP）地锚工作小组对收集到的 35 例预应力锚杆（索）腐蚀破坏实例进行了统计分析，其中锚索使用期在 2 年以内和 2 年以上发生腐蚀断裂的各占一半。锚索破坏的原因分析如下：

1) 锚固段问题：两例腐蚀破坏实例都是由于锚固段内灌浆不足所致，其中一例是 3m 长的钢绞线受含硫酸盐和氯化物的地下水侵蚀，灌浆施工缺少压水检查和施工不当导致锚固段灌浆不足。

2) 自由段问题：大致分为以下 5 种破坏形式：①地层运动造成拉筋超应力，使其产生裂纹；②在有氯化物的情况下，水泥浆包裹不足或无水泥浆；③由于耐久性差导致沥青包裹层破坏；④保护材料选择不当，如化学材料中含有硝酸根离子和吸湿玛琋脂；⑤所有拉筋在无保护情况下存放了很长时间。

3) 锚头问题：主要是缺乏防腐措施或工作期间保护剂充填不完全或塌落。

从地层腐蚀性角度出发，国际预应力协会（FIP1990）规定在下列地层中不宜设置永久性锚索，当条件限制不能避开时，应对锚固段采取特别防腐措施。

①地下水 pH 值小于 6.5 的地层；

②地下水中 CaO 的含量大于 30mg/L 的地层；

③CO_2 含量大于 30mg/L 的地层；

④NH_4^+ 含量大于 30mg/L 的地层；

⑤Mg^{2+} 含量大于 100mg/L 的地层；

⑥SO_4^{2-} 含量大于 200mg/L 的地层。

(2) 锚索的防腐

目前锚索防腐的方法主要有水泥质注浆体防护、物理隔离防护和改善锚固体结构形式三种。对于锚固力较低的锚索，当处于非侵蚀性和低渗水性的地层中时，可仅使用水泥质注浆体进行防护。锚固力较高的永久性锚索，即使在低渗水性的地层中，原则上要进行物理隔离防护。

1) 锚固段防腐

①水泥质注浆体防护：水泥质注浆体防护是利用钢材在 pH 值为 9～13 的碱性环境中可以防止锈蚀，而水泥质注浆体能够对锚索提供碱性环境，从而达到对锚索的保护目的。

②物理隔离防护：为防止水泥质注浆体开裂后，水气进入裂缝接触锚索钢材，在锚索体材料上直接覆盖波纹管等隔离材料，从而阻止外部腐蚀性物质与锚索体接触。

③改善锚固体结构形式：为了改善锚固体的纯拉性状，将拉力型锚索的形状设计成棱形，使锚固段注浆体处于既受拉又受压的复杂受力状态，避免纯拉伸开裂，也可选用压力型或压力分散型锚索，使注浆体处于受压状态，改善注浆体的裹护效果。

另外，为了使锚索体在孔中居中，在锚固段每间隔一定距离设置一个隔离支架。

2) 自由段防腐

对于自由段钢绞线一般采用三层防护体系防腐，即防腐剂涂层，塑料套管及水泥砂浆体。为防止浆体压碎后防护失效，必要时还可将锚固段的波纹套管延长至自由段，并于套管内外灌浆。

自由段塑料套管宜选用聚氯乙烯或聚丙烯塑料管，套管内用油脂充填。钢绞线防腐剂涂层应具备以下特性：对钢绞线有牢固的粘结性，且无有害反应；能与钢绞线同步变形，在高应力状态下不脱壳、不裂；具有较好的化学稳定性，在强碱条件下不降低其耐久性。

3) 锚头防腐

锚头防腐主要是对垫板上下两部分进行处理。垫板下部由于注浆体收缩而形成空洞，防腐措施主要是孔口部注浆后对垫板下部注入油脂，要求油脂充满空间。

对需要补偿张拉的锚索，垫板上部的锚头采用可拆除式的防护帽进行防护，防护帽与电板应有可靠的联结和密封，内部油脂充填。当锚索不需要补偿张拉时，可使用混凝土进行封头处理，混凝土覆盖层厚度不小于 25cm。

第三节　锚索的设计与计算

一、锚索设计的主要内容

1. 锚索设计的一般要求和步骤

（1）锚索设计的一般要求

1) 锚索设计应在调查、试验、研究的基础上，充分考虑锚固地区的工程地质、水文地质条件和工程的重要性等；

2) 在满足工程使用功能的条件下，应确保锚索设计具有安全性与经济性；

3) 确保锚索施加的预应力对结构物（被加固结构及相邻结构）和地层不产生有害影响，锚索束体产生的位移能控制在允许的范围内。

（2）锚索设计的步骤

1) 计算作用于锚索结构物上的荷载，据此布置锚索，计算锚索承受的总拉力；

2) 计算每一根锚索承受的拉力，即锚索的设计荷载；

3) 锚索的锚固设计；

4) 外锚结构物（抑制件）设计；

5) 试验与监测设计。

图 6-8 为预应力锚索的设计流程图,可作为设计锚索的参考。

(3) 锚固设计主要内容

1) 根据地层情况合理选择锚索、锚固类型及结构尺寸;
2) 确定锚索的锚固力及预应力;
3) 确定锚索体材料及截面面积;
4) 由锚固体与锚孔壁的抗剪强度、钢绞线束与水泥砂浆的粘结强度以及钢绞线强度确定锚固体的承载能力;
5) 确定锚索锚固段长度、自由段长度及张拉段长度;
6) 确定锚固体(钻孔)直径;
7) 确定锚索的结构型式及防腐措施;
8) 确定锚头的锚固型式及防护措施。

2. 锚索的设计荷载

作用在锚索结构物上的荷载主要为滑坡或边坡失稳的下滑力、侧向土压力以及加固作用力。荷载种类有:土压、水压、上覆荷载、滑坡荷载、地震荷载、其他荷载等。进行预应力锚索设计时,一般情况可只计算主力,在浸水和地震等特殊情况下,尚应计算附加力和特殊力。

预应力锚索用于整治滑坡时,滑坡推力可采用传递系数法计算,由于滑坡推力计算时已考虑 1.05~1.25 的安全系数,因此预应力锚索用于整治滑坡时,下滑力可作为设计荷载。

预应力锚索作为承受侧向土压力的支挡结构或用于边坡加固时,其设计荷载应按重力式挡墙有关规定计算。大量测试结果表明,锚索作为承受侧向土压力的支挡结构或用于边坡加固时,锚索结构承受侧向压力一般介于主动土压力与静止土压力之间,故结构物承受的侧向土压力按主动土压力的 1.05~1.4 倍计算。

在进行锚索结构物设计时,还应考虑锚索施加预应力时超张拉对结构的影响。

3. 相关的规程、规范

有关预应力锚索设计方面的规程、规范(国标、行标)很多,应结合工程特点,配套选用。一些常用规范如下:

1) 岩土工程勘察规范(GB 50021—2001);
2) 锚杆喷射混凝土支护技术规范(GB 50086—2001);
3) 岩土工程预应力锚索设计与施工技术规范(GBJ 3635—1999);
4) 水工预应力锚固设计规范(SL 212—98);
5) 水工预应力锚固施工规范(SL 46—94);
6) 土层锚杆设计与施工规范(CECS 22:90);
7) 水工建筑物水泥灌浆施工技术规范(SL 62—94);
8) 煤矿预应力锚固施工技术规范(MT/T 879—2000);
9) 预应力混凝土用钢绞线(GB/T 5224—2003);
10) 预应力混凝土用钢绞线(GB/T 5223—2002);
11) 预应力筋锚具、夹具和连接器(GB/T 14370—2000);

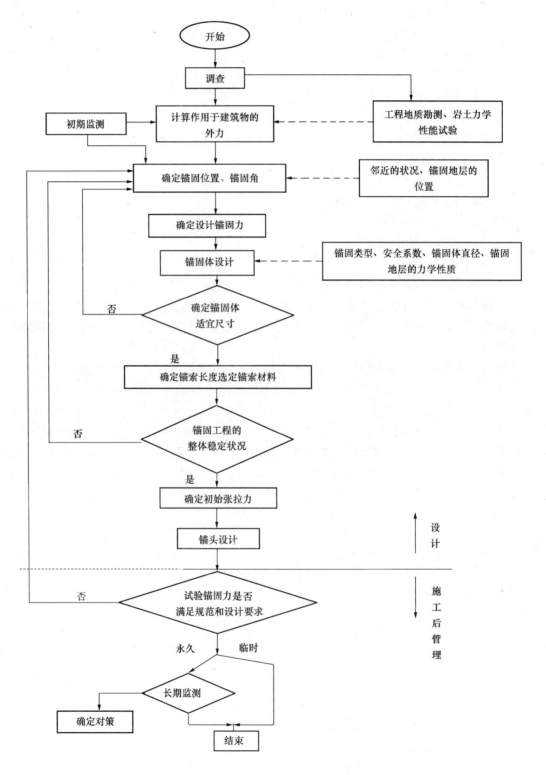

图 6-8 预应力锚索设计流程图

12）预应力筋锚具、夹具和连接器应用技术规程（JGJ 85—2002）；

13）混凝土外加剂应用技术规范（GB 50119—2003）；

14）无粘结预应力筋（JG 3006—93）；

15）无粘结力预应力筋专用防腐润滑脂（JG 3007—93）；

16）硅酸盐水泥、普通硅酸盐水泥（GB 175—1999）。

二、设计锚固力的计算

根据设计荷载在锚索结构物上的分配，通过计算确定锚索设计锚固力。针对不同的外锚结构型式采用不同的计算方法，如连续梁法、简支梁法、弹性地基梁法等。

预应力锚索用于滑坡加固时（图 6-9），一般通过边坡稳定性分析、采用求锚索附加

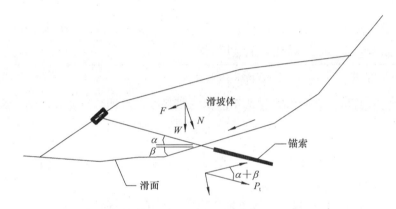

图 6-9 预应力锚索加固滑坡示意图

力（抗滑力）的方法来确定锚固力，计算公式见下式：

$$P_t = F/[\sin(\alpha \pm \beta)\tan\varphi + \cos(\alpha \pm \beta)] \tag{6-1}$$

式中：F——滑坡下滑力（kN），可采用极限平衡法或传递系数法计算，安全系数采用 1.05～1.25；

P_t——设计锚固力（kN）；

φ——滑动面内摩擦角（°）；

α——锚索与滑动面相交处滑动面倾角（°）；

β——锚索与水平面的夹角（锚固角），以下倾为宜，不宜大于 45°，一般为 15°～30°也可以参照下式计算：

$$\beta = \frac{45°}{A+1} + \frac{2A+1}{2(A+1)}\varphi - \alpha \tag{6-2}$$

A——锚索的锚固段长度与自由段长度之比；

φ, α——设锚索段滑动面的内摩擦角和滑动面倾角。

公式（6-1）中锚索下倾时取"+"，上仰时取"—"。图 6-10 为锚索仰斜布置示意图。

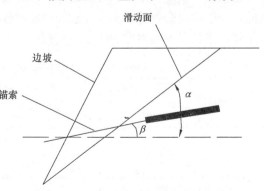

图 6-10 锚索仰斜布置示意图

公式（6-1）不仅考虑了锚索沿滑动面产生的抗滑力，还考虑了锚索在滑动面产生的法向阻力。对土质边坡及加固厚度（锚索自由段）较大的岩质边坡，锚索在滑动面产生的法向阻力应进行折减，公式修正如下：

$$P_t = F/[\lambda\sin(\alpha \pm \beta)\tan\varphi + \cos(\alpha \pm \beta)] \tag{6-3}$$

式中：λ——折减系数，与边坡岩性及加固厚度有关，在 $0\sim1$ 之间选取。

设计锚固力 P_t 应小于容许锚固力 P_a，即 $P_t \leqslant P_a$，对于锚固钢材容许荷载应满足表 6-6 的要求。

锚固钢材容许荷载　　　　　　表 6-6

项目	永久性锚固	临时性锚固
设计荷载作用时	$P_a \leqslant 0.6P_u$ 或 $0.75P_y$	$P_a \leqslant 0.65P_u$ 或 $0.8P_y$
张拉预应力时	$P_{at} \leqslant 0.7P_u$ 或 $0.85P_y$	$P_{at} \leqslant 0.7P_u$ 或 $0.85P_y$
预应力锁定中	$P_{ai} \leqslant 0.8P_u$ 或 $0.9P_y$	$P_{ai} \leqslant 0.8P_u$ 或 $0.9P_y$

注：P_u 为极限张拉荷载（kN），P_y 为屈服荷载（kN）。

根据每孔锚索设计锚固力 P_t 和选用的钢绞线强度，可计算每孔锚索钢绞线的根数 n。

$$n = \frac{F_{s1} \cdot P_t}{P_u} \tag{6-4}$$

式中：F_{s1}——安全系数，取 $1.7\sim2.0$，高腐蚀地层中永久性工程取大值；

P_u——锚固钢材极限张拉荷载。

对于永久性锚固结构，设计中应考虑预应力钢材的松弛损失及被锚固岩（土）体蠕变的影响，决定锚索的补充张拉力。

三、锚固体设计计算

锚固体设计主要是确定锚索锚固段长度、孔径、锚固类型。锚固体的承载能力由三部分强度控制，即锚固体与锚孔壁的抗剪强度、钢绞线束与水泥砂浆的粘结强度以及钢绞线强度，取其小值。

1. 安全系数

在进行锚固设计时，由于存在许多不确定因素，如地质条件、锚固材料、施工方法等均会对锚固承载能力产生较大的影响，因此设计时应考虑一定的安全储备。在确定安全系数时，一般将锚索划分为永久性锚固与临时性锚固两类，并分别考虑其重要性。表 6-7 给出了锚固设计时不同情况下的安全系数。

锚固设计安全系数　　　　　　表 6-7

类　型	钢绞线 F_{s1}		注浆体与锚孔壁界面 F_{s2}		注浆体与钢绞线 F_{s2}	
	普通地层	高腐蚀地层	普通地层	高腐蚀地层	普通地层	高腐蚀地层
临时性锚固	1.5	1.7	1.5	2.0	1.5	2.0
永久性锚固	1.7	2.0	2.5	3.0	2.5	3.0

注：F_{s2} 为锚固体抗拔安全系数。

当锚索孔为仰孔时，因注浆难度较大不易灌注饱满密实，安全系数 F_{s2} 应适当提高。

2. 锚固段长度计算

(1) 拉力型锚索的锚固段长度计算

1) 按水泥砂浆与锚索张拉钢材粘结强度确定锚固段长度 l_{sa}

$$l_{sa} = \frac{F_{s2} \cdot P_t}{\pi \cdot d_s \cdot \tau_u} \tag{6-5}$$

当锚索锚固段为枣核状时，$l_{sa} = \frac{F_{s2} \cdot P_t}{n \cdot \pi \cdot d \cdot \tau_u}$ (6-6)

2) 按锚固体与孔壁的抗剪强度确定锚固段长度 l_a：

$$l_a = \frac{F_{s2} \cdot P_t}{\pi \cdot d_h \cdot \tau} \tag{6-7}$$

上述式中：d_s——张拉钢材外表直径（束筋外表直径）(m)；

d——单根张拉钢材直径 (m)；

d_h——锚固体（即钻孔）直径 (m)；

τ_u——锚索张拉钢材与水泥砂浆的极限粘结应力，按砂浆标准抗压强度 f_{ck} 的 10% 取值 (kPa)；

τ——锚孔壁对砂浆的极限剪应力 (kPa)，见表 6-8。

锚孔壁对砂浆的极限剪应力　　　　　　表 6-8

岩土种类	岩土状态	孔壁摩擦阻力（MPa）	岩土种类	岩土状态	孔壁摩擦阻力（MPa）
岩石	硬岩	1.2～2.5	粉土	中密	0.1～0.15
	软岩	1.0～1.5			
	泥岩	0.6～1.2			
黏性土	软塑	0.03～0.04	砂土	松散	0.09～0.014
	硬塑	0.05～0.06		稍密	0.016～0.20
	坚硬	0.06～0.07		中密	0.22～0.25
				密实	0.27～0.40

锚索的锚固段长度采用 l_{sa}、l_a 的大值。

对通常采用的注浆拉力型锚索，锚索的锚固段长度一般在 4～10m 间选取，且要求锚固段必须位于良好的地基之中，这是通过大量的数值分析及试验研究后所确定的。此类锚索锚固段破坏，通常是从靠近自由段处开始，灌浆材料与地基间的粘结力逐渐被剪切破坏当锚固段长度超过 8～10m 后，即使增加锚固段长度，其锚固力的增量很小，几乎不可能提高锚固效果，因此并非锚固段越长越好。但锚段太短时，由于实际施工期间锚固地基的局部强度降低，使锚固危险性增大。因此在设计中一般按 4～10m 选取。当锚固段计算长度超过 10m 时，通常采用加大孔径或减小锚索间距或增加锚索孔数等来调整。

(2) 压力分散型锚索锚固段长度计算

压力分散型锚索借助按一定间距分布的承载体，由若干个单元锚索组成锚固系统，每个单元锚索都有自己的锚固长度，承受的荷载也是通过各自的张拉千斤顶施加的。由于组合成这类锚索的单元锚索长度较小，所承受的荷载也小，锚固长度上的轴力和粘结力分布较均匀，使较大的总拉力值转化为几个作用于承载体上的较小的压缩力，避免了严重的粘结摩阻应力集中现象，在整个锚固体长度上粘结摩阻应力分布均匀，从而最大限度地利用孔壁地层强度。

从理论上讲，压力分散型锚索整个锚固段长度并无限制，锚索承载力可随整个锚固段长度增加而提高。因此，该类锚索可用于孔壁摩阻力较低软弱岩土中。

其锚固段长度计算方法如下：

1) 按公式（6-7）计算确定总的锚固段长 l_a；

2) 由公式（6-4）计算确定锚索钢绞线的根数 n；

3) 初拟承载体个数 m，则每个承载体分担的设计锚固力 $P_{t1}=\dfrac{P_t}{m}$；

4) 浆体强度验算，$\sigma=\dfrac{4F_{s1} \cdot P_{t1}}{\pi D^2} \leqslant f_c$ (6-8)

式中：σ——注浆体计算抗压强度（kPa）；

f_c——注浆体的极限抗压强度，不宜低于40MPa，一般由试验确定；

D——注浆体直径（m）。

通过强度计算，满足浆体抗压要求时，计算长度 l_a 可作为锚索的锚固段长度；如不满足浆体抗压要求，一般采用增加载体个数、提高浆体抗压强度、加大孔径或减小锚索间距或增加锚索孔数等来调整。

压力分散型锚索承载体分布间距（单元锚索锚固长度）不宜小于15倍锚索钻孔孔径，通常在3~7m中选取。总的设计原则是使每个承载体受力均等，而每承载体上所受的力应与该承载段注浆体表面上的粘结摩阻抗力相平衡。由于注浆体与土体界面粘结摩阻抗力较与岩体界面粘结摩阻抗力小，因此，承载体间距在土体中比岩体要大些。在设计中，对硬质岩取小值、软质岩取中值、土体取最大值。

四、锚索的布置

1. 锚索间距的确定

锚索的平面、立面布置以工程需要来确定，锚索间距应以所设计的锚固力能对地基提供最大的张拉力为标准。预应力锚索是群锚机制，锚索的间距不宜过大。但锚索间距太小时，受群锚效应的影响，单根锚索承载力降低，故间距又不能太小，根据通常设计和张拉试验观察，间距小于1.2m时，应考虑施工锚孔孔周岩土松弛区的影响，因此锚索间距宜大于1.5m或5倍孔径。设计时还应考虑施工偏差而造成锚索的相互影响。因此规定锚索间距宜采用3~6m，最小不应小于1.5m。

2. 锚固角

预应力锚索同水平面的夹角称为锚固角。公式（6-2）从施工工艺考虑，认为锚索设置方向水平线向下倾为宜，通过技术经济综合分析，按单位长度锚索提供抗滑增量最大时的锚索下倾角为最优锚固角。

另一种方法是从锚索受力最佳来考虑，按以下经验公式计算最优锚固角 β：

$$\beta=\alpha\pm\left(45°+\dfrac{\varphi}{2}\right)$$ (6-9)

因为近水平方向布置的锚索，注浆后注浆体的沉淀和沁水现象，会影响锚索的承载能力，故设计锚固角应避开－10°～＋10°。从施工工艺考虑，一般多采用下倾 15°～30°。

3. 锚索长度

锚索总长度由锚固段长度、自由段长度及张拉段长度组成。锚索自由段长度受稳定地层界面控制，在设计中应考虑自由段伸入滑动或潜在滑动面的长度不小于 1m。一般规定自由段长度不小于 3～5m，主要是由于自由段短的锚索，在相同的锚固荷载下的伸长也短，随着锚固段的地基蠕变变形，其锚固力减少的比例也大，应力松弛更加明显，另外也不至于在锚索使用过程中因锚头松动而引起预拉力的显著衰减。

张拉段长度应根据张拉机具决定，锚索外露部分长度一般为 1.5m 左右。

第四节 预应力锚索板、梁的设计

锚索的紧固头一般固定在承力结构物即外锚结构上。外锚结构一般为钢筋混凝土结构，其结构形式多种多样，可根据被加固边坡岩土情况来确定，常用的有垫墩（垫块、垫板）、地梁、格子梁、柱、桩、墙等。

一、钢筋混凝土垫礅

锚索的锁定头设置在钢筋混凝土垫礅（垫块、垫板）上与锚索结合加固边坡，此种结构形式称为锚索垫礅或锚索板（图 6-11）。该结构可用于滑坡、边坡及既有结构物加固。

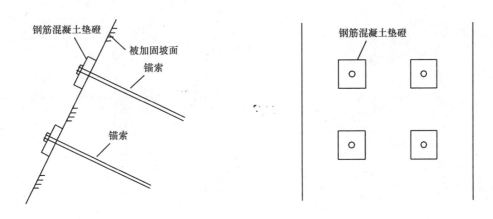

图 6-11 锚索垫礅加固边坡示意图

垫礅大小根据被加固边坡地基承载力确定。

$$A=\frac{KP_t}{[\sigma]} \tag{6-10}$$

式中：A——垫礅的面积（m）；

P_t——设计锚固力（kN）；

K——锚索超张拉系数；

$[\sigma]$——地基容许承载力。

垫礅的内力可按中心有支点单向受弯构件计算，但垫礅应双向布筋。此外，尚应验算垫礅与钢垫板连接处混凝土局部承压与冲切强度。

二、地梁、格子梁

锚索的锁定头设置在钢筋混凝土条形梁、格子梁上与锚索结合加固边坡,此种结构形式称为锚索地梁(图6-12)或锚索格子梁(图6-13)。该结构是利用施加于锚索上的预应力,通过锚索地梁或锚索格子梁传入稳定地层内,起到加固边坡的作用,具有受力均匀、整体受力效果较好的特点,特别适合于加固地基承载力较低或较松散的边坡。

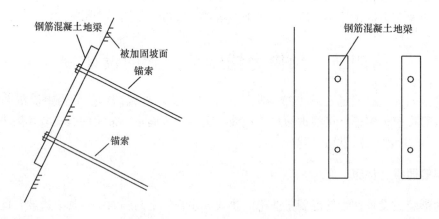

图6-12 锚索地梁加固边坡示意图

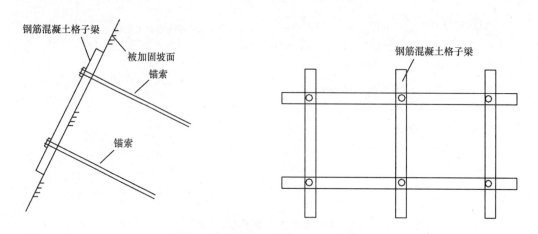

图6-13 锚索格子梁加固边坡示意图

当地梁上设置两孔锚索时可简化为简支梁进行内力计算;当地梁上设置三孔或三孔以上锚索时可简化为连续梁进行内力计算,即将锚拉点锚索预应力简化为集中荷载,按弹性地基梁进行计算。一般情况下,可近似地将梁底地基反力按均布考虑。

对于格子梁,可将锚拉点锚索预应力简化为在纵横梁节点处施加一个集中荷载,按节点处挠度相等的条件,将锚索预应力分配到各自梁上,然后按一般的条形弹性地基梁进行计算。

该方法由于考虑了节点处变形协调及重叠地梁面积的应力修正,计算较为繁琐。在实际应用中,一般采用纵横梁使用相同的截面尺寸,节点荷载可近似按纵横梁间距来分配到两个方向的梁上。

第五节　预应力锚索桩的设计

预应力锚索桩是从 20 世纪 80 年代开始研究并应用的。锚索桩由锚索和锚固桩组成，由于在桩的上部设置预应力锚索，使桩的变形受到约束，大大改善了悬臂桩的受力及变形状态，从而减小了桩的截面和埋置深度。

预应力锚索桩首先应用于滑坡整治及基坑支护中，随后用于高填方支挡（即锚拉式桩板墙、锚索桩板墙）及路堑高边坡预加固中。锚索桩可按横向变形约束地基系数法进行设计计算。

一、计算假定条件

1. 假定每根锚索桩承受相邻"中对中"滑坡推力或岩土侧向压力，作用于桩上的力主要有滑坡推力或岩土侧向压力、锚索拉力及锚固段桩周岩土作用力，不计桩体自重、桩底反力及桩与岩土间的摩阻力。

2. 将桩、锚固段桩周岩土及锚索系统视为一个整体，桩简化为受横向变形约束的弹性地基梁，锚拉点桩的位移与锚索伸长相等。

二、锚索受力计算

图 6-14 为锚索桩结构计算图示。

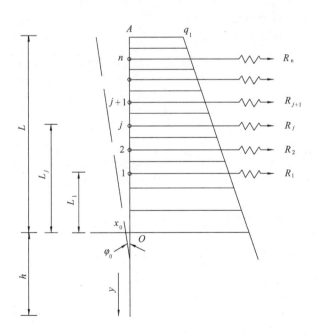

图 6-14　锚索桩结构计算图示

假定桩上设置 n 排横锚索，则桩为 n 次超静定结构。桩锚固段顶端 O 点处桩的弯矩 M_0 及剪力 Q_0 计算如下：

$$M_0 = M - \sum_{j=1}^{n} R_j L_j \tag{6-11}$$

$$Q_0 = Q - \sum_{j=1}^{n} R_j \tag{6-12}$$

式中：M，Q——分别为滑坡推力或岩土压力作用于桩 O 点的弯矩、剪力；

R_j——第 j 排锚索拉力；

L_j——第 j 排锚索锚拉点距 O 点的距离。

由位移变形协调原理，每根锚索伸长量 Δ_i 与该锚索所在点桩的位移 f_i 相等，建立位移平衡方程。

$$\Delta_i = f_i \tag{6-13}$$

$$f_i = X_0 + \varphi_0 L_i + \Delta_{iq} - \sum_{j=1}^{n} \Delta_{ij} \tag{6-14}$$

$$\Delta_i = \delta_i (R_i - R_{io}) \tag{6-15}$$

式中：X_0，φ_0——分别为桩锚固段顶端 O 点处桩的位移、转角；

Δ_{iq}，Δ_{ij}——分别为滑坡推力（或岩土压力）、其他层锚索拉力 R_j 作用于 i 点桩的位移；

R_{io}——第 i 根锚索的初始预应力；

δ_i——第 i 根锚索的柔度系数，即单位力作用下锚索的弹性伸长量。

$$\delta_i = \frac{l_i}{N \cdot E_g A_s} \tag{6-16}$$

l_i，A_s——分别为锚索自由段长度及每束锚索截面积；

E_g——锚索的弹性模量；

N——每孔锚索的束数。

当滑坡推力（或岩土压力）为梯形分布时（见图 6-14），在其作用下，i 点桩的位移为：

$$\Delta_{iq} = \frac{L^4}{120 EI} \left[5 q_1 (3 - 4\xi_i + \xi_i^4) + q_0 (4 - 5\xi_i + \xi_i^5) \right] \tag{6-17}$$

$$\xi_i = 1 - \frac{L_i}{L}$$

$$q_0 = q_2 - q_1$$

$$\Delta_{ij} = R_j \cdot \delta_{ij} \tag{6-18}$$

δ_{ij} 为第 j 根锚索拉力 R_j 作用于桩上 i 点的位移系数，可由结构力学中有关计算公式确定。

当 $j \geqslant i$，则 $\delta_{ij} = \dfrac{L_j^3}{6EI}(2 - 3\gamma + \gamma^3)$，$\gamma = 1 - \dfrac{L_j}{L_i}$

当 $j < i$，则 $\delta_{ij} = \dfrac{L_j^2 L_i}{6EI}(3 - \gamma)$，$\gamma = \dfrac{L_j}{L_i}$

由地基系数法（简化为多层"K"法），可计算确定：X_0、φ_0。

$$X_0 = \frac{Q_0}{\beta^3 EI} \varphi_1 + \frac{M_0}{\beta^2 EI} \varphi_2 \tag{6-19}$$

$$\varphi_0 = \frac{Q_0}{\beta^2 EI}\varphi_2 + \frac{M_0}{\beta EI}\varphi_3 \tag{6-20}$$

式中：φ_1，φ_2，φ_3——桩的无量纲系数；

$\quad\quad E$，I——分别为桩的弹性模量、截面惯性矩；

$\quad\quad \beta$——桩的变形系数。

$$X_0 + \varphi_0 L = \left(\frac{\varphi_1}{\beta^3 EI} + \frac{\varphi_2}{\beta^2 EI}L_i\right)Q_0 + \left(\frac{\varphi_2}{\beta^2 EI} + \frac{\varphi_3}{\beta EI}L_i\right)M_0 \tag{6-21}$$

令

$$A_i = \frac{\varphi_1}{\beta^3 EI} + \frac{\varphi_2}{\beta^2 EI}L_i \tag{6-22}$$

$$B_i = \frac{\varphi_2}{\beta^2 EI} + \frac{\varphi_3}{\beta EI}L_i \tag{6-23}$$

则

$$X_0 + \varphi_0 L = A_i Q_0 + B_i M_0 \tag{6-24}$$

将上述相关公式代入式（6-13）得：

$$A_i\left(Q - \sum_{j=1}^{n} R_j\right) + B_i\left(M - \sum_{j=1}^{n} R_j L_j\right) + \Delta_{iq} - \sum_{j=1}^{n} R_j \delta_{ij} = \delta_i(R_i - R_{i0})$$

整理得

$$\sum_{j=1}^{n}(A_i + B_j L_j + \delta_{ij})R_j + \delta_i R_i = A_i Q + B_i M + \Delta_{iq} + \delta_i R_{i0}$$

令

$$\xi_{ij} = A_i + B_i L_j + \delta_{ij} \tag{6-25}$$

$$C_i = A_i Q + B_i M + \Delta_{iq} + \delta_i R_{i0} \tag{6-26}$$

则

$$\sum_{j=1}^{n} \xi_{ij} R_j + \delta_i R_i = C_i \tag{6-27}$$

解线性方程组（6-27），可确定各排锚索位力 R_j

$$R_j = \frac{D_K}{D} \tag{6-28}$$

其中：

$$D = \begin{vmatrix} \xi_{11}+\delta_1 & \xi_{12} & \cdots & \xi_{1j} & \cdots & \xi_{1n} \\ \xi_{21} & \xi_{22}+\delta_2 & \cdots & \xi_{2j} & \cdots & \xi_{2n} \\ \vdots & \vdots & & \vdots & & \vdots \\ \xi_{n1} & \xi_{n2} & \cdots & \xi_{nj} & \cdots & \xi_{n}+\delta_n \end{vmatrix}$$

$$D_k = \begin{vmatrix} \xi_{11}+\delta_1 & \xi_{12} & \cdots & \xi_{1(j-1)} & C_1 & \xi_{1(j+1)} & \cdots & \xi_{1n} \\ \xi_{21} & \xi_{22}+\delta_2 & \cdots & \xi_{2(j-1)} & C_2 & \xi_{2(j+1)} & \cdots & \xi_{2n} \\ \vdots & \vdots & & \vdots & \vdots & \vdots & & \vdots \\ \xi_{n1} & \xi_{n2} & \cdots & \xi_{n(j-1)} & C_n & \xi_{n(j+1)} & \cdots & \xi_{n}+\delta_n \end{vmatrix}$$

三、桩身内力计算

1. 非锚固段 OA 桩身内力

令 $\quad\quad L_0 = 0$，$L_{n+1} = L$，$R_{n+1} = 0$

当 $y = L - L_i$ 时，取 $K = n+1-i(i=1,2\cdots\cdots,n)$

$$\left. \begin{array}{l} Q_y^- = Q(y) - \sum_{j=1}^{K} R_{n+2-j} \\ Q_y^+ = Q(y) - \sum_{j=1}^{K} R_{n+1-j} \\ M_y = M(y) - \sum_{j=1}^{K} R_{n+1-j} \left[y - (L - L_{n+1-j}) \right] \end{array} \right\} \quad (6\text{-}29)$$

当 $L - L_{i-1} > y \geqslant L - L_i$ 时，取 $K = n + 2 - i (i = 1, 2, \cdots\cdots, n+1)$

$$\left. \begin{array}{l} Q_y = Q(y) - \sum_{j=1}^{K} R_{n+2-j} \\ M_y = M(y) - \sum_{j=1}^{K} R_{n+2-j} \left[y - (L - L_{n+2-j}) \right] \end{array} \right\} \quad (6\text{-}30)$$

式中：Q_y，M_y——桩身剪力、弯矩；

$Q(y)$，$M(y)$——仅岩土压力作用于桩上的剪力、弯矩；

K——从桩顶往下数锚索支承点个数。

2. 锚固段桩身内力

锚固段桩身内力计算详见第五章有关抗滑桩的内力计算。

第六节 预应力锚索桩的施工

一、预应力锚索施工工序

预应力锚索施工，是将其三个基本组成构件——锚孔、束体、外锚头，在加固对象中有机组合、成为一体的过程。首先要钻造锚固孔；之后制作束体并将其放入锚固孔中；固定束体下端；制作外锚头；最后用张拉锁定方法、使束体产生预应力后与外锚头连接，在对锚索进行全面防护后，完成锚索制作。当工程中的所有锚索依照设计图纸施工完毕并验收后，预应力锚索的施工也就结束了。由于锚索结构的多样性，使得实际施工顺序，与上述所述会有所不同。一般施工程序（以拉力型为例）见图 6-15。

二、预应力锚索施工工艺要点

1. 施工准备工作

预应力锚索结构简单，但作业难度大，各工序衔接紧凑，相互干扰多。在施工前要做好以下工作：

（1）边坡开挖达到施工作业要求，并平整好锚索操作范围内的场地以便于钻孔施工。

（2）布置好施工场地和制索场地，机械设备和材料经标定检验后进场。

（3）搭设工作平台并安装防护栏杆挂网以确保施工过程中的安全。

2. 锚索孔的钻凿

首先根据地层的类型、钻孔直径、钻孔深度、锚固工地的条件来选择好钻孔机具。锚孔钻进最好采用无水干钻，以防止锚索施工恶化边坡岩体的工程地质条件和保证孔壁的粘

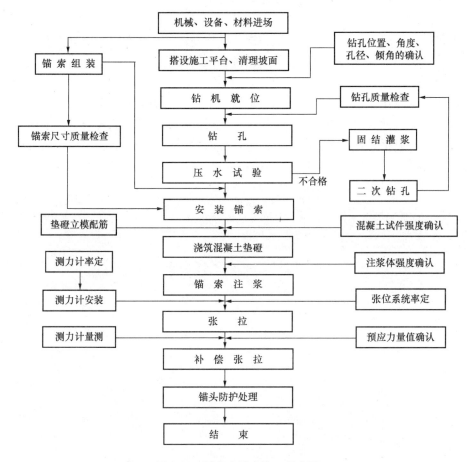

图 6-15 预应力锚索施工程序图

结性能。在钻进过程中应对每个孔的地层变化钻进状态作好现场记录,对渗水和塌孔与卡钻等特殊问题要作特殊处理。待钻孔完成后,必须使用高风压将孔中岩粉及水全部清除出孔外,以免降低水泥浆与孔壁岩体的粘结强度。如遇锚孔有承压水流出,应在周边设置排水孔,待水压、水量变小后方可施放锚索与注浆。

3. 锚索制作安装

锚索编束前要对钢绞线进行筛选,采用机械切割钢绞线。锚索编排时要确保每根钢绞线都顺直排放而不缠绕,锚固段架线环与紧箍环每隔1m间隔交替设置。锚固段绑孔完成后,在自由段每根钢绞线上涂抹防锈漆和黄油,在外套壁厚不小于2mm的热缩型塑料管。自由段每隔1m设置一处定中件,以保证钢绞线顺直、居中,保证锚索周边有一定的保护层厚度。安放锚索入孔时,可在锚索头部加开孔导向头,安放到位后在孔中设置注浆塞,预埋注浆排气孔。

4. 注浆

压力注浆对锚索的抗拔力起决定性作用。注浆液应搅拌均匀,严格控制水灰比,锚固段及自由段均要灌注水泥浆。下倾锚索岩层较好岩层地段采用孔底返浆法,对于块石土、软质岩及煤系地层的锚固采用高压注浆或二次劈裂注浆技术;上倾和水平锚索采用排气法注浆，即从孔口注入砂浆，空气经预先排好的管道排出孔外。

5. 地梁浇筑

作为张拉锚索的反压平台，地梁把锚索荷载均衡传递至坡布上。地梁浇灌过程中在锚索地梁和锚具工作平台一同浇灌处，用木模拼装浇筑混凝土。

6. 张拉与锁定

为检验砂浆与孔壁之间的粘结强度及锚固长度的可靠性，确保锚索设计的使用安全，在全面张拉前要进行抗拔试验。在注浆强度及地梁混凝土强度达到要求后，采用分部分片张拉锁定。为避免相邻锚索张拉的应力损失，可采用"跳张法"即隔1拉1的方法。采用"跳张法"超张拉力为设计拉力值的1.1倍，以确保前期预应力值。张拉结束后，将多余的锚索外露钢绞线切断，无变化后进行锁定封锚。

第七章 植被护坡工程技术

第一节 概 述

一、植被护坡的必要性

植被护坡是利用植被涵水固土的原理稳定岩土边坡同时美化生态环境的一种新技术，是涉及岩土工程、恢复生态学、植物学、土壤肥料学等多学科于一体的综合工程技术。

随着我国经济建设的蓬勃兴起，道路建设发展迅猛。然而，道路建设往往会破坏生态环境，其路堑开挖和路堤填筑都会导致原生植被和动物栖息地破坏，水土流失，以及局部环境恶化等一系列生态环境问题，道路建设与环境保护的矛盾日益突出。因此，恢复和重建道路边坡及路侧两旁的自然生态植被尤为重要。国家已经十分重视道路建设中的生态建设和环境保护，在国发［2000］31号文件"国务院关于进一步推进绿色通道建设的通知"中指出：绿色通道要和公路、铁路、水利设施建设统筹规划，并与工程建设同步设计、同步施工、同步验收。由此可见，道路建设中，在满足各项工程技术标准，确保道路快速、通畅、安全、舒适的前提下，如何改善和提高道路边坡防护，以美化、保护生态环境，丰富道路景观已成为一项十分重要的课题。

公路边坡大面积暴露于自然界，长期受到自然因素（雨水、日照、气温、风力等）的反复作用，边坡岩土的物理力学性质常发生变化。土质边坡浸水后湿度增大，土的强度降低，饱和后的土体强度急剧降低；岩性差的岩体，在水温条件下，加剧风化，边坡表面在温差和湿差作用下形成胀缩循环、干缩循环，导致岩土强度衰减和边坡剥蚀；地表水流冲刷、地下水源渗出，使岩土表层失稳，产生"鸡爪沟"，易造成和加剧边坡的水毁病害。坡面防护的意义在于：防治边坡病害；保证边坡稳定；改善环境景观（公路与自然环境的协调）；确保行车安全和正常的交通运输。边坡坡面防护方法的选择应根据当地气候、水文、地形、地质条件、筑路材料分布情况、公路等级、周围景观和经济性而进行综合考虑。

边坡防护分为两类：一类是工程防护，另一类是生态防护。工程防护主要是用在地质条件较差地段，为保持边坡稳定而采用的边坡防护措施，常见的防护措施有三合土抹面、喷混凝土、浆砌片石护墙、挂网喷锚、挡土墙、抗滑桩等。在以往道路建设中，边坡防护对其稳定性考虑较多，通常采用单纯的工程防护，而对生态防护并没有引起足够重视，导致被破坏的植物得不到恢复，边坡与自然环境不相协调，视角比较生硬，不但缺乏美感，而且还会产生光声污染，甚至局部环境恶化。生态防护主要是植被防护及植被与工程措施相结合边坡防护措施，它能有效地改善道路景观，营造生态环境，以实现边坡防护和景观绿化两大功能的完美结合。生态防护不仅有利于边坡的稳定，而且还可恢复植被，吸收噪音，减少太阳辐射，净化大气污染，调节局部小气候等特点，这种防护方式越来越受到重视,同时也是边坡防护发展的必然趋势。

二、植被护坡的功能

1. 深根的锚固作用

植物的垂直根系穿过坡体浅层的松散风化层,锚固到深处较稳定的岩土层上,起到预应力锚杆的作用。禾草、豆科植物和小灌木在地下 0.75～1.5m 深处有明显的土壤加强作用,树木根系的锚固作用可影响到地下更深的岩土层。

2. 浅根的加筋作用

植草的根系在土中盘根错节,使边坡土体成为土与草根的复合材料。草根可视为带预应力的三维加筋材料,使土体强度提高。

3. 降低坡体孔隙水压力

边坡的失稳与坡体水压力的大小有着密切的关系。降雨是诱发滑坡的重要因素之一。植物通过吸收和蒸腾坡体内水分,降低土体的孔隙水压力,提高土体的抗剪强度,有利于边坡的稳定。

4. 降雨截留,削弱溅蚀

一部分降雨在到达坡面之前就被植被截留,以后重新蒸发到大气或下落到坡面。植被能拦截高速下落的雨滴,减少能量及土粒的飞溅。

5. 控制土粒流失

地表径流带走已被滴溅分离的土粒,进一步可引起片蚀、沟蚀。植被能够抑制地表径流并削弱雨滴溅蚀,从而能控制土粒流失。

三、植被护坡中植物的选择

边坡植被防护的主体是植物,植物选择的好坏,直接关系到边坡植被防护的成败和效果。一般而言,我国的土质边坡具有土壤瘠薄、土壤板结、坡度较大的特点,而石质边坡较土质边坡坡度更大,因此边坡生态防护的植物应满足以下要求:

1. 适应当地气候,抗旱性强;
2. 根系发达、扩展性强;
3. 耐瘠薄、耐粗放管理;
4. 种子来源丰富,发芽力强,容易更新;
5. 绿期长,多年生;
6. 育苗容易并能大量繁殖;
7. 播种栽植的时期较长。

可用于边坡的植物资源有许多,多数情况下是选择草坪植物。但是草本植物与木本植物相比根系较浅,抗拉强度较小,固坡护坡效果较差;易衰退,且衰退后二次植被困难。因此在某些发达国家已开始重视灌木的护坡作用,如日本对灌木护坡进行了大量研究,从而使灌木在边坡防护中得到了大量的应用,起到了很好的固坡护坡作用。而我国目前灌木在边坡防护中应用还较少,有待进一步研究和推广。

可用于护坡的草本植物大部分属于禾本科和豆科。禾本科植物一般生长较快,根量大,护坡效果好,但需肥较多。而豆科植物苗期生长较慢,但由于可以固氮,故较耐瘠薄,耐粗放管理,其花色较鲜艳,开花期景观效果较好。根据各草种对季节性温度变化的适应性,可分为暖季型与冷季型两类。冷季型草比较耐寒,但耐热性和耐旱性较差。而暖季型草较耐热、耐旱,但不耐寒,以地下茎或匍匐茎过冬,故冬季景观效果较差,但其管理较冷季型草粗放。我国各大地区主要可用的护坡草坪植物见表7-1。

我国各大地区主要可用的护坡草坪植物表　　　　表7-1

地　区	冷　季　型　草　坪　植　物	暖季型草坪植物
华北	野牛草、紫羊茅、羊茅、苇状羊茅、林地草熟禾、草地草熟禾、加拿大草熟禾、草熟禾、小糠草、匍茎剪股颖、白颖苔草、异穗苔草、小冠花、白三叶	结缕草
东北	野牛草、紫羊茅、林地草熟禾、草地草熟禾、加拿大草熟禾、匍茎剪股颖、白颖苔草、异穗苔草、小冠花、白三叶	结缕草
西北	野牛草、紫羊茅、羊茅、苇状羊茅、林地草熟禾、草地草熟禾、加拿大草熟禾、草熟禾、小糠草、匍茎剪股颖、白颖苔草、异穗苔草、小冠花、白三叶	结缕草、狗牙根（温暖处）
西南	羊茅、苇状羊茅、紫羊茅、草地草熟禾、加拿大草熟禾、草熟禾、小糠草、多年生黑麦草、小冠花、白三叶	狗牙根、假俭草、结缕草、沟草、百喜草
华东	紫羊茅、草地草熟禾、草熟禾、小糠草、匍茎剪股颖	狗牙根、假俭草、结缕草、细叶结缕草、中华结缕草、马尼拉草、百喜草
华中	羊茅、紫羊茅、草地草熟禾、草熟禾、小糠草、匍茎剪股颖、小冠花	狗牙根、假俭草、结缕草、细叶结缕草、马尼拉结缕草、百喜草
华南		狗牙根、地毯草、假俭草、结缕草、细叶结缕草、马尼拉结缕草、中华结缕草、百喜草

将灌木应用于护坡工程与草本植物相比有根系固持力强、植被维护管理作业量小等优点。我国目前在边坡生态防护中使用的灌木较少,目前已使用的灌木主要有紫穗槐、柠条、沙棘、胡枝子、红柳和坡柳等。我国各地区主要可供选用的护坡灌木见表7-2。

我国各大地区主要可供选用的护坡灌木表　　　　表7-2

地　区	灌　木　树　种
东北区	胡枝子、沙棘、兴安刺玫、黄刺玫、刺五加、毛榛、榛子、树锦鸡儿、小叶锦鸡儿、柠条锦鸡儿、紫穗槐、杨柴
三北区	杨柴、锦鸡儿、柠条、花棒、踏朗、梭梭、白梭梭、蒙古沙拐枣、毛条、沙柳、紫穗槐
黄河区	绣线菊、虎榛子、黄蔷薇、柄扁桃、沙棘、胡枝子、胡颓子、多花木兰、白刺花、山楂、柠条、荆条、黄栌、六道木、金露梅
北方区	黄荆、胡枝子、酸枣、怪柳、杞柳、绣线菊、照山白、胡枝子、荆条、金露梅、杜鹃、高山柳、紫穗槐
长江区	三棵针、狼牙齿、小檗、绢毛蔷薇、报春、爬柳、密枝杜鹃、山胡椒、山苍子、紫穗槐、马桑、乌药
南方区	爬柳、密枝杜鹃、紫穗槐、胡枝子、夹竹桃、字字栎、木包树、茅栗、化香、白檀、海棠、野山楂、冬青、红果钓樟、水马桑、蔷薇、紫穗槐、黄荆、车桑子
热带区	蛇藤、米碎叶、龙须藤、小果南竹、紫穗槐、柁木、杜鹃

第二节 铺草皮护坡

一、铺草皮护坡特点

铺草皮是较常用的一种护坡绿化技术,是将培育的生长优良健壮的草坪,用平板铲或起草机铲起,运至需绿化的坡面,按照一定的大小规格重新铺植,使坡面迅速形成草坪的护坡绿化技术。

同直接撒播草种护坡相比,铺草皮护坡具有以下特点:

1. 成坪时间短

草种从播种到成坪所需的时间较长,一般需要1个月至2个月,采用铺草皮方法,可实现"瞬时成坪",因此,对于急需绿化或植物防护的边坡,采用铺草皮是首选方法。

2. 护坡功能见效快

植物的防护作用主要通过它的地表植被覆盖和地下根系的力学加筋来实现,草坪在未成坪前对边坡基本起不到防护作用。铺草皮由于即时实现草坪覆盖,因此,依靠其地表覆盖,在一定程度上可减弱雨水的溅蚀及坡面径流,降低水土流失,迅速发挥护坡功能。

3. 施工季节限制少

植物发芽都需要适宜的温度条件,冷季型草种的适宜播种季节是早春和夏末秋初,最适宜的气温为15~25℃,暖季型草种最适宜的播种季节是春末秋初,适宜的气温为20~25℃。在适宜季节外施工,草种的发芽率、生长都受到影响。铺草皮则不存在此限制,一般地,除寒冷的冬季外,其他时间都可施工。

4. 前期管理难度大

新铺的草皮,容易遭受各种灾害,如病虫害、缺水、缺肥等,因此,在新铺草皮养护期间,必须加强管理。

二、铺草皮护坡适用条件及施工方法

1. 适用条件

根据铺草皮护坡在国内不同地区、不同类型边坡的应用经验,初步确定其适用约束条件,包括以下几个方面:

(1) 应用地区

各地区均可应用,但在干旱、半干旱地区应保证养护用水的持续供给。

(2) 边坡状况

类型:各类土质边坡均可应用,强风化岩质边坡也可应用,常用于路堤边坡。

坡率:一般不超过1:1.0,局部可不陡于1:0.75。

坡高:一般不超过10m。

稳定性:稳定边坡。

(3) 施工季节

春季、夏季和秋季均可施工,适宜施工季节为春秋两季。

2. 施工方法

铺草皮护坡施工工序为：平整坡面→准备草皮→铺草皮→前期养护。

（1）平整坡面

清除坡面所有石块及其他一切杂物，翻耕20～30cm，若土质不良，则需要改良，增施有机肥，耙平坡面，形成草皮生长床，铺草皮前应轻填1～2次坡面，将松软土层压实，并洒水润湿坡面，理想的铺草皮的土壤应湿润而不是潮湿。

（2）准备草皮

在草皮生产基地起草皮。起草皮前一天需浇水，一方面有利于起卷作业，同时也保证草皮卷中有足够的水分，不易破损，并防止在运输过程中失水。草皮切成长宽各为30cm×30cm大小的方块，或宽30cm，长2m的长条形，草皮块厚度为2～3cm。为保证土壤和草皮不破损，起出的草皮块放在用30cm×30cm的胶合板制成的托板上，装车至施工地点。长条形的草皮可卷成地毯卷，装车运输。有条件的地方，起草皮可采用起草皮机进行起草皮，草皮块的质量将会大大提高，起草皮机作业，不仅速度快，而且所起的草皮厚度均一，容易铺装。

（3）铺草皮

铺草皮时，把运来的草皮块顺次平铺于坡面上，草皮块与块之间应保留5mm的间隙，以防止草皮在运输途中失水干缩，遇水浸泡后出现边缘膨胀，块与块间的间隙填入细土。铺草皮时应尽量避免过分地伸展和撕裂。若是随起随铺的草皮块，则可紧密相接。铺好的草皮在每块草皮的四角用尖桩固定，尖桩为木质或竹质，长20～30cm，粗1～2cm。钉尖桩时，应使尖桩与坡面垂直，尖桩露出草皮表面不超过2cm，如图7-1。待铺草皮告一段落时，要用木锤把草皮全面拍一遍，以使草皮与坡面密贴。在坡顶及坡边缘铺草皮时，草皮应嵌入坡面内，与坡缘衔接处应平顺，以防止水流沿草皮与坡面间隙渗入使草皮下滑。草皮应铺过坡顶肩部100cm或铺至天沟，坡脚应采用砂浆抹面等作处理。

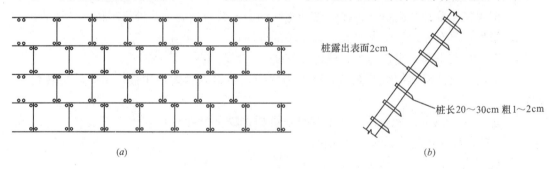

图7-1 铺草皮护坡
(a)尖桩钉固草皮平面布置图；(b)尖桩钉固草皮横断面图

为节省草皮，利用草坪草分蘖和匍匐茎蔓延的特点，也可采用间铺法和条铺法。

间铺法：草皮块可切成正方形或长方形，铺装时按照一定的间距排列，如棋盘式、铺块式等。此种方法铺草皮时，要在平整好的坡面上，按照草皮的形状和厚度，在计划铺草皮的地方挖去土壤，然后镶入草皮，必须使草皮块铺下后与四周土面相平。经过一段时期后，草坪匍匐茎向四周蔓延直至完全接合，覆盖坡面。

条铺法：将草皮切成6～12cm宽的长条，两根草皮条平等铺装，其间距为20～30cm，铺装时在平整好的坡面上，按草皮的宽度和厚度，在计划铺草皮的地方挖去土壤，然后将草皮镶入，保持与四周土面相平。经过一段时间后，草皮即可覆盖坡面。

（4）前期养护

洒水：草皮从铺装到适应坡面环境健壮生长期间都需及时进行洒水，每天都需要洒水，每次洒水量以保持土壤湿润为原则，每日洒水次数视土壤湿度而定，直至出苗成坪。

病虫害防治：当草苗发生病害时，应及时使用杀菌剂防治病害，常用的药剂有代森锰锌、多菌灵、百菌清、福美霜等。在使用杀菌剂时，应掌握适宜的喷洒浓度。为防止抗药菌丝的产生，使用杀菌剂时，可以用几种效果相似的杀菌剂交替或复合使用。对于常发生的虫害如地老虎、蝼蛄、蛴螬、草地螟虫、粘虫等，可进行生物防治和药物防治相结合的综合防治方法。常用的杀虫剂是有机磷化合物杀虫剂。

追肥：为了保证草苗能茁壮地生长，在有条件的情况下，可根据草皮生长需要及时追肥。

第三节 植生带护坡

一、简介

植生带是采用专用机械设备，依据特定的生产工艺，把草种、肥料、保水剂等按一定的密度定植在可自然降解的无纺布或其他材料上，并经过机器的滚压和针刺的复合定位工序，形成的一定规格的产品。

植生带建植草坪，是草坪建植中的一项新技术，在国外应用较早，我国在20世纪80年代开始试制和应用。目前，植生带已广泛应用于城市园林绿化、水土保持以及边坡绿化中。植生带护坡具有以下特点：

1. 植生带置草种与肥料于一体，播种施肥均匀，数量精确，草种、肥料不易移动；
2. 植生带具有保水和避免水流冲失草种的性质；
3. 草种出苗率高、出苗整齐、建植成坪快；
4. 采用可自然降解的纸或无纺布等作为底布，与地表吸附作用强，腐烂后可转化为肥料；
5. 植生带体积小、重量轻，便于贮藏，可根据需要常年生产，生产速度快，产品成卷入库，贮存容易，运输、搬运轻便灵活；
6. 施工省时、省工，操作简便，并可根据需要任意裁剪。

二、植生带护坡适用条件及施工方法

1. 适用条件

根据植生带护坡在国内不同地区，不同类型边坡的应用经验，初步确定其适用约束条件包括以下几个方面：

（1）应用地区

各地区均可应用，但在干旱、半干旱地区应保证养护用水的持续供给。

（2）边坡状况

类型：一般用于土质路堤边坡，土石混合路堤边坡经处理后可用，也可用于土质路堑边坡。

坡率：常用坡率1∶1.5～1∶2.0。坡率超过1∶1.25时应结合其他方法使用。

坡高：一般不超过10m。

稳定性：稳定边坡。

(3) 施工季节

一般施工应在春季和秋季进行，应尽量避免在暴雨季节施工。

2. 施工方法

植生带护坡施工工序为：平整坡面→开挖沟槽→铺植生带→覆土、洒水→前期养护。

(1) 平整坡面

清除坡面所有石块及其他一切杂物，全面翻耕边坡，深耕20～25cm，并施入有机肥，可用腐熟牛粪或羊粪等，用量为0.3～0.5kg/m²，打碎土块，耧细耙平。若土质不良，则需改良，对黏性较大的土壤，可增施锯末、泥炭等改良其结构。

准备足够的用于覆盖植生带的细粒土，以沙质壤土为宜，每铺100m²的植生带，需备0.5m³细土。

铺植生带前1～2d，应灌足底水，以利保墒。

(2) 开挖沟槽

在坡顶及坡底沿边坡走向开挖一矩形沟槽，沟宽20cm，沟深不少于10cm。坡面顶沟离坡面20cm，用以固定植生带。

(3) 铺植生带

铺装植生带前，在耧细耙平的坡面，再次用木板条刮平坡面，把植生带自然地平铺在坡面上，将植生带拉直、放平，但不要加外力强拉。植生带的接头处，应重叠5～10cm，植生带上下两端应置于矩形沟槽，并填土压实。

用U型钉固定植生带，钉长为20～40cm，松土用长钉。钉的间距一般为90～150cm（包括搭接处）。

(4) 覆土、洒水

在铺好的植生带上，用筛子均匀地于坡面筛好准备好的细粒土，细粒土的覆盖厚度为0.3～0.5cm。

覆土完毕后，应及时洒水。第一次洒水一定要浇透，使植生带完全湿润。

(5) 前期养护

洒水：植生带从铺装到出苗以后的幼苗期，都需要及时进行洒水，每天都需洒水，每次洒水量以保持土壤湿润为原则。每日洒水次数视土壤湿度而定，直至出苗成坪。在幼苗中期也要保持每天洒水一次，后期根据土壤湿度进行洒水。由于植生带上覆盖细土很薄，洒水时最好采用水滴细小的喷水设备，使洒水均匀，水的冲力减小。在草苗未出土前，如因洒水等原因，露出植生带处，要及时补撒细土覆盖。

追肥：虽然植生带含有一定数量的肥料，但为了保证草苗能苗壮生长，在有条件的情况下，可进行追肥。一般追肥二次，第一次追肥在草苗出苗后一个月左右，间隔20d再施第二次。追肥量为第一次用尿素10g/m²，第二次用尿素15g/m²。用稀释水溶液喷洒，追肥后一定要用清水清洗叶面，以免烧伤幼苗。

覆土：植生带的幼苗茎都生长在边坡表面，而植生带铺装时覆土又很薄，为了有利于幼苗匍匐茎的扎根，可以在幼苗开始分蘖时，覆细粒土 0.5～1cm。

病虫害防治：当草苗发生病害时，应及时使用杀菌剂防治病，常用的药剂有代森锰锌、多菌灵、百菌清、福美霜等。在使用杀菌剂时，应掌握适宜的喷洒浓度。为防止抗药菌丝的产生，使用杀菌剂时，可以用几种效果相似的杀菌剂交替或复合使用。对于常发生的虫害如地老虎、蝼蛄、蛴螬、草地螟虫、粘虫等，可进行生物防治和药物防治的相结合的综合防治方法。常用的杀虫剂是有机磷化合物杀虫剂。

第四节 液压喷播植草护坡

一、简介

1. 概况

液压喷播植草是将草种、木纤维、保水剂、粘合剂、肥料、染色剂等与水的混合物通过专用喷播机喷射到预定区域建植草坪的高效绿化技术。由于喷出的含有草种的黏性悬浊液，具有很强的附着力和明显的颜色，喷射时不遗漏、不重复，可以均匀地将草种喷播到目的位置。在良好的保湿条件下，草种能迅速萌芽，快速发育成为新的草坪。因此，液压喷播植草是一种高速度、高质量和现代化的绿化技术。

液压喷播植草发展于普通草坪绿化，采用液压喷播技术，大大改进和提高了草坪建植技术和方法，使播种、覆盖等多种工序一次完成，提高了草坪建植的速度和质量，同时，又能避免人工播种受大风而影响作业的情况，克服不利的自然条件的影响，满足不同自然条件下草坪建植的需要。由于液压喷播技术的先进，此项技术逐渐应用于公路、铁路等边坡绿化工程。我国于 20 世纪 90 年代开始引进液压喷播技术，经过 10 多年发展完善，已广泛应用于公路、铁路、堤坝、机场、水土保持等绿化工程，并研制出相应的喷播机械及喷播辅料。

2. 液压喷播植草护坡特点

坡面人工种草，往往因坡面坡度大而造成人工播种难度大，播种人员由于难以在坡面上站立，操作困难，播种质量无法保证，造成出苗不齐，难以成坪，另外，坡面上人工作业，由于翻耕土壤，也极易引起风蚀和水蚀，从而产生水土流失。为了防止上述后果的发生，常需投入较多资金，配合一些工程措施，但并不能达到理想效果。采用液压喷播植草技术，能较好地解决上述问题。因喷射出的是含有草种的悬浊液，草种被纸浆等纤维素包裹着，另外，还有保水剂和其他各种营养元素，能不断地供给草种发芽时所必需的水分和养分；粘合剂又能通过喷射时的压力，使草种紧紧粘附于土壤表面，形成比较稳定的坪床面，降水时不能形成冲刷表土的径流，保证坪床稳定，草种正常发芽。

液压喷播植草护坡具有以下特点：

（1）机械化程度高

喷播机械包括汽车、喷播机、管道等设施，因此必须是专业化的施工，并有一定的行车道和作业规模，对偏僻的零星边坡施工，液压喷播难显其优势。

（2）技术含量高

喷播技术既具有传统的草坪建植方法具有的共同优点，同时也解决传统建植方法难以解决的困难问题，如人工播种受风力影响大的问题，坡度大难建植的问题等，实现了草种混播、着色、施肥、播种、覆盖等多种工序一次完成，在最大风力5级的情况下，也不影响喷播的效果。

（3）施工效率高，成本低

液压喷播可大量减少施工人员和投入，如铺10000m²草皮需要77个工日，而液压喷播1台喷播机仅需1～2d。而且，液压喷播的单价仅为5～10元/m²，因此，采用液压喷播植草是一项低投入、高产出的技术。

（4）成坪速度快，草坪覆盖度大

由于草种和肥料等充分的搅拌在一起，种子和幼苗能充分和有效地吸收养分、水分。因此，采用液压喷播植草，种子萌发和幼苗生长迅速，成坪速度快，草坪覆盖度大。深圳市高尔夫开发设计管理有限公司等单位在昆明乡村高尔夫球场的内外边坡应用液压喷播植草，球场边坡喷播草坪一个月即可成坪，覆盖度达85%以上。较在相同坡度用人工建植的相同类型的草坪成坪时间缩短20～30d，覆盖率提高30%。

（5）草坪均匀度大，质量高

由于液压喷播的混合液搅拌均匀，喷播的速度也一致，因此，采用喷播建植的草坪均匀度很高。据昆明高尔夫球场调查结果表明，球场内边坡的草坪均匀度高达95%，外边坡的草坪均匀度也达85%以上，分别比人工在15°缓坡上建植的同类型草坪的均匀度高40%～50%。

二、液压喷播植草护坡适用条件及施工方法

1. 适用条件

根据液压喷播植被护坡在国内不同地区、不同类型边坡的应用经验，初步确定其适用约束条件包括以下几个方面：

（1）应用地区

各地区均可应用，但在干旱、半干旱地区应保证养护用水的持续供给。

（2）边坡状况

类型：一般用于土质路堤边坡，土石混合路堤边坡经处理后可用，也可用于土质路堑边坡。

坡率：常用坡率（1∶1.5）～（1∶2.0），坡率超过1∶1.25时应结合其他方法使用。

坡高：每级高度不超过10m。

稳定性：稳定边坡。

（3）施工季节

一般施工应在春季和秋季进行，应尽量避免在暴雨季节施工。

2. 施工方法

液压喷播植草护坡施工工序为：平整坡面→排水设施施工→喷播施工→盖无纺布→前期养护。

（1）平整坡面

交验后的坡面，采用人工细致整平，清除所有的岩石、碎泥块、植物、垃圾。对路堤

填土土质条件差、不利于草种生长的坡面采用回填改良客土，回填客土厚度为50~75cm，并用水润湿让坡面自然沉降至稳定。若pH值不适宜，尚需改良其酸碱度，一般改良土壤pH值应于播种一个月进行，以增加改良效果。

（2）排水设施施工

边坡排水系统的设置是否合理和完善直接影响到边坡植草的生长环境，对于长大边坡，坡顶、坡脚及平台均需设置排水沟。并应根据坡面水流量的大小考虑是否设置坡面排水沟。一般坡面排水沟横向间距为40~50m。

（3）喷播施工

按设计比例配合草种、木纤维、保水剂、粘合剂、肥料、染色剂及水的混合物料，并通过喷播机均匀喷射于坡面。

（4）盖无纺布

雨季施工，为使草种免受雨水冲失，并实现保温保湿，应加盖无纺布，促进草种的发芽生长，也可采用稻草、秸杆编织席覆盖。

（5）前期养护

洒水养护：用高压喷雾器使养护水成雾状均匀地湿润坡面，注意控制好喷头与坡面的距离和移动速度，保证无高压射流水冲击坡面形成径流。养护期限视坡面植被生长状况而定，一般不少于45d。

病虫害防治：应定期喷广谱药剂，及时预防各种病虫害的发生。

追肥：应根据植物生长学要及时追肥。

及时补播：草种发芽后，应及时对稀疏无草区进行补播。

3. 液压喷播草护坡典型设计图

液压喷播植草护坡典型设计如图7-2。

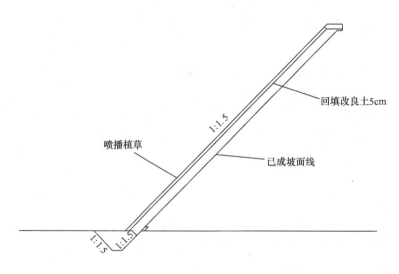

图7-2 液压喷播植草护坡典型设计图

第五节　三维植被网护坡

一、简介

1. 三维植被网结构

三维植被网,亦称固土网垫,外观是以热塑性树脂为原料,经挤出、拉伸等工序形成相互缠绕,在接点上相互熔合,底部为高模量基础层的三维立体结构网垫。三维植网的基础层由1~3层经双向拉抻处理后得到的均匀的方形网格组成,拉伸后的方形网格质轻、丝细且均匀,具有很好的适应坡面变化的贴伏性能;三维植被网的上部为1~3层网包层,上下两层结构的复合即形成三维植被网垫。

2. 三维植被网护坡特点

三维植网护坡是在铺草皮护坡存在易遭受强降雨或常年坡面径流形成冲沟、引起边坡浅层失稳和滑塌等缺陷的基础上发展起来的。

三维植被网护坡具有以下特点:

(1) 固土性能优良

三维植被网表面有波浪起伏的网包,对覆盖于网上的客土、草种有良好的固定作用,可减少雨水的冲蚀。

(2) 消能作用明显

由于网包的存在,缓冲了雨滴的冲击能量,减弱了雨滴的溅蚀,网包层的起伏不平,使风、水流等在网表面产生无数小涡流,减缓了风蚀及水流引起的冲蚀。

(3) 网络加筋作用突出

三维植被网的基础层和网包层网格间的经纬线交错排布粘贴,对回填客土起着加筋作用,且随着植草根系的生长发达,三维植被网、客土及植草根系相互缠绕,形成网络覆盖层,增加边坡表层的抗冲蚀能力。

(4) 保温功能良好

无论冷季型草种还是暖季型草种,其发芽生长都存在一个适宜的温度区间,在适宜的温度区间之外施工,草种发芽率低,生长缓慢。三维植被网垫具有良好的保温作用,在夏季可使植被长年物根部的微观环境温度比外部环境温度低3~5℃,在冬季则高3~5℃,因此,三维植被网在一定程度上解决了逆季施工的难题,促进植被均匀生长。

二、三维植被网护坡适应条件及施工方法

根据三维植被网护坡在国内不同地区、不同类型边坡的应用经验,初步确定其适用条件包括以下几个方面:

(1) 应用地区

各地区均可应用,但在干旱、半干旱地区应保证养护水的持续供给。

(2) 边坡状况

类型:各类土质边坡均可应用,包括路堤和路堑边坡,强风岩石边坡也可应用,土石混合路堤边坡经处理后可用。

第六节 挖沟植草护坡

一、简介

挖沟植草护坡是指在坡面上按一定的行距人工开挖楔形沟，在沟内回填改良客土，并铺设三维植被网（或土工网、土工格栅），然后进行喷播绿化的一种护坡技术。与传统的沟播或穴播植草不同，本文所指的挖沟植草是传统沟播、三维植被网和液压喷播三种植草护坡方法的有机结合，充分发挥了三者的优点，实现了优势互补。挖沟植草护坡具有以下特点：

1. 适应范围更广

三维植被网和液压喷播植草适应于坡度较缓的土质边坡，一般坡率不超过1∶1.25，结合挖沟措施，则可用于坡率1∶1.0的较陡边坡，并可用于泥岩、页岩等软岩边坡。

2. 具有三维植被网护坡的优点

挖沟植草护坡吸收了三维植被网护坡的优点，如固土性能优良、消能作用明显、网络加筋突出和保温功能良好。

3. 具有液压喷播植草护坡的优点

挖沟植草护坡也发挥了液压喷播植草的优点，如成坪速度快、草坪覆盖度大，草坪均匀度大、质量高。

二、挖沟植草护坡适用条件及施工方法

1. 适用条件

根据挖沟植草护坡在国内不同地区、不同类型边坡的应用经验，初步确定其适用约束条件包括以下几个方面：

（1）应用地区

各地区可应用，但在干旱、半干旱地区应保证养护用水的持续供给。

（2）边坡状况

类型：泥岩、页岩及泥、页岩互层等易开挖沟槽的软质岩路堑边坡。

坡率：常用坡率1∶1.0~1∶1.25，坡率超过1∶1.0时应结合坡面锚杆使用，坡率不得超过1∶1.75。

坡高：每级高度不超过10m。

稳定性：稳定边坡。

（3）施工季节

一般施工应在春季和秋季进行，应尽量避免在暴雨季节施工。

2. 施工方法

挖沟植草护坡施工工序为：平整坡面→排水设施施工→楔形沟施工→回填客土→三维植被网施工→喷播施工→盖无纺布→前期养护。

（1）平整坡面

整平坡面至设计要求，并采用人工修坡，清除坡面浮石、危石等。

(2) 排水设施施工

边坡排水系统的设置是否合理完善直接影响到边坡植草的生长环境，对于长大边坡，坡顶、坡脚及平台均需设置排水沟。并应根据坡面水流量的大小考虑是否设置排水沟。一般坡面排水沟横向间距为40～50m。

(3) 楔形沟施工

在坡面上按设计行距开挖楔形沟，楔形沟竖向保持直立，横向设置5‰的倒坡以保证回填客土的稳定。楔形沟应开挖到位。

(4) 回填客土

在楔形沟内回填改良客土，为保证回填客土的稳定，应将填土轻轻压实，并适量洒水润湿，润湿厚度1～3cm。

(5) 三维植被网施工

三维植被网的施工方法参见第四节三维植被网施工方法。

(6) 喷播施工

按设计比例配合草种、木纤维、保水剂、粘合剂、肥料、染色剂及水的混合物料，并通过喷播机均匀喷射于坡面。

(7) 盖无纺布

雨期施工，为使草种免受雨水冲失，并实现保温保湿，应加盖无纺布，促进草种的发芽生长。也可采用稻草、秸杆编织席覆盖。

(8) 前期养护

洒水养护：用高压喷雾器使养护水成雾状均匀地湿润坡面，注意控制好喷头与坡面的距离和移动速度，保证无高压射流水冲击坡面形成径流。养护期限视坡面植被生长状况而定，一般不少于45d。

病虫害防治：应根据植物生长需要及时追肥。

及时补播：草种发芽后，应及时对稀疏无草区进行补播。

第七节 喷混植生护坡

一、简介

喷混植生护坡技术，其核心是在岩质坡面上营造一个既能让植物生长发育而种植基质又不被冲刷的多孔稳定结构。它利用特制喷混机械将土壤、肥料、有机质、保水材料、植物种子、水泥等混合干料加水后喷射到岩面上，由于水泥的粘结作用，上述混合物可在岩石表面形成一层具有连续空隙的硬化体。一定程度的硬化使种植基质免遭冲蚀，而空隙内填有植物种子、土壤、肥料、保水材料等，空隙既是种植基质的填充空间，也是植物根系的生长空间。

喷混植生护坡技术不仅适用于所有开挖后的岩体坡面（如砾岩、砂岩、基岩、片岩、花岗岩、大理岩）的保护绿化，而且对于岩堆、软岩、碎裂岩、散体岩、极酸性土以及挡土墙、护面墙混凝土结构边坡等常规不宜绿化的恶劣环境都能绿化，是环境保护国土绿化工程的一大突破。

二、喷混植生护坡适用条件及施工方法

1. 适用条件

该法适用于开挖后岩石坡面的植被恢复,尤其对不宜进行植被恢复的恶劣的地质环境,如砾石层、软岩、破碎岩及较坚硬的岩石,有比较明显的效果。

2. 施工方法

(1) 边坡修整

高速公路、铁路边坡虽然陡峭,但开挖时坡面一般较平整,此类边坡只需清除表面杂物即可。如边坡有很大的凹凸坡面时,此类边坡特别凸的地方需用榔头稍作修理,特别凹的地方需用石块填补,陡峭的凹陷处则需用水泥砂浆将石块粘结砌平。

(2) 锚杆、挂网

先用气压钻或电钻在坡面上打孔,然后将机编网开卷铺挂在坡面上,再用锚杆或锚钉固定。对于坡度较小(45°以下)、岩体结构稳定的边坡,或已作拱架的陡坡,可不挂网,而向岩面直接喷射混合好的材料。

(3) 喷混

将材料按比例搅拌均匀后利用特制喷混机械将混合物加水及 pH 缓冲剂后喷射到岩面上。喷射分两次进行,首先喷射不含种子的混合料,喷射厚度 7~8cm,紧接着第二次喷射含有种子的混合料,喷射厚度 2~3cm。分开喷射使种子位于基质表面 2~3cm 厚度内,有利于提高出苗、齐苗率。喷射混合材料平均厚度 10cm,变幅为 3~15cm。施工时一定要核准规定的材料混合比例、用水量。注意冬季施工时要多用水泥,夏季施工时要多用水。边坡由南向西时发芽率多有降低,这种情况下应略加大播种量。

(4) 覆盖

南方雨水较多,可在喷射后覆盖无纺布以防止雨水冲刷。北方干旱半干旱地区则可在喷播后覆盖草帘以增温保湿。

(5) 养护

喷播后如未下雨则需每天浇水保持土壤湿润。一般 7 天左右发芽,一个月成坪,两个月覆盖率可达 90% 以上,成坪后可逐渐减少浇水次数。

第八章 边坡排水工程的设计与施工

第一节 概 述

一、滑坡中的水极其对稳定性的影响

产生滑坡的因素是多种多样的,其内因(如岩性、土性、地质构造、地形和风化状态等)一般起着控制作用,但外因(如降雨、融雪等气象条件和挖方、填土引起的应力变化等因素)往往加剧滑坡的运动,有时甚至是引起滑坡发生的主要直接原因。在产生滑坡的自然外因中,降雨、融雪和地下水的渗透水作用则是最大的外因。降雨、融雪形成的地表水下渗到土体的孔隙和岩石的裂隙中,一方面增加岩土的重度,加大滑坡体的重量,使下滑距离增加,另一方面使土石的抗剪强度降低;同时,降雨、融雪形成的渗透水补给到地下水中,使地下水位或地下水压(在受压状态下)增加,其结果也将造成岩土体的抗剪强度降低。此外,渗透到地下的渗透水以一定的流速通过透水层到不透水的面层(此层与上层的结合层一般是滑动面或滑动带)上滞留,这样便形成了一个在均质斜坡中不可能有的具有很大孔隙水压的含水层,这种孔隙水压力一方面在透水层中将引起流砂或砂层剪切破坏,另一方面在不透水层上的结合层(滑动层或滑动带)中,土颗粒将因此发生塑性破坏。因此,滑坡中的水将加剧滑坡的发生。

二、边坡排水工程设计的一般原则

边坡排水设计的一般原则是:

1. 预防为主,防治结合。在公路边坡设计和施工过程中,要根据公路边坡的实际情况(如坡度、高度、土质、汇水面积等),事先设置截水沟、排水沟、边沟与渗水沟等排水设施;在岩土松散破碎处设置必要的防护和支挡工程。不要等到边坡失稳了,再来考虑这些问题,做到预防为主,防患于未然。

2. 分级截流,纵横结合。高陡边坡或岩土稳定性欠佳边坡的排水工程应采取分级截流、纵横结合排水的方法来进行处理。坡顶以外的地表水从截水沟排走;分级边坡每个台阶设一截水沟排水;坡脚设边沟排水。高陡边坡应根据地形和坡面大小,隔一定距离设一垂直路线的排水沟,使水尽快排出边坡。

3. 表里排水,综合治理。路基边坡设计中,必须考虑将影响边坡稳定的地面水加以拦截,排除在边坡范围以外,并防止漫流、停积或下渗。对影响边坡稳定的地下水,应予以截断、疏干、降低并引导到边坡范围以外,只有把地表水和地下水有效地排出边坡以外,实行综合治理,才能保证边坡的稳定。

4. 坡面防护、支挡并重。要根治水害,除了要注意排水外,必要时还需修筑一些坡面防护工程(如拱式护坡、护墙、植被护坡等),以保证边坡的稳固。有时,还要在坡脚

设置一定数量的支挡结构物，以提高抗水害的能力。

5. 因地制宜，经济适用。由于边坡破坏现象和失稳原因是多方面的，因此应深入调查研究，根据当地气候环境、工程地质和材料等具体情况，因地制宜，就地取材，选用适当的工程类型或排水设施，不要轻易取消或减少必要的防护工程设施。排水沟渠应选择地形地质较好的地段通过，以节约加固工程投资。对排水困难和地质不良地段应进行特殊设计，使排水防护工程收到更好的效果。

第二节　地表排水工程的分类

地表排水设施主要有以下几种类型：

1. 边沟　设置在挖方路基的路肩外侧，用以汇集和排除路基范围内和流向路基的少量地面水；

2. 截水沟（天沟）　设置在挖方路基边坡坡顶以外，或山坡路堤上方的适当位置，用以截引路基上方流向路基的地面径流，防止冲刷和侵蚀挖方边坡与路堤坡脚，并减轻边沟的泄水负担。

岩石裸露和坡面不怕冲刷的路段，可不设置截水沟。

3. 排水沟（泄水沟）　用来引出路基附近低洼处积水的人工沟渠。

4. 跌水与急流槽（吊沟）　设置于需要排水的高差较大而距离较短或坡度陡峻的地段。跌水是阶梯形的建筑物，水流以瀑布形式通过，有单级和多级的。它的作用主要是降低流速和消减水的能量。急流槽是具有较陡坡度的水槽，但水流不离开槽底。它的作用主要是在很短的距离内、水面落差很大的情况下进行排水，多用于涵洞的进出水口，或在特殊情况下，截水沟流向边沟的地段。

第三节　沟　渠　的　加　固

沟渠加固措施应结合当地地形、地质、纵坡和流速的条件，因地制宜，就地取材，简便易行。

一、土沟表面夯实

1. 参考图式及其每延米的工程数量，见图 8-1 及表 8-1。

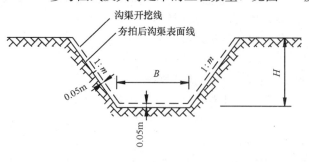

图 8-1　土沟表面夯实

2. 使用条件及施工应注意的事项

（1）使用条件

1）一般适用土质边沟和排水沟，不适用于路堑顶截水沟或路堑顶排水沟。

2）沟内平均流速不大于 0.8m/s。

3）沟底纵坡不大于表 8-2 所列

数值。

（2）施工应注意的事项

每延米土沟表面夯拍面积 表 8-1

断面尺寸（m）	水沟边坡率（m=1.0）					
	B	H	B	H	B	H
工程名称	0.4	0.4	0.4	0.6	0.6	0.6
夯拍面积（m²）	1.531		2.097		2.297	

1) 开挖水沟时沟底及底壁部分均少挖 0.05m。

2) 将沟底沟壁夯拍密实，使土的干密度不小于 $1.66 \times 10^3 \text{kg/m}^3$，土层厚度不小于 0.05m。沟渠开挖时应随开挖随夯实，以免土中水分消失，不易夯拍坚实。施工中如发现沟底沟壁有鼠洞或蛇穴，应用原土补填夯实。

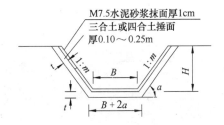

图 8-2 三合土或四合土加固层

图中：$a=b-mt$；$b=t/\sin\alpha$

沟底纵坡 表 8-2

边坡坡率 1:m	1:1		
断面 B×H（m²）	0.4×0.4	0.4×0.6	0.6×0.6
纵坡（%）	1.5	0.7	0.6

二、三合土或四合土加固层

1. 参考图式及其单位工程量见图 8-2 及表 8-3。

每米长土沟表面夯拍面积 表 8-3

断面尺寸（m）		沟渠边坡率 m=0.5				沟渠边坡率 m=1.0				
	厚度	B	H	B	H	B	H	B	H	B	H
工程名称	(cm)	0.3	0.3	0.4	0.4	0.4	0.4	0.4	0.6	0.6	0.6
三合土或四合土捶面（m³）	10	0.114		0.147		0.171		0.228		0.248	
	15	0.165		0.234		0.271		0.356		0.386	
	20	0.264		0.329		0.379		0.493		0.533	
	25	0.351		0.432		0.497		0.639		0.689	
M7.5 水泥砂浆抹面（m²）	1	0.971		1.294		1.531		2.097		2.297	

注：1. 每米长工程数量计算式：

表面面积 $A=B+2H\sqrt{1+m^2}$ 圬工体积 $V=2bH+(B+a+b)t$

2. 材料规范及配合比：

（1）三合土

水泥：砂：炉渣=1:5:1.5（质量比）

在无炉渣地区可试用：石灰：黄土：卵（碎）石=1:3.3:2.3（体积比）

（2）四合土

水泥：石灰：砂：炉渣=1:3:6:24

（3）水泥宜采用低强度等级的，炉渣经过高温烧化且含灰量不超过 5%，其粒径不超过 5mm。

3. 使用条件及施工应注意事项

（1）使用条件

1) 一般用于无冻害及无地下水地段的水沟。

145

2) 沟内平均流速在 1.0~2.5m/s。

3) 在常流水的水沟加固表面，可加抹 1cm 厚的 M7.5 水泥砂浆。

4) 混合土厚 0.1~0.25m，视沟内平均流速或沟底纵坡大小而定。

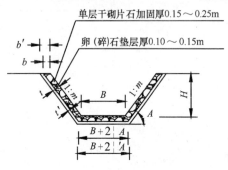

图 8-3 单层干砌片石加固
图中：$a=b-mt$；$a'=b'-mt$

（2）施工应注意的事项

1) 施工前两周将石灰水化；使用前 1~3d，将黄土或炉渣掺入拌匀，使用时将卵（碎）石或砂掺入、反复拌合均匀。

2) 沟渠开挖后趁土质潮湿时立即加固；如土质干燥，则宜洒水湿润后再行加固。

3) 沟渠铺混合土前，应将沟底及沟壁表面夯拍平整，然后每隔约 2m 安一块模板，以保证加固厚度的一致。

4) 沟渠铺混合土后，应拍打提浆，然后再抹水泥砂浆护层。待稍干后，用大卵石将表面压紧磨光。

5) 最后用麻袋或草席覆盖，并洒水养生 3~5d。

6) 施工季节以春秋季为宜，不宜在冬季，以免混合土尚未干燥即发生冻胀。

7) 养护时如发现裂缝或表面剥落，应抓紧有利季节修补。

三、单层干砌片石加固

1. 参考图式及每米工程量

用单层干砌片石加固、内外侧边坡坡率相同的梯形边沟（如图 8-3 所示）的工程数量见表 8-4。

单层干砌片石加固单位工程量（m³/m） 表 8-4

1:m	1:1					
片石厚（cm）	15		20		25	
工程名称 \ 垫层厚（cm） \ 断面尺寸 B×H（m²）	10	15	10	15	10	15
干砌片石 0.4×0.4	0.271		0.379		0.497	
干砌片石 0.4×0.6	0.356		0.493		0.639	
干砌片石 0.6×0.6	0.386		0.533		0.689	
垫层 0.4×0.4	0.226	0.353	0.245	0.381	0.263	0.408
垫层 0.4×0.6	0.283	0.438	0.301	0.405	0.319	0.493
垫层 0.6×0.6	0.303	0.468	0.321	0.495	0.339	0.521

2. 使用条件及施工应注意事项

（1）使用条件

1) 一般用于无防渗要求的沟渠加固地段。

2) 一般土夹砂卵石、软石、风化严重的岩石沟渠沟底纵坡在 5% 以上，流速在 2m/s

以上，必须考虑加固。对于砂土质地段，纵坡≥1‰以上，即考虑加固。

3）沟内平均流速在 2.0～3.5m/s 时，干砌片石尺寸可采用 0.15～0.25m。流速在 4m/s 以上时，应采用急流槽或加设跌水。

4）当沟壁沟底为细颗粒土时，应加设卵石、碎（砾）石垫层，其厚度按平均流速大小及土质情况，在 0.10～0.15m 范围内选用。

(2) 施工应注意的事项

1）垫层石料以粒径 5～50mm 者占 90％（质量比）以上为宜。

2）片石间空隙应用碎石填塞紧密，片石大面应砌向表面，减少面部粗糙程度。

3）片石厚度系指单层干砌片石的最小厚度。

3. 单层栽砌卵石加固

参考图式及单位工程量（图 8-4 及表 8-5）

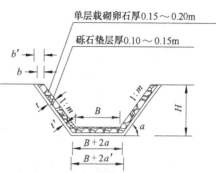

图 8-4 单层栽卵砌石加固

单层栽砌卵石加固单位工程量（m³/m） 表 8-5

1:m		1:1			1:1.5		
卵厚(cm)		15		20	15		20
工程名称 \ 垫层厚(cm) \ 断面尺寸 B×H(m²)		10	15	10	15	10	15
栽砌卵石	0.4×0.4	0.271		0.379	0.324		0.453
	0.4×0.6	0.356		0.493	0.433		0.597
	0.6×0.6	0.386		0.533	0.462		0.637
垫层	0.4×0.4	0.226	0.245	0.381	0.268	0.289	0.450
	0.4×0.6	0.283	0.301	0.465	0.340	0.362	0.558
	0.6×0.6	0.303	0.321	0.495	0.361	0.382	0.588

注：$n=0.020$

4. 使用条件及施工应注意事项

(1) 使用条件

一般用于无严格防渗要求，且容许流速在 2.0～2.5m/s 以内的防冲沟渠加固地段。

所用卵石的尺寸与容许流速的大致关系，参见表 8-6。

当沟壁沟底为细颗粒时，需要设砾石垫层，其厚度视容许流速及土质情况而定，见表 8-7。

卵石尺寸与容许流速的关系 表 8-6

卵石直径 (m)	0.15	0.20
$v_容$ (m/s)	2.0	2.5

砾石垫层厚度 (m) 表 8-7

土质 \ $v_容$ (m/s)	一般细粒土	黏土
小于 2.5	0.10	0.10
2.5～3.0	0.15	0.10

（2）施工应注意事项

垫层可采用平均粒径 2～4mm 的干净砂砾，其含水量应在 5%以下。

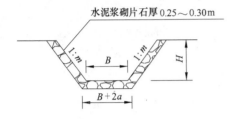

图 8-5 浆砌片石加固

一般应先砌沟底，后砌沟壁。砌沟底选用较好的大卵石，坡脚两行尤应特别注意选料，并要砌牢。砌筑可自下而上逐步选用较小的卵石，最上一层则用较长卵石平放封顶压牢。

所有卵石均应栽砌，大头朝下，每行卵石须大小均匀，两排之间保持错缝。卵石下部及卵石之间的孔隙，均应用小石填塞紧密。

四、浆砌片石加固

1. 参考图式及其单位工程量见图 8-5 和表 8-8。

浆砌片石加固单位工程量（m³/m） 表 8-8

工程名称	1:m	1:0.5				1:0.75				1:1.0			
	断面尺寸（m²）	B	H	B	H	B	H	B	H	B	H	B	H
	垫层厚（cm²）	0.3	0.3	0.4	0.4	0.4	0.4	0.6	0.6	0.6	0.6	0.4	0.6
水泥浆砌片石	25	0.351		0.432		0.459		0.554		0.634		0.497	0.639	0.689
	30	0.447		0.545		0.587		0.728		0.788		0.624	0.794	0.854

2. 使用条件及施工应注意事项

（1）使用条件

1) 一般用于沟内水流速度较大且防渗要求较高的地方。

2) 在有地下水（或常年流水）及冻害地段，沟壁沟底外侧应加设反滤层（或垫层），并在沟壁上预留泄水孔。

3) 沟内平均流速大于 4m/s，沟渠纵坡不加限制，可考虑用急流槽形式。

（2）施工应注意事项

1) 沟渠开挖后应平整夯拍，如土质干燥应洒水湿润，遇有鼠洞陷穴，应用原土堵塞夯实。

2) 选用 M5 水泥砂浆，随拌随用。砌筑完后应注意养护。

五、浆砌片石矩形排水槽

1. 参考图式及其单位工程量见图 8-6 及表 8-9。

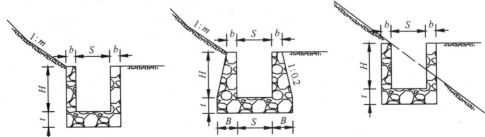

图 8-6 浆砌片石矩形排水槽

浆砌片石矩形排水槽单位工程量（m³/m） 表 8-9

形式	H (m)	b (m)	t (m)	浆砌片石体积（m³）						
				S=0.4 (m)	S=0.5 (m)	S=0.6 (m)	S=0.7 (m)	S=0.8 (m)	S=0.9 (m)	S=1.0 (m)
直墙式	0.2	0.3	0.3	0.42	0.45	0.48	0.51	0.54	0.57	0.60
	0.3	0.3	0.3	0.43	0.51	0.54	0.57	0.60	0.63	0.66
	0.4	0.3	0.3	0.54	0.57	0.60	0.63	0.66	0.69	0.72
	0.5	0.4	0.4	0.83	0.92	0.96	1.00	1.04	1.08	1.12
	0.6	0.4	0.4	0.96	1.00	1.04	1.08	1.12	1.16	1.20
	0.7	0.4	0.4	1.04	1.08	1.12	1.16	1.20	1.24	1.28
	0.8	0.4	0.4	1.12	1.14	1.20	1.24	1.28	1.32	1.36
	0.9	0.4	0.4	1.20	1.24	1.28	1.32	1.36	1.40	1.44
	1.0	0.4	0.4	1.28	1.32	1.36	1.40	1.44	1.48	1.52
斜墙式	1.1	0.45	0.67	0.50	2.15	2.20	2.25	2.30	2.35	2.40
	1.2	0.45	0.69	0.50	2.31	2.36	2.41	2.46	2.51	2.56
	1.3	0.50	0.76	0.50	2.65	2.70	2.75	2.80	2.85	2.90
	1.4	0.50	0.73	0.50	2.82	2.87	2.92	2.97	3.02	3.07
	1.5	0.50	0.80	0.55	3.11	3.16	3.22	3.37	3.33	3.38

其使用条件，大致与浆砌片石加固相同。

2. 施工应注意事项

开挖基坑时，应根据土质条件确定边坡坡率，沟槽筑成后用原土回填。其余注意事项与浆砌片石加固相同。

六、水泥混凝土预制板加固

1. 断面形式与结构尺寸

（1）预制混凝土板加固沟渠一般可采用梯形结构，同前几种加固形式。板厚为5～10cm，无冻胀破坏地区可采用4～8cm。

（2）混凝土预制板的尺寸，根据沟渠长度和断面尺寸确定，同时要保证安砌时搬动容易、施工方便。最小为50cm×50cm，最大为100cm×100cm。

（3）小型沟渠用槽形（U）断面，水力性能好，结构性能也好，占地少，安装方便，并且造价低，不过运输时在车中所占体积较大。

（4）北京农灌处曾作3m长的预制混凝土板，厚8cm，每3m设伸缩缝，安装后效果良好。

（5）混凝土预制板一般用C10或C15混凝土制成。

2. 使用情况

（1）一般缺乏砂、石地段，采用混凝土预制板更为经济，且施工方便。

（2）填方地段采用混凝土预制板，比安装模板现浇混凝土更为合适，且预制板可比现浇板稍薄。

（3）挖方地段安装混凝土预制板应按预制板规格挖成相应槽形，并将土拍夯坚实后进行。

（4）垫层可采用8%石灰剂量的石灰土，拍打坚实，并整平，或用碎砾石材料。

（5）目前尚未见到公路或铁路部门有关于流量与衬砌厚度的关系或总结资料。只介绍水利部门的经验，如表 8-10 所示，供参考。

板式混凝土衬砌厚度参考数值 表 8-10

基础及其他条件	流量 (m³/s)	板厚 (cm)	备 注
砂砾石、砾石、风化石，无浮托力	<2	5～6	3～4cm 厚的混凝土衬砌渠道，一般采用压力喷射施工
	>2	4～10	
密实的砂砾石、砂土挖方渠道，无浮托力	<2	4～8	需要砾石垫层
	>2	6～12	
黄土、普通土、冲积土、细砂粒的填方渠道	<2	6～10	需要垫层和排水设施。粘性土地段需采取防冻措施。无冻胀，不加垫层
	>2	8～12	

注：表列数值包括现浇和预制板。

3. 伸缩缝

（1）为避免因温度变化而引起混凝土板的伸缩，以及基础的不均匀沉陷等，需设置伸缩缝。纵向缝一般设在边坡与渠底连接处，当渠底宽度超过 6～8m 时，可在渠底中部设置纵缝。渠道边坡上一般不设纵向缝。

混凝土加固板横向伸缩缝间距表 表 8-11

加固板厚度 t（cm）	伸缩缝间距 l（m）
5～7	2.5～3.5
8～9	3.5～4.0
≮10	4.0～5.0

（2）混凝土预制板采用 M5 水泥砂浆砌缝时，横向伸缩缝间距与现浇混凝土板相同，其参考值见表 8-11。

（3）采用预制板加固时，应注意保持沟底与边坡的伸缩缝间距一致。

（4）伸缩缝宽取决于伸缩缝间距、湿度变幅、干缩系数、线膨胀系数、填料伸缩性能、粘结力、施工要求等，一般采用 1～4cm。

（5）伸缩缝填料的性能是决定衬砌效果和寿命的主要因素，要求高温不流淌，低温不冻裂、剥落，伸胀时不挤出，收缩时不裂缝，粘结力强，负温下仍能粘着不脱离，耐久性好。

目前实际工作中采用的填料有沥青混合物、聚氯乙烯胶泥和沥青油毡板等。

4. 防冻胀措施

在地下水位高、天气寒冷、有冻胀现象的地区施工，对沟渠混凝土加固板的平整度有影响。砂砾垫层厚度根据水利部门的经验，可按最大冻深的 70％ 考虑，也可结合本地区的特点参照陕西省水利科学研究所提出的公式（8-1）进行选择：

$$e = \frac{H-\delta}{2} \tag{8-1}$$

式中 e——换土层的厚度（cm）；

H——最大冻结深度（cm）；

δ——加固板厚度（cm）。

5. 施工与养护中的注意事项

加固板的接缝除按照操作规程选料与施工外，在沟渠的使用中应密切注意接缝料，如有脱落或裂缝，应及时修补，以免水渗入沟底土中，影响沟身的稳定和排水能力。

第四节 排水沟渠设计

一、排水沟渠的断面

1. 断面尺寸

沟渠的断面尺寸应保证能通过全部设计流量。为防止水流溢出，除应按设计流量计算断面尺寸外，还必须使水沟深度高出相应的计算水位 0.2m。水沟较长时，可按汇集流量分段计算断面尺寸。

2. 沟渠底宽的改变

沟渠底部一般采用等宽。因流量改变而需改变断面尺寸时，可变化其深度。但当沟渠较长，上下游汇入的流量变化较大，沟渠底宽有必要由 b_1 增大至 b_2 时，为使水流顺畅，应在渐变长度 l 内，逐渐改变底宽（如图 8-7 所示）。该渐变长度 l，建议按下式计算：

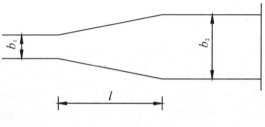

图 8-7 沟渠底宽的渐变段

$$l = k(b_2 - b_1) \tag{8-2}$$

式中：k——系数，一般取 5～20，根据流速的大小采用，流速较大者采用较大值。

二、排水沟渠的纵坡与流速

1. 沟渠的纵坡与当地的土质有密切的关系。理想的纵坡是使水流既不发生冲刷，又不发生淤积。

沟渠的最小纵坡一般不应小于 0.5%。在工程特殊困难地段亦不应小于 0.3%。

边沟的纵坡，除出水口附近外，通常与路线纵坡相一致。当路线纵坡为零时，边沟仍应保持 0.3%～0.5% 的最小纵坡。出水口附近的纵坡应根据地形高差和地质情况做特殊设计。

2. 沟渠中的水流速度，应不小于产生淤积的速度，并应不大于产生冲刷的速度。沟渠不淤积的最小容许流速通常用经验公式（8-3）确定：

$$v_{最小} = \alpha R^{0.5} \tag{8-3}$$

式中：R——沟渠的水力半径；

α——与水中携带的土质有关的系数，见表 8-12。

与土质有关的系数 α 值表　　　　表 8-12

土的类别	α	土的类别	α
淤积的粗砂	0.65～0.77	淤积的细砂	0.41～0.45
淤积的中砂	0.58～0.64	淤积的极细砂	0.37～0.41

为避免淤积，在一般情况下水流的平均速度不得小于 0.25m/s。对于携带细沙的水流，流速不得小于 0.4～0.5m/s。为防止沟内喜水植物丛生，致使水流不畅，流速不应小于 0.4～0.5m/s。如果流速小于产生淤积的流速，则应增大沟渠的纵坡，以提高流速。如果流速大于容许冲刷的流速，则应采取加固措施，或设法减小纵坡以降低流速。

三、边沟设计

1. 边沟的流量

（1）路基边沟流量一般仅作概略估计，不予计算。

（2）其他排水沟渠的水流一般应避免进入边沟。但当个别沟渠的流量不大，拟利用一段边沟汇入桥涵时，应计算该段边沟的总流量，必要时扩大边沟断面尺寸。

（3）为防止边沟水流漫溢或产生冲刷，应尽可能利用当地有利地形条件，采取相应措施，将边沟水流分段排除于路基范围之外，或引入自然沟渠，以减少边沟的集中流量。

2. 边沟断面形式

（1）边沟断面形式一般采用梯形。底宽与深度一般都不应小于 0.4m；干旱地区也可采用 0.3m。边沟边坡根据地质情况而定，内侧边坡一般为 1∶1～1∶1.5，石质路段可以直立；边沟外侧边坡，通常与挖方边坡一致（如图 8-8 所示）。

（2）当采用机械化施工时，土方边沟可做成三角形，其内侧边坡可用 1∶2～1∶3，外侧边坡一般为 1∶1～1∶2。

（3）当路线通过分水岭时，路堑中的石质边沟在凸形边坡点外，边沟最小深度可减至 0.2m，底宽可不变。

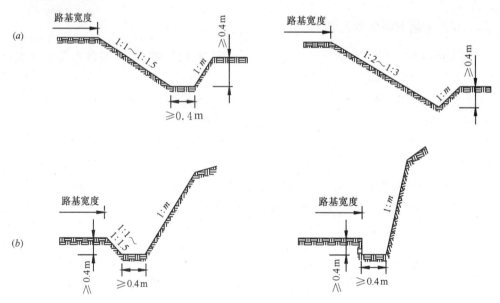

图 8-8　边沟横断面图
（a）填方；（b）挖方

3. 边沟出水口

（1）边沟水流不应滞留在沟内，并且要注意出水口的设置，使水流不致危害路基。当

边沟水流流向路堤坡脚外,纵坡一般较陡。如果边沟底与填土坡脚高差较大,则应结合当地地形与地质等具体条件采取下列措施:

1)设置排水沟将路堑边沟水沿出口的山坡引向路基范围之外,使之不致冲刷填方边坡。

2)自边沟与填方毗连处设跌水或急流槽,将水流直接引到填方坡脚之外,以免冲刷边坡,影响路基稳定。

(2)当边沟水流流向桥涵进水口时,为避免边沟流水冲刷,应作如下处理:

1)在涵洞进口处设置窨井(如图8-9所示);或根据地形需要,在进口前设置急流槽或跌水等构造物,将水流引入涵洞。

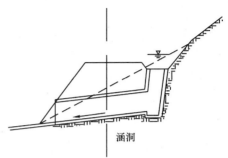

图8-9 边沟水流流入涵洞前的窨井(单级跌水)

2)在桥头翼墙或挡土墙之后墙,设置急流槽或跌水,将水引入河道。

3)当边沟水流流至回头弯处,流水一般已充满边沟断面,流速亦较大。此时应顺着边沟方向沿山坡开挖排水沟,将水流引出路基范围以外的自然沟,或用急流槽引下山坡,以免增加对回头弯边沟的冲刷。

4)除特殊情况外,边沟连续长度一般不宜超过500m;多雨地区不宜超过300m;三角形边沟长度一般不宜超过200m。

4.平曲线路段的边沟

在设置超高的弯道内,超高不论采用边轴旋转或中轴旋转,均须考虑内、外侧边沟的排水问题。

当路线纵坡符合下式的条件时,设置超高不致影响边沟排水:

内侧边沟:
$$i \geqslant i' + \frac{h''_c}{l_c}$$

外侧边沟:
$$i \geqslant i' + \frac{h_c}{l_c}$$

式中:i——路线设计纵坡;

i'——边沟最小排水纵坡,一般为0.5%,困难地段可采用0.3%;

l_c——超高缓和长度(m);

h_c——路基外缘最大抬高值(m);

h''_c——路基内缘最大降低值(m)。

l_c、h_c、h''_c的数值按所采用的超高方法计算而得,见《公路设计手册 路线》(1979年第一版,人民交通出版社)有关章节。

在特殊情况下,如路线设计纵坡不能满足上式要求时,则须调整边沟的深度,使之达到设计排水纵坡。同时还应注意弯道部分同弯道前后的边沟衔接。

在暴雨量较大的地区,如挖方路基的纵坡陡长,下端接有小半径曲线或平缓的纵坡路段,为了避免水流漫溢、冲刷或软化路基,危及路面,可在变坡点附近或进入弯道前,设置横向排水沟,必要时增设涵洞将边沟水排除于路基范围以外。

四、截水沟设计

1. 截水沟设计的一般要求

（1）当路基挖方上侧山坡汇水面积较大时，应设置截水沟。

（2）截水沟的设计应能保证迅速排除地面水，沟底纵坡一般不应小于0.5%，以免水流停滞。对土质地段的截水沟，必要时应采取加固措施，以免水流冲刷或渗漏，致使山坡上过湿，引起滑坍。

（3）截水沟应结合地形合理布置，直捷舒顺。在转折处应以曲线连接，必要时并应采取加固措施。

（4）若因地形限制，截水沟绕行，工程艰巨，附近又无出水口时，可分段考虑，中部以急流槽衔接（如图8-10所示）。

（5）若由于地形限制，汇水量比较大，如将截水沟中的水流引至自然沟或路堤地段确有困难，引入边沟又将过大增加路基挖方时，则应综合考虑，可在挖方较低处增设急流槽和涵洞，直接将水引至路基的另一侧，排除于路基范围以外（如图8-11所示）。

图8-10 中部以急流槽衔接

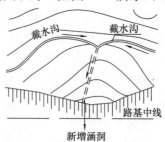
图8-11 增设急流槽与涵洞

2. 截水沟的断面形式

（1）截水沟断面的形式一般为梯形，如图8-12（a）所示。底宽不小于0.5m；深度按设计流量确定，亦不应小于0.5m；边坡坡度视土质而定。

（2）山坡覆盖层较薄（小于1.5m），又不稳定时，修建截水沟可将沟底设置在基岩上，如图8-12（b）所示，以截除覆盖层与基岩面间之地下水，保证沟身稳定。必要时还应与沟身加固设计作技术经济比较。

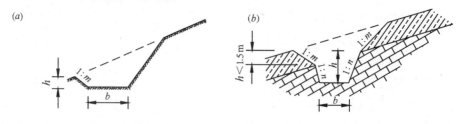
图8-12 截水沟的断面形式

（3）截水沟沟壁最低边缘开挖深度不能满足断面设计要求时，可在沟壁较低一侧培筑土埝，如图8-13所示。土埝顶宽1～2m，背水面坡1∶1～1∶1.5，迎水面坡则按设计水流速度、漫水高度所确定的加固类型而定。如土埝基底横坡陡于1∶5时，沿地面须挖

0.5～1.0m 宽的台阶，如图 8-13 所示。

（4）当地形较陡，若采用一般沟渠断面形式，致使地表覆盖层破坏范围太大，或遇地质条件不良的土层，为了缩小山坡破坏面，可采用图 8-14 形式。

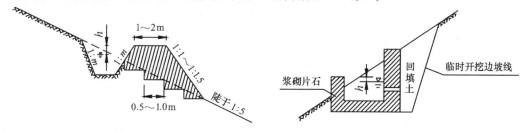

图 8-13 截水沟沟壁一侧培筑土埂断面图　　　图 8-14 浆砌片石截水沟断面

3. 截水沟离开路基的距离

（1）截水沟离开挖方路基坡顶的距离，视土质而异，以不影响边坡稳定为原则。对于一般土层，距离 $d \geqslant 5m$（如图 8-15 所示）。土质不良地段，酌情增大。对于有软弱层地段（如破碎或松散土层、淤泥层等），其距离因挖方边坡高度 H 而异，一般为 $d \geqslant H+5m$，但不应小于 10m。截水沟挖出的土，可在截水沟下侧做成土台，台顶应筑成 2% 倾向截水沟的横坡。土台坡脚离路基边坡顶应有适当距离。

（2）如路基上方有弃土堆时，截水沟应离开弃土堆坡脚 1～5m，如图 8-16 所示。弃土堆坡脚离开路基挖方坡顶不应小于 10m。

（3）当挖方路段土质边坡高度较大，降雨量也较大时，如边坡上设平台，则可考虑在平台上加设截水沟，拦截由坡顶流下的水流（如图 8-17 所示）。此时，应特别注意截水沟的加固，防止水流渗漏而影响边坡稳定。

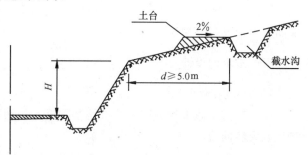

图 8-15 挖方路段上的截水沟

（4）山坡路堤上方的截水沟，离开路堤坡脚至少 2m，并用开挖截水沟的土在路堤与截水沟之间，修成向沟倾斜 2% 的土台（如图 8-18 所示）。

4. 截水沟的道数

对于挖方路基边坡顶至分水岭的距离不长、土质好、坡度缓、植被茂密的路段，可不设截水沟。反之，根据当地具体情况可设一道，甚至几道平行的截水沟，分段拦截地面径流，如图 8-19 所示。

5. 截水沟的出水口

（1）截水沟内的水流一般应避免排入边沟。

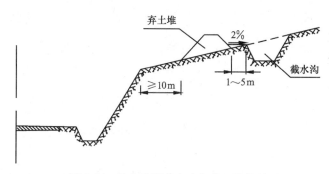

图 8-16 挖方路段截水沟与弃土堆的关系

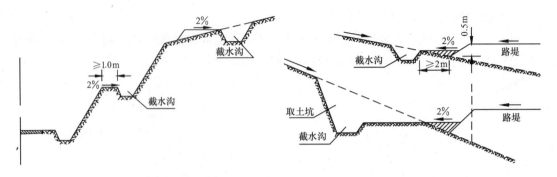

图 8-17　挖方路段土质边坡较高时的坡上截水沟　　　图 8-18　山坡路堤上方截水沟

（2）通常应尽量利用地形，将截水沟中的水流排入截水沟所在山坡一侧的自然沟中，或直接引到桥涵进口处，以免在山坡上任其自流，造成冲刷。

（3）截水沟的出水口，应与其他排水设备平顺地衔接，必要时宜设跌水或急流槽。

（4）截水沟长度一般不宜超过 500m。

6. 截水沟的沟槽加固

截水沟的加固，必须引起足够重视，对于地质条件不良地段，尤应慎重，以免积水成害。例如在土质松软、透水性较大的地段，或裂隙较多的岩石地段，为防止水流下渗，影响边坡稳定，沟槽应予加固。沟底纵坡较大的土质截水沟，为防止冲刷，沟槽也应加固。加固措施详见本节前述。

五、排水沟设计

1. 排水沟断面形式

（1）边沟、截水沟、取土坑或路基附近的积水，均可用排水沟排至桥涵或路基以外的洼地或天然河流。

（2）排水沟一般为梯形断面，其大小应根据流量确定，深度与底宽均不应小于 0.5m。

（3）排水沟边坡坡率视土质而异，一般土层可用 1∶1～1∶1.5。

（4）排水沟沟底纵坡应不小于 0.5%，在特殊情况下容许减至 0.2%。

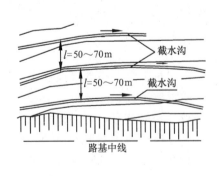
图 8-19　多道截水沟的平面布置

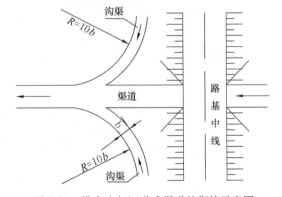
图 8-20　排水沟与河道或渠道的衔接示意图

2. 排水沟的平面线型

排水沟应尽量采用直线，如必须转弯时，其半径不宜小于 10～20m；排水沟的长度根据实际需要而定，通常宜在 500m 以内。

3. 排水沟与水道的连接

当排水沟中的水流流入河道或沟渠时，应使原水道不产生冲刷或淤积。一般应使排水沟与原水道两者的水流流向成锐角相交，并力求小于 45°，保证汇流处水流顺畅。如限于地形，锐角连接有困难时，可用半径 $R=10b$ 的圆弧（弧长等于 1/4 圆周，b 为排水沟顶宽），如图 8-20 所示。

第五节　跌水与急流槽

一、设计要点

1. 设置跌水和急流槽应在满足排水需要和保证工程质量的前提下，力求构造简单，经济实用。

2. 确定跌水和急流槽的位置、类型和尺寸，要因地制宜，结合地形、地质、当地材料和施工条件，进行综合考虑。必要时可考虑改移路线或涵洞位置，以简化或不设此类构造物。

3. 路基边坡的跌水和简易急流槽，可以不必进行水力计算，按一般常用的构造型式设置。

4. 傍山路线遇有岩石山沟，有的相当于天然急流槽，应予利用。必要时适当加工修整，将水流沿该山沟引入指定地点。

5. 设计跌水和急流槽，可考虑采取增加槽底粗糙度的措施，使水流消能和减缓流速。

6. 跌水和急流槽同下游水面的连接形式，宜采用淹没式，以减少加固工程。

二、跌水的一般构造

1. 跌水的构造可分为进口、台阶和出口三个部分，路基边沟水进入涵洞前，可设置单级跌水的窨井，然后经由涵洞排出。土质边沟的纵坡较大时，可设置多级跌水，以减缓沟底纵坡，降低流速，减小冲刷，如图 8-21 所示。

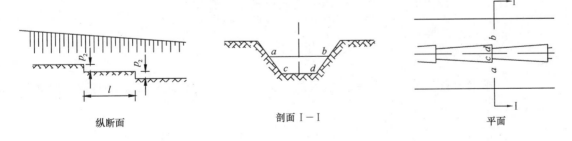

图 8-21　梯形沟槽的多级跌水示意图

2. 跌水台阶的高度，可根据地形、地质等条件而定，一般不应大于 0.5～0.6m，通常是 0.3～0.4m。多级台阶的各级高度，可以相同，也可以不同。其高度与长度之比，应与原地面坡度相适应。

3. 跌水可用砖或片（块）石浆砌，必要时可用水泥混凝土浇筑。沟槽槽壁及消力池的边墙厚度根据所用材料选定：浆砌片石为 0.25～0.40m，混凝土为 0.2m，高度应高出计算水位最少 0.2m；槽底厚度为 0.25～0.40m；出口部分设置隔水墙。

4. 设有消力坎时，坎的顶宽不小于 0.4m，并设有尺寸为 5cm×5cm～10cm×10cm 的泄水孔，以便排除消力池内的积水。

5. 跌水槽身一般砌成矩形。如跌水高度不大，槽底纵坡较缓，亦可采用梯形。梯形跌水槽身，应在台阶前 0.5～1.0m 和台阶后 1.0～1.5m 范围内，进行加固。

三、急流槽的一般构造

1. 急流槽可分进口、槽身和出口三个部分。

2. 急流槽的纵坡，一般不宜超过 1∶2，可用片（块）石浆砌或水泥混凝土浇筑。临时工程急需，如有条件可用木槽。

3. 急流槽槽壁厚度，石砌时一般为 0.4m，水泥混凝土为 0.3m。槽壁应高出计算水深至少 0.2m。

4. 急流槽的基础要稳固，基底可每隔 1.5～2.5m 设一平台，以防滑动。

5. 进水槽和出水槽底部须用片石铺砌，长度一般不短于 10m，个别情况下，并应在下游设厚 0.2～0.5m、长 2.5m 的防冲铺砌。

6. 急流槽很长时，应分段砌筑，每段长度一般为 5～10m，接头处用防水材料填缝。

7. 急流槽底宜砌成粗糙面，或嵌入约 10cm×10cm 的坚硬小石块，用以消能和减小流速。

8. 长草困难的土质高路堤，为防止雨水漫流，冲刷边坡，常在路肩外缘设拦水带，将路面和路肩上的雨水分段集中，通过路堤边坡上设置的急流槽（俗称水簸箕），排除于路基范围以外。

在高路堤道路纵坡不大的地段，急流槽进水口在路肩上可做成簸箕式，导引水流流入急流槽。在纵坡较大地段，可于路肩上增设拦水带，拦截上游来水使其进入急流槽。

拦水带一般可用浆砌片石或用水泥混凝土筑成，高为 40～50cm，其中高出路肩 15～20cm，埋入路肩下的深度为 25～30cm。拦水带的顶宽，浆砌片石一般为 15～20cm；如采用水泥混凝土预制板，顶宽 8～12cm，埋设位置与护柱相同。

第六节　地下排水工程

地下排水设备，按作用与使用条件的不同，主要可分为三种类型：暗沟、渗井与渗沟。

一、暗沟

1. 作用

暗沟是设在地面以下引导水流的沟渠，无渗水和汇水作用。

2. 使用条件与使用说明

（1）当路基范围内遇有个别泉眼，泉水外涌，路线不能绕避时，为将泉水引至填方坡脚以外或挖方边沟,加以排除,可在泉眼与出口之间开挖沟槽,修建暗沟(如图 8-22 所示)。

(2)市区街道污水管或雨水管,以及公路有中央分隔带时弯道处的排水设计也可以采用暗沟或暗管排除积水。

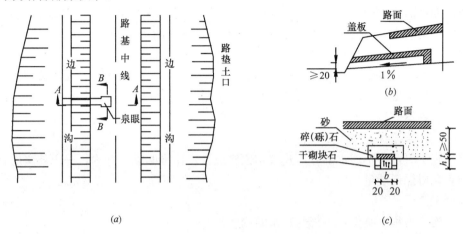

图 8-22　疏导路基泉水的暗沟构造图(尺寸单位:cm)
(a)平面;(b)剖面 A-A;(c)剖面 B-B

(3)暗沟造价一般高于明沟,同时,一旦发生淤塞,疏通费事,甚至需开挖重建。因此,设计时必须与修建明沟方案进行经济比较,择优选用。

3. 构造

(1)暗沟的构造一般比较简单。在路基填土之前,或挖出泉眼之后,按照泉眼范围大小,剥除泉眼上层浮土,挖出泉井,砌筑井壁与沟壁,上盖混凝土(或石)盖板。井深应保证盖板顶面的填土厚度不小于 50cm,井宽 b 按泉眼的范围大小决定。高 h 约为 20cm,暗沟宽 20~30cm。如沟身两侧为石质,盖板可直接放在两侧石壁上。

(2)过水暗沟,例如两雨水井之间的水道连接,也可采用混凝土水管,因其构造简单,施工方便,造价低廉。

4. 纵坡和出口

(1)暗沟沟底纵坡建议不小于 1%。如出口处为边沟,暗沟底应高出边沟最高水位 20cm 以上,不允许出现倒灌现象。

(2)采用暗管排水时,管底纵坡建议不小于 0.5%,出口条件同上。

5. 注意事项

(1)应防止泥土或砂粒落入沟槽或泉眼,以免堵塞。暗沟顶可铺筑碎(卵)石一层,上填砂砾。

(2)暗沟流量一般不予计算。

二、渗井

渗井按其渗水方向不同,可分为排水渗井与集水渗井两类。本章只限于前者,对于集水渗井的设计,可另参见专门有关地下排水的书籍。

1. 作用

渗井的作用是将地面水通过竖井，渗入地下排除。

2. 使用条件与使用说明

（1）路线穿过雨量稀少地区的村落或集市，路线高度与原地面相仿，因结构物障碍不能贯通边沟，而距地面不深处有渗透性土层，且地下水流向背离路基，地面水流量不大，此时可以修筑渗水井将边沟水流分散到地面1.5m以下的透水层中，使之不致影响路基稳定。

（2）高速公路或城市道路立交桥下的通道，路线为凹形竖曲线时，如通道路基下层有良好的渗水性土层，则可于凹形的最低部位设置渗井，井口宽可取41.5cm，与一般雨水井同，上盖铁箅盖板，总宽与通道宽相等，使低洼处积水由渗井排走。这种构造远较采用涵管排除或水泵排除经济、简单。

（3）施工时，在不透水部分，建议用铁管或铁皮作围圈插入井内，分内外两层，外层填较细集料以保证质量。

3. 构造

上部构造为集水结构，下部为排水结构。

（1）上部构造渗水井面积的大小，取决于路基表面的流量，一般可采用直径为0.7m的圆井，或0.6m×0.6m～1.0m×1.0m的方井。渗水井的顶部四周（进口部分除外）用黏土筑堤围护。顶上也可加筑混凝土盖，严防渗井淤塞，如图8-23（a）所示。

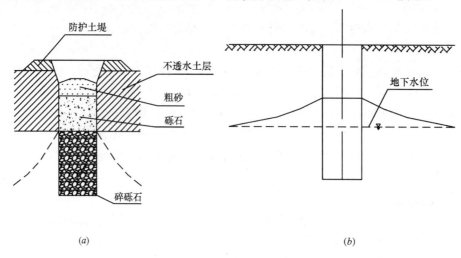

图8-23 渗水井构造及渗水扩散曲线图
(a)渗水井构造；(b)渗水扩散曲线

（2）下部构造渗水井的下部，必须穿过不透水层而深达渗透层。井内填充材料用碎石或卵石，上部不透水土层内填充砂和砾石。透水性土层离地面较深时；可用钻井机钻孔，但钻井的直径不应小于15cm，有时可达50～60cm。

（3）立交桥下通道采用渗井时，雨水口的铁链盖板及其两侧墙身即为上部集水构造，墙身应深达透水层。墙身可用砖或片（块）石砌筑。墙内不透水性的土应挖除，而以碎（卵）石与砂、砾石回填，作为下部构造，疏散雨水。

4. 注意事项

渗井易于淤塞，当地面排水可以采取其他措施时不宜采用。

在上述路线经过村落或集市，由于建筑物障碍，边沟不能贯通而以渗井排水，一般限于低等级道路或临时性措施。有可能贯通边沟时，仍以挖通边沟为宜。

三、渗沟

1. 作用

在地面以下汇集流向路基的地下水，排到路基范围以外，使路基上保持干燥，不致因地下水成害。例如，路线所经地段遇有潜水、层间水、路堑顶部出现地下水，或地下水位较高，影响路基或路堑边坡稳定，则需修建渗沟将水排除，如图 8-24、图 8-25、图 8-26 所示。

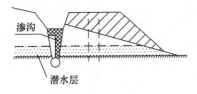

图 8-24　拦截潜水流向路堤的渗沟

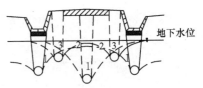

图 8-25　降低地下水位的渗沟
（图中数字 1、2、3 为渗沟位置不同所降低的不同水位曲线）

2. 分类

按构造的不同，渗沟大致有三种型式。填石渗沟（也称盲沟）、管式污沟、河式污沟；下部没排水管的污沟；下部设石砌排水孔洞的污沟，三种型式均由排水层（石缝或管、洞）、反滤层和封闭层所组成。

3. 使用条件与使用说明

（1）填石渗沟（盲沟）。一般用于流量不大、渗沟不长的地段，是目前公路上常用的一种渗沟。设计时应考虑淤塞失效问题。由于排水层阻力较大，其纵坡不应小于 1%，一般可采用 5%。

（2）管式渗沟。设于地下引水较长的地段、但渗沟过长时，应加设横向泄水管，将纵向渗沟内的水流迅速分段排除。沟底纵坡取决于设计流速，最大流速应考虑到水管的构造及其使用寿命，且不致冲毁管下垫枕材料，一般以不大于 1.0m/s 为宜，亦不应低于最小流速。最小纵坡为 0.5%，以免淤积。

（3）洞式渗沟。当地下水流量较大，或缺乏水管时，可采用石砌涵洞，洞口大小依设计流量而定。沟底纵坡同管式污沟所述，最小为 0.5%，有条件时适当采用较大纵坡，以利排水。

（4）平面布置。渗沟尽可能与地下水流向相

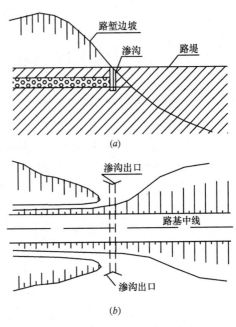

图 8-26　截断路堑层间水的渗沟
（a）剖面；（b）平面

互垂直，使之能拦截更多的地下水。

(5) 类型选择。设计时应首先考虑是否可以使用明槽式，以便随时检查排水情况，并根据土层含水量、地理位置和各种类型结构的排水能力，从经济效益上作比较，择优选用。

4. 构造

(1) 渗沟的槽宽（人工开挖）视沟深而定，一般深度在 2m 时，宽度为 0.6～0.8m；深度在 3～4m 时，宽度不小于 1.0m。沟内用作排水和渗水的砂石填料，应经过筛选和清洗。

(2) 渗沟的出水口如图 8-27 所示。

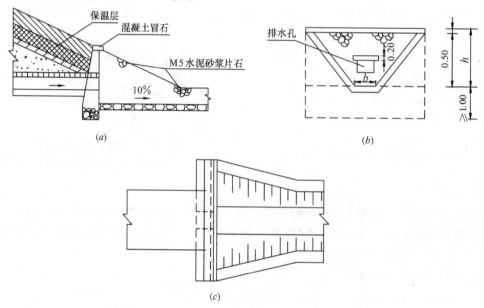

图 8-27　端墙式出水口示意图（尺寸单位：m）
(a) 纵剖面；(b) 正面；(c) 平面

(3) 封闭层是为了防止土粒落进填充石料的孔隙，以免造成渗沟堵塞而设置的，同时也能起到防止地面水渗入沟内的作用。前面所述三种渗沟均用浆砌片石封顶。

(4) 反滤层是为了汇集水流，并用以防止含水层中土粒堵塞排水层而设置的。反滤层应尽可能选用颗粒大小均匀的砂石材料，分层填埋，相邻两层颗粒直径之比，不小于 1∶4。设计时可参考《公路设计手册　路基》。填料的颗粒应为含水层土的最大粒径的 8～10 倍。

(5) 渗沟的基底一般埋入不透水层，故渗沟沟壁一侧设反滤层汇集水流，而另一侧用黏土夯实或 M5 水泥砂浆砌片石，拦截水流。如含水层较厚，沟底不能埋入不透水层，沟壁两侧均应设置反滤层。

(6) 填石渗沟的排水层，可采用石质坚硬的较大颗粒填充，以保证具有足够的孔隙度排除设计流量。填充的高度不小于 0.3m，并应高出原地下水位。

(7) 管式渗沟的泄水管，可用陶土、混凝土、石棉或聚氯乙烯带孔塑料管等材料制成，在林区有时也可用竹木等当地材料。管径视设计流量而定，一般为 10～20cm。在冬季管内水流结冰的地段,为防止堵塞可采用较大直径的水管,并加设保温层。管式渗沟的高度,应使填料顶面高出原地下水位,而且不低于沟底至管顶之间高度的 2~4 倍。沟底一般用干砌片石,如果深入不透水层,则用浆砌片石或混凝土。

(8) 洞式渗沟的底部孔洞,其作用与水管相仿,可排较大流量,用浆砌片石筑成,上加混凝土盖板。洞式渗沟的高度,与管式渗沟相仿。

(9) 挖方路基有时在路床(路基顶面以下)内时,由于地下水的作用,出现土质湿软、弹簧、冒浆、强度降低等现象,导致路面破坏。一般除掺灰处理外,采用带孔的聚氯乙烯塑料管与土工布组成的渗沟埋设在边沟附近,可取得满意的效果。如图 8-28 所示,土工布的规格可为 120~150g/m²。带孔塑料管孔的直径为 0.5cm,错位排列;碎石(砾石)粒径,靠近塑料管的可大些,为 3~5cm,靠近土工布粒径最小,为 1~2cm。渗沟埋深一般在边沟下 60cm,条件复杂时予以加深。

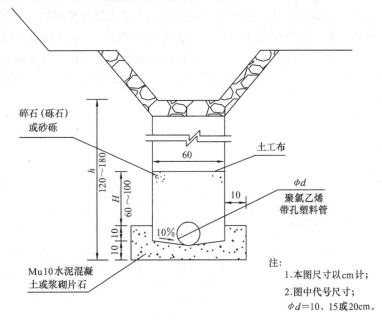

图 8-28 塑料管渗沟构造图

第七节 排水设施的施工技术要点

1. 有效处理施工过程中发现的地下水,切断地下水补给源

由于地下水埋藏隐蔽,在设计时不可能全面了解和掌握。在施工过程中,若发现地下水富集带或泉眼等,必须认真对待,会同设计部门查明其类型、补给来源,以及流量、流向等情况,采用切实有效的措施加以处理。对道路毗邻地带尤其是山坡、高地,须经常进行巡察,发现岩土裂缝及时予以填塞。土质地面的裂缝用黏土填塞捣实,岩石裂缝用水泥砂浆填封;路堑边坡上方的洼地和水塘予以填平;土质疏松地段铺植草皮和种植树木,以切断和减少地下水的补给源。

2. 防止渗沟淤塞

渗沟排除地下水是靠反滤层集水，通过碎石、卵石排水体和沟管槽排出路基范围。若反滤层中渗入细颗粒泥沙，日积月累将导致反滤层失去渗水功能，使渗沟失效。要保证渗沟的正常工作，必须从内外两方面防止泥沙的渗入。首先要保证渗沟顶部封闭层和防水层的施工质量，防止土颗粒渗入；其次，应严格选择填充料及各层反滤层材料，并筛选干净，按照先粗后细的程序铺筑，同层中粒径均匀一致，防止滤层材料本身夹带泥沙或疏密不均匀导致堵塞。

3. 接缝防渗漏

沉降和伸缩缝防渗漏对地下沟槽十分重要，尤其是暗沟埋设较浅、土质较软的透水路段，应用沥青麻絮、沥青木板或土工合成材料弹塑体封堵沉降和伸缩缝，防止漏水。

4. 沟槽防冻

地下排水沟槽的出水口是地下排水系统安全引排路基范围水至适当水体、水道的关键部位，除了应予以冲刷防护之外，寒冷地区还应防止水流冻结堵塞通道，致使路基内水量聚集产生冻胀翻浆破坏。在沟槽出水口处，加大末端沟槽纵坡至10%以上或采取保温措施，同时保证出口沟底比外部沟底高0.5m以上，以防止水流冻结。对于因地形限制地下渗沟无法埋设于冻深线以下时，须在上层填筑炉渣、泥炭等予以保温，防止地下水渗沟管槽冻裂。

第九章 边坡信息化设计与施工简介

第一节 概 述

岩土体是一个复杂的非线性力学体系。施工所要达到的最终状态质量优劣，与开挖卸荷的应力路径的应力历史有关，即与施工方法和开挖过程密切相关。目前人们对此已有足够的认识。但从现有的资料看，人们在这方面做的工作更多地集中在设计，例如考虑不同的开挖施工方法进行优化设计，从现场监测的资料反馈设计等等。这些工作成果对于提高岩土工程设计理论起到了重要作用。本章从信息论的角度，提出重视施工方法和开挖过程，还应把重点放在如何从施工中取得更多的信息上。因为岩土工程体系本身就是一个大的信息库，设计时仅取得此库的少量信息，更多的信息还需要从施工中取得。从施工中尽量多地获取信息，进行分析处理，再用以指导施工。这就是本章所说的信息化设计与施工的基本内容。

边坡信息化设计和施工是岩土工程发展的方向，为岩土工程不确定因素引起的设计和

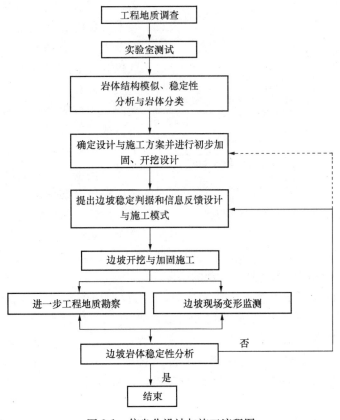

图 9-1 信息化设计与施工流程图

施工的难题提供了一个合理的解决方法，它充分利用目前先进的勘察、计算、监测和施工工艺等手段，利用从边坡的地质条件、施工方法等获取的信息，反馈并修正边坡设计，指导施工。具体做法是：在初步地质调查与围岩分类的基础上，采用数值模拟技术、工程类比与理论分析相结合的方法，进行预设计，初步选定高边坡加固与施工方案；然后在高边坡开挖和加固过程中进行边坡变形监测，作为判断边坡稳定性与加固设计合理性的依据；并且将施工监测获取的信息反馈于边坡设计与施工，确认支护参数与施工措施或进行必要的调整。边坡信息化设计与施工的核心是信息的采集、整理和反馈。其设计与施工程序如图 9-1 所示。

第二节　信息化设计和施工的思路与原理

一、信息化设计的思路

对于边坡的稳定性分析，应在实地工程地质勘察、试验的基础上进行地质、岩土体结构、参数的敏感性分析与经济技术分析，确定易突破关键部位与结构，做到重点部位重点治理，据此制定优化合理的治理方案，选择高水平的施工力量施工，防患于未然。

鉴于工程地质发展水平及治理经验的不足，在边坡稳定性评价及治理措施上，有许多问题尚待解决。如有的工程技术人员因稳定性评价或计算方法不合理及力学参数选择不当，使本不该治理或仅需简单的加固措施就能保持稳定的边坡，得到了"感冒动手术"式花费太高的工程加固；有的因对地质原型认识不清或方案选择失误，造成了边坡治理失败。更值得提出的是：在治理方案设计上，很多单位和设计人员没有进行方案比较、方案论证、方案优化，设计方案不是最优方案，造成了过多的不必要浪费。对这些问题应引起足够重视。应

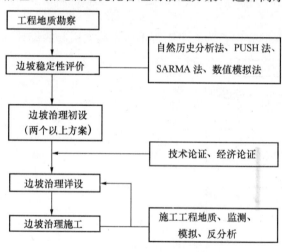

图 9-2　边坡信息化设计基本思路

大力提倡优化设计，开展信息化施工，进行动态设计、设计反馈，开发新的加固措施与施工技术，把边坡工程治理提高到一个新的高度。

边坡信息化设计基本思路可概括为图 9-2。工程地质信息化设计强调全过程地质工作与设计的协调、不同工作步骤的协调。其核心有二：稳定性分析和设计过程模拟。稳定性分析主要应用于设计之前和加入治理工程结构之后，两阶段缺一不可。设计过程模拟起着举足轻重的作用，它相当于实际工程的"试验"。综上所见，设计是核心，预测是关键，预测的中心工作是工程地质分析，从而决定了工程地质信息化设计的重要地位。

二、信息化施工原理

岩土工程施工所要达到的最终状态质量的优劣,即与开槽施工方法和开挖过程密切相关。因此,人们在开挖施工前一般要进行相关的勘察、实验及理论计算等,以便得到即将进行的岩土工程的相关信息。这些相关信息的获取主要从以下3个方面得到:1)经验信息,是工程设计及施工经验的总结,如工程经验类比;2)观察信息,由地质调查、勘探等得到的信息;3)理论信息,据前两种信息采用试验研究、理论计算等方法得到的信息。由于岩土体性质的复杂、多变及随机离散性,不可能在施工前将岩土工程中的信息完全掌握,即施工前的岩土工程信息系统是一个"灰色"系统。而基于灰色系统信息资料基础上的相关设计、施工往往与实际情况有一定差异,因而有时出现工程事故也就不足为怪了。因此,人们提出了通过施工过程的信息监测及反馈在施工过程中逐步使"灰色"系统"白化",并在"白化"过程中基于监测信息对工程设计、施工进行逐步优化的思路。显然,对经过"白化"了的"白箱"(或接近于"白箱")岩土工程,再利用现代岩土力学和现代施工技术进行设计施工一般是不会出现较大工程事故的。

第三节 边坡工程信息化施工技术

一、信息化施工技术

1. 信息采集

信息采集系统是通过设置于加固结构体系及与其相互作用的岩土体和相邻建筑物中(或周围环境)的监测系统进行工作的,以便获取如下信息:1)加固结构的变形;2)加固结构的内力;3)岩土体变形;4)锚索锚杆变形与应力;5)相邻建筑变形。

2. 信息处理与反馈

采集到的数据应及时进行初步整理,并清绘各种测试曲线,以便随时分析与掌握加固结构的工作状态,对测试失误原因进行分析,及时改进与修正。信息的反馈主要通过计算机输入初步整理的数据,用预测程序进行系统分析。

根据处理过的信息,定期发布监测简报,若发现异常现象预示潜在危险时,应发布应急预报,并应迅速通报设计施工部门进行研究,对出现的各种情况作出决策,采取有效的措施,并不断完善与优化下一步设计与施工。信息化施工技术框图如图9-3所示。

二、信息化施工技术内容

信息化施工技术内容可归纳为以下几点:1)对加固结构体系设计方案全过程进行反演和过程优化;2)预测各因素对加固体系的影响及其权重和后果分析;3)作出施工方案可行性和可靠性评估;4)随施工过程作出风险评估和失控分析;5)提供决策依据,并提出采取的措施。

三、边坡信息化施工要点

1. 边坡施工方案必须根据信息化设计要求确定,做到开挖、加固和监测有机结合。

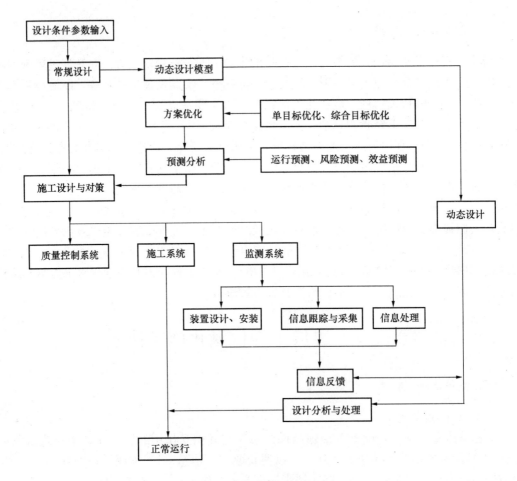

图 9-3 信息化施工技术框图

2. 为了减小爆破对人工边坡的破坏,边坡开挖时应采用松动+预裂爆破或缓冲爆破。预裂爆破的主要目的不在于保持坡面达到多光滑,而在于减小爆破振动对坡面及岩体的破坏;缓冲松动爆破在软岩中使用,必须靠坡面预留2m以上的缓冲层,这样才能有效地阻隔振动波,而缓冲层可用挖掘机的铲斗铲除。

3. 适时加固是信息化设计和施工的重要原则之一,为了防止边坡开挖暴露时间过长而受雨水侵蚀,应及时加固边坡,并边开挖边加固。

第四节 边坡工程监测技术

一、边坡工程监测的作用

1. 评价边坡施工及其使用过程中边坡的稳定程度,并做出有关预报,为业主、施工方及监理提供预报数据;跟踪和控制施工进程,对原有的设计和施工组织的改进提供最直接的依据;对可能出现的险情及时提供报警值;合理采用和调整有关施工工艺和步骤,做到信息化施工和取得最佳经济效益。对于已经或正在滑动的坡体掌握其演变过程,及时捕捉崩滑灾害的特征信息，如：崩塌、滑坡的正确分析评价、预测预报及治理工程等，提供可靠的资料和科学依据。

2. 为防治滑坡及可能的滑动和蠕动变形提供技术依据，预测和预报今后边坡的位移、变形的发展趋势，通过监测可对岩土体的时效特性进行相关的研究。通过监测可掌握崩塌、滑坡的变形特征及规律，预测预报崩滑体的边界条件、规模、滑动方向、失稳方式、发生时间及危害性，并及时采取防灾措施，尽量避免和减轻工程和人员的灾害损失。通过监测可为决策部门提供相应参数依据，为有关方面提供相关的信息，以制定相对应的防灾救灾对策。

3. 对已经发生滑动破坏和加固处理后的滑坡，监测结果也是检验崩塌、滑坡分析评价及滑坡处理工程效果的尺度。因而，监测既是崩塌滑坡调查、研究和防治工程的重要组成部分，又是崩滑地质灾害预报信息获取的一种有效手段。通过监测可为决策部门提供相应参数数据，为有关方面提供相应的对策。

4. 为进行有关位移反分析及数值模拟计算提供参数。对于岩土体的特征参数，由于直接通过试验无法直接取得，通过监测工作对实际监测的数据（特别是位移值）建立相关的计算模型，进行有关反分析计算。

二、常用的边坡监测仪器

一般常用的岩土边坡工程监测仪器可分变形观测仪器、应力观测仪器和渗流观测仪器三类。

1. 变形观测仪器

变形观测仪器主要用于测量边坡坡体位移、沉降和滑动状况，包括位移计、测斜仪和沉降仪等。

位移计主要用于测量岩土体或其他结构的相对位移，包括钻孔多点位移计、地表多点位移计。钻孔多点位移计主要用于岩土体内部位移的观测，所观测的是沿着埋设多点位移计钻孔方向的轴向位移，可以提供岩土体表面的绝对位移和岩土体内部的位移分布，以作为岩土体稳定分析的主要依据。地表多点位移计在边坡工程监测中用要依据（地表多点位移计在边坡工程监测中用得比较多。当已经确定了潜在的不稳定区时，布置地表多点位移计是为了进一步证实稳定情况）。

钻孔测斜仪是岩土工程监测的主要仪器之一。被广泛地应用于各类工程中。边坡工程一般用来确定不稳定边坡潜在滑动面的位置或观测已有滑动面的滑动。测斜仪通过测量测斜仪轴线与铅垂线之间的夹角变化量，监测土、岩石和建筑物的侧向位移。

滑动式测斜仪需要安装测斜管，测斜管用聚氯乙烯或 ABS 塑料、铝合金等材料专门加工而成。管内有互成 90°的 4 个导向槽。测斜管可以用钻机钻孔安装，也可预埋在边坡支挡结构物中。埋设测斜管应尽量做到垂直、顺畅，测斜管底部应固定在位移基本为零的稳定体上。使用时将测斜仪放入测斜管并使其导向轮完全置于标记好的那对导向槽中。当测斜管下部固定在稳定体中时，测量自下而上，每 500mm 测读一次，直至管口。测点的位置由电缆上长度标记确定。为提高测量精度，消除测量设备的系统误差，应逐段正反向各测读一次，取其差值的 1/2 来计算各段位移量。并用正反两次值的和为恒定值来校验检测值的正确性。

垂直位移观测是岩土工程变形观测的一项重要内容，其目的是测定边坡及其支挡结构在铅垂方向的升降变化。观测方法分为两类：一类是用几何水准方法对标石、标杆等观测对象进行垂直位移连续的周期性观测；另一类是在边坡及其支挡结构物内、外表面安装埋设观测仪，来监测其垂直位移，并结合水平位移、转动位移的观测对建筑物的变形情况作全面的综合分析。常用沉降仪有横梁管式沉降仪、电磁式沉降仪、干簧管式沉降仪、水管式沉降仪和钢弦式沉降仪等。

2. 应力测量仪器

边坡工程的应力观测包括：混凝土应力观测、土压力观测、孔隙水压力观测、钢筋应力观测及岩土工程的荷载或集中力的观测等。土压力的观测对研究土体内各点应力状态的变化是非常重要的，观测的仪器有边界式和埋入式土压力计两类。土压力计测得的土压力均为总压力。要求取土体有效应力，在埋设土压力计的同时，应埋设孔隙水压力计。孔隙水压力计又叫渗压计，在边坡坡体中埋设渗压计，可以了解孔隙水压力分布和消散的过程。用来观测钢筋混凝土结构物内钢筋受力状态的仪器通常又称为钢筋计，国内常用的有钢弦式和差动电阻式两类。

混凝土结构物的应力分布是通过观测应变计而计算得来的。混凝土应力计埋设在大体积混凝土边坡支挡结构物如抗滑桩内，直接测量混凝土内部压应力，并可同时兼测埋设点的温度。结构上，混凝土应力计由感应板组件和差动电阻式传感器组成。压应力计形状扁平，受压板直径185mm，仪器厚度12mm，直径与厚度比为15：1，这种形状使压力计受非应力应变的影响很小。

土压力观测是土力学理论和实验研究的一个重要方面，是工程测试的重要内容。除在特定条件下，通过测定土体支撑结构物的变形来换算土压力外，一般采用土压力计来直接测定。土压力计按埋设方法分为埋入式和边界式两种。土压力测量准确与否和土压力计的埋设密切相关。埋设土压力计时应保证土压力计受压膜表面与所测土压力方向垂直，界面式土压力计的受压膜应保证在土体一侧。为准确测量土压力，减少埋设中"拱效应"和边界应力集中，土压力计的周围用15cm厚的细砂压密。土压力计埋设前应标定。

土体是固、液、气三相体，在土压力作用下，土中的孔隙水会产生一定的水压力，测量土中孔隙水压力及其消散情况可以进而分析边坡的稳定性。孔隙水压力计有多种类型，一般分为竖管式、水管式、气压式和电测式四大类。国内外土工结构物使用较多的有竖管式、水管式、差动电阻式和钢弦式。竖管式孔隙水压力计由美国卡萨格兰德教授1949年发明使用，适用于渗透系数为$10^{-4} \sim 10^{-7}$cm/s的黏性土、粉土和较强透水性黏土渗透水压力的观测。水管式孔隙水压力计埋设在饱和或非饱和土体中，可测得施工期和运营期土中孔隙水压力的分布和消散情况。

钢筋应力计又称钢筋计，用以测量钢筋混凝土内的钢筋应力。将不同规格的钢筋计两端对接，可以测得钢筋一段长度的平均应变，从而确定钢筋受到的应力。

3. 边坡监测方法

(1) 坡体监测

a) 地表位移监测

边坡水平变形建议使用可长距离测量的精密水准仪和进行角度测量的经纬仪，边坡垂直变形可以使用精密水准仪。对于重大公路边坡的坡表变形观测点应规划成网。网点观测标志可采用钢筋混凝土观测标墩，或选择其他的标准观测墩。标墩基础力求稳固，可除去表面风化层，使标墩浇筑在新鲜基岩上。当地表覆盖层较厚时，应开挖出一基坑，深度不小于1m，同时在底部打5根长2m的桩。标墩应现场浇筑。

b) 深部位移监测

深部位移监测常用活动式钻孔测斜仪。测斜仪钻孔应穿越边坡已有或潜在的危险滑动面。测斜管的基准点设在孔底的不动点上，一对导向槽方向应与预计的最大位移方向一致。

c) 渗流监测

水是影响边坡稳定的重要因素之一，因此进行边坡监测有时需要使用渗压计观测岩土体内的渗透水压力或孔隙水压力。渗压计应在边坡体深孔内埋设，根据需要的深度钻孔，孔径由渗压计尺寸确定，一般不小于150mm。岩土体钻孔应做压水试验，钻孔位置根据地质条件和压水试验确定。将渗压计装入能放入孔内的细砂包中，先向孔内填入40cm中粗砂至渗压计埋设高程，然后放入渗压计至埋设位置。经检测合格后，在渗压计观测段内填入中粗砂，并使观测段饱和，然后填入20cm细砂，最后在剩余孔段灌注膨润土浆。分层测渗透压力时，可在一个钻孔内埋设多支渗压计。

(2) 支护结构监测

某些具有滑动危险和已经失稳的公路边坡必须采取适当的支护措施，并且在支护工程施工和公路运营时对支护结构进行监测。常用的支护结构有土钉、锚杆、预应力锚索、抗滑桩、挡土墙等，某些滑坡推力巨大的特殊大型公路边坡也可采用明洞防护。

a) 土钉、锚杆监测

土钉是一种原位加筋技术，在土中设置拉筋而使整体边坡的力学性能得以改善。土钉一般不需要很大的抗拔力，面层利用喷射混凝土即可满足要求。锚杆分为锚固段和自由段，由位于稳定的土层或岩层中的锚固段提供抗拔力。锚杆一般和混凝土构件如板、柱、墩等结合使用，可以提供较大的抗拔力。为监测锚杆和土钉的受力状态，需进行杆体应力监测。监测仪器常用锚杆应力计，用作监测的每根锚杆或土钉一般宜布设3～5个测点，观测锚杆受力状态和加固效果，了解应力沿杆体的分布规律。土钉或锚杆安装应力计时应符合安装技术要求。应力计采用螺纹或对焊和杆体连接。需要对焊的应力计，应在冷却下进行对焊，应力计与锚杆保持同轴。应力计安装前按规定进行标定。

b) 预应力锚索监测

预应力锚索加固边坡或滑坡，具有扰动岩体少、施工灵活、速度快，且处于主动受力状态等优点，故被工程界广泛采用。通过安装测力计观测锚索，可以了解锚固力的形成与变化，从而保证边坡处治工程的质量与安全。

测力计安装在孔口垫板上，应与孔轴垂直，偏斜小于0.5°，偏心不大于5mm。测力计安装就位后，加荷张拉前，应准确测得初始值和环境温度，反复测读，二次读数差小于1‰（F·S），取其平均值作为观测基准值。锚索与工作锚索的张拉程序相同，分级加荷张拉，逐级进行张拉观测。一般连续三次读数差小于1‰（F·S）为稳定。张拉结束后，进行锁定后的稳定观测。

c) 抗滑桩监测

抗滑桩是承受侧向荷载用以处治滑坡的支撑结构物。它穿过滑体在滑床的一定深度处锚固，抵抗滑坡推力的作用。抗滑桩监测主要有两个内容，一是监测抗滑桩的加固效果和受力状态，二是监测抗滑桩正面边坡坡体的下滑力和背面边坡坡体的抗滑力。

监测抗滑桩的受力状态常采用钢筋计和混凝土应力计。钢筋计应布置在受力最大、最复杂的主滑动面附近。监测边坡下滑力及其分布，可以在桩的正面和背面受力边界及桩的不同高度布置土压力计。

  d) 挡土墙监测

挡土墙是支承路基填土或边坡土体，防止土体变形失稳的构造物。受土压力的作用，挡土墙破坏的主要表现形式是倾覆或墙体自身破坏。对挡土墙的监测，主要观测墙背土压力的变化以及挡土墙的位移。观测挡土墙的位移可以采用精密水准仪、经纬仪等。

挡土墙背土压力计埋设时首先在埋设位置按要求制备基面，用水泥砂浆或中细砂将基面垫平，放置土压力计。密贴定位后，周围用中细砂压实，回填土方。

  e) 明洞监测

某些地质条件复杂、有多层滑动面、滑坡推力大的大型危险边坡，有时可以采用明洞构造处治边坡。采用明洞构造一般要求危险滑动面通过路基，由明洞上表覆压力产生抗滑力。明洞还可与抗滑桩预应力锚索结合组成复杂的预应力锚固抗滑桩明洞构造，抵抗较大的滑坡水平推力。明洞的监测项目主要是明洞结构物如抗滑桩和预应力锚索受力状况监测、明洞的水平位移和竖向位移，以及滑坡体的坡表位移和深层位移监测。

参 考 文 献

1. 交通部第二公路勘察设计院主编. 公路设计手册（路基）. 北京：人民交通出版社，1996
2. 中华人民共和国国标. 岩土工程勘察规范（GB 50021—94）. 北京：中国建筑工业出版社，1995
3. 中华人民共和国行业标准. 路基设计规范（JTJ 013—86）. 北京：人民交通出版社，1986
4. 李海光等. 新型支挡结构设计与工程实践. 北京：人民交通出版社，2004
5. 赵明阶等编著. 边坡工程处治技术. 北京：人民交通出版社，2003
6. 闫莫明等编著. 岩土锚固技术手册. 北京：人民交通出版社，2004
7. 陈忠达. 公路挡土墙设计.
8. 陈忠达. 公路挡土墙施工. 北京：人民交通出版社，2004
9. 钱家欢，殷宗泽主编. 土工远路与计算. 北京：中国水利水电出版社，1996
10. 陈祖煜. 土质边坡稳定分析—原理·方法·程序. 北京：中国水利水电出版社，2003
11. 铁道部第二勘测设计院主编. 抗滑桩的设计与计算. 北京：中国铁道出版社，1983
12. 周德培，张俊云. 植被护坡工程技术. 北京：人民交通出版社，2003
13. 杨航宇等编著. 公路边坡防护与治理. 北京：人民交通出版社，2003
14. 汪益敏，陈辉. 路基边坡问题研究现状 [J]. 中南公路工程. 2004，(2)：52－53
15. 黄振鹤，张华. 高边坡设计与加固的思考 [J]. 岩土工程界. 第七卷，第八期：69－70
16. 刘金良. 公路边坡稳定与防护问题 [J]. 科技情报开发与经济. 2004，(5)：273－274
17. 刘伯莹. 高等级公路工程滑坡的治理 [J]. 公路. 2000，(11)：1－7
18. 牟会宠. 滑坡. 北京：地震出版社，1987
19. 杨天亮，彭建兵. 公路滑坡成因与防治及预报方法研究 [J]. 西部探矿工程. 2005，(2)：216－217
20. 王恭先. 高边坡设计与加固问题的讨论 [J]. 甘肃科学学报. 2003，(8)：6－9
21. 湖南省水利水电勘测设计院编. 边坡工程地质. 北京. 水利水电出版社，1983
22. 张玉浩，张立宏. 边坡稳定性分析方法及其研究进展 [J]. 广西水利水电. 2005，(2)：13－16
23. 刘立平等. 边坡稳定性分析方法的最新进展 [J]. 重庆大学学报（自然科学版）. 2000，(5)：114－117
24. 范永封，李国喜. 公路挡土墙的设计和发展方向 [J]. 公路. 1999，(9)：66－69
25. 杨学堂，王飞. 边坡稳定性评价方法及发展趋势 [J]. 岩土工程技术. 2004，(4)：103－106
26. 刘文平，郑颖人，刘元雪. 边坡稳定性理论及其局限性 [J]. 后勤工程学院学报. 2005，(1)：15－19
27. 沈良峰，廖继原，张月龙. 边坡稳定性分析评价方法综述 [J]. 矿业研究与开发. 2005，(2)：24－27
28. 肖专文，张奇志. 遗传进化算法在边坡稳定性分析中的应用 [J]. 岩土工程学报. 1998，(1)：44－46
29. 段建，言志信. 用人工神经网络评价边坡稳定性 [J]. 森林工程. 2005，(3)：38－39
30. 李彰明. 模糊分析在边坡稳定性评价中的应用 [J]. 岩石力学与工程学报. 1997，(10)：490－495

31 喻四立. 位移反分析方法在某路堑边坡中的应用 [J]. 南华大学学报（自然科学版. 2005, (6)：74—76

32 铁道部第一公路工程局编. 路基. 北京：中国铁道出版社，1994

33 冯文学. 预应力锚索在路基边坡加固施工中的应用 [J]. 山西建筑. 2003, (5)：233—234

34 张俊岭. 高边坡预应力锚索加固施工技术 [J]. 山西建筑. 2004, (7)：82—84

35 张华君，吴曙光. 边坡生态防护方法和植物的选择 [J]. 公路交通技术. 2004, (2)：84—86

36 章恒江，章梦涛，付奇峰. 岩质坡面喷混快速绿化新技术 [J]. 国外公路. 2004, (2)：30—32

37 谭少华，汪益敏. 高速公路边坡生态防护技术研究进展与思考 [J]. 水土保持研究. 2004, (9)：81—84

38 应惠清等编著. 土木工程手册 下册. 上海：同济大学出版社，2000

39 陈建峰，石振明，沈明荣，张雷. 路堤工程信息化施工方法 [J]. 结构工程师. 2005, (2)：62—66

40 罗志强. 边坡工程监测技术分析 [J]. 公路. 2002, (5)：45—48

41 陈平，朱赞凌，陈念斯，李森. 公路边坡监测与信息化施工 [J]. 华东公路. 2003, (6)：60—63

42 钱加欢. 土力学. 南京：河海大学出版社，1988

43 叶书麟主编. 地基处理与托换技术. 北京：中国建筑工业出版社，1994

44 林宗元主编. 岩土工程治理手册. 沈阳：辽宁科学技术出版社，1993

45 李广新主编. 高等土力学. 北京：清华大学出版社，2004

46 尉希成. 支挡结构手册. 北京：中国铁道出版社，1995